Kinderopvang
Papadagen
Arbeid en zorg
Glazen plafond
Carrière en
kinderen
Het Nieuwe
Werken
Keuzevrijheid
Vrouwen met
ambitie
Een wankel
evenwicht
Combinatie-
scenario
De kunst van het combineren
De taakverdeling tussen vrouwen en
mannen
Moederschapscultuur
Anderhalfverdienershuishouden
Emancipatiebeleid
Het combineren van werk en privé
Deeltijd-feminisme
Nederland deeltijdland

オランダ流
ワーク・ライフ・
バランス

De kunst van het combineren in Nederland

「人生のラッシュアワー」を
生き抜く人々の技法

中谷文美

世界思想社

目　次

はじめに　*1*

1　働くことと生きること──なぜ，オランダか　*5*
　「パートタイム経済」の国オランダ　*6*
　都市での人類学的調査　*8*
　オランダ社会の事例が持つ意味　*14*

2　ワーク・ライフ・バランスを考える　*21*
　日本におけるワーク・ライフ・バランス推進とは　*22*
　EUにおけるワーク・ライフ・バランス政策の動向　*25*
　ワーク・ライフ・バランスをどう測るか　*31*

3　オランダ人の働き方はどう変わったか　*37*
　パートタイム就労が「典型的」？　*38*
　男性稼ぎ手モデルの成立とその後の変化　*46*
　1.5稼ぎタイプへ　*50*
　男女平等戦略としての「コンビネーション・シナリオ」　*52*
　労働時間の短縮と勤務時間帯の個人化・分散化　*56*

4　ワークヒストリーをたどる　*63*
　週何日働いている？　*64*
　夫婦ともパートタイム契約の場合　*69*
　夫婦ともフルタイム契約だが，週4日勤務の場合　*72*

i

妻はパートタイム勤務，夫はフルタイム勤務の場合　*76*
　　　夫も妻もフルタイム，週5日勤務の場合　*80*
　　　シングルマザーの場合　*86*
　　　専業主婦の場合　*89*
　　　ワークヒストリーの多様性と共通性　*92*

5　仕事と子育てを「組み合わせる」　*95*
　　　なりたい親になるために　*96*
　　　「組み合わせ」というキーワード　*98*
　　　変わる保育行政　*101*
　　　「保育所は週3日が限度」の理由　*106*
　　　ランチタイム問題　*111*
　　　紅茶ポットと理想の母親像　*114*
　　　拡大学校の誕生　*116*

6　母が働くとき，夫が子育てするとき　*125*
　　　働く母がいなかった時代　*126*
　　　男性たちは変わったか　*132*
　　　男性にとっての「働くことと生きること」　*136*
　　　フルタイム規範への挑戦　*145*

7　なぜ，パートタイムなのか　*151*
　　　パートタイム・フェミニズム？　*152*
　　　男女平等政策の展開　*156*
　　　パートタイムで働く理由　*159*
　　　「人生には，仕事以上に大事なものがある」　*163*
　　　主流化するパートタイム就労と選択の自由　*168*
　　　「新しい働き方」へ　*171*

8　オランダ社会の変化のゆくえ　175
　　日曜日が変わった　176
　　生活時間の変化　178
　　「人生のラッシュアワー」を生き抜く　182
　　ワーク・ライフ・ストレスかエンリッチメントか　184
　　時間と場所に縛られない働き方へ　187
　　曖昧になる境界　189
　　オーダーメイドの時間割？　192

9　生きることと働くこと――「組み合わせ」の技法　197
　　グローバルな労働の連鎖　198
　　「組み合わせ」がもたらす満足感　201
　　ケアの営みは価値ある仕事　203

　　Pauze パウゼ
　　1　朝ごはん　35　　　　　5　カフェ　149
　　2　通　勤　61　　　　　　6　誕生パーティ　173
　　3　コーヒーブレイク　93　　7　バケーション　195
　　4　オフィス　123

注　209
あとがき　227
引用・参照文献一覧　231
索　引　243

　　　　　　　　　　　　　　　　　　本書中の写真は，すべて著者が撮影したものである。

はじめに

　個人的なエピソードであるが，息子がまだ保育所に通っていた頃，よく回らない舌でこんなふうにいいだしたことがある。
　「大人はいいよね，土曜日と日曜日は働かなくていいから。子どもはね，遊びが仕事なの。だからいっつも働かないといけないの。大変なんだよ」。
　実のところ，当時の私は週末といえども出張が頻繁に入り，家でも家事と育児の合間を縫ってかなりの時間を仕事に割く日々を送っていた。だが，そのとき聞いた「遊びが仕事」という言い方に，意表をつかれた感じがしたのをよく覚えている。
　私たちの社会において，一般に「遊び」は「仕事」の対義語として理解される。そして仕事は有償労働，つまり何らかの経済的報酬をもたらす活動を指すことが多い。だがジョアン・キウーラが指摘するように，「しなくてはならないことをする」「して当然のことをする」のが仕事だとすれば［キウーラ 2003］，子どもにとっては遊ぶことが仕事，という息子の宣言もあながち的外れではないだろう。
　じっさい，「女の仕事は家庭を守ること」といわれるような場合，女性が家庭で担う家事は「しなければならないこと」であり，その意味においてりっぱな仕事となる。ただ，社会全体が仕事＝有償の活動という認識に大きく傾斜している限り，報酬の支払われない家事は「本当の」「価値ある」仕事のカテゴリーから除外され続けてしまう［アンドレ 1993：62］。その結果，今の日本では社会のなかの一部の人々だけが，「愛情」の名のもとに日々の生活の維持に必要な家事や家族のケアを無償で引き受け，残りの多くの人々は，自分自身に対す

るケアの時間の確保もままならないような形で，収入を得るための長時間労働にあえぐ日常を送っている。

ところが，仕事というものを「収入を得る活動」と限定的にとらえる考え方は，すべての社会に同じように通用するとは限らない。たとえば，私が1990年代初頭から調査を重ねてきたインドネシアのバリ島では，ヒンドゥ教の信仰に基づき，村落社会や家庭の安定・繁栄を願うためのさまざまな宗教行事もまた「仕事」と呼ばれ，人々の生活のなかで今なお重要な位置を占めている。

農村に暮らす既婚女性たちは，機織りや商いなど生計を支える仕事に従事すると同時に，買い物や料理，子どもの世話，膨大な数に上る日々の儀礼の準備や実施の手伝いと，多くの役割をこなす忙しい毎日を送っている。とりわけ儀礼にまつわる種々の営みは，収入をもたらす活動と並んで「仕事」としての重要な意味を持っているため，おろそかにすることはできない。それに対していわゆる家事や育児は，乳児への授乳などごく一部の行為を除けば，大家族のなかのほかのメンバーが肩代わりすることもできた。結果として母親たちの多くは，日本で私たちが思い浮かべるような「家事・育児と（有償の）仕事の両立」ではなく，むしろ「機織り（に代表される経済活動）と儀礼の両立」にいつも悩んでいた［中谷 2003; Nakatani 2003］。

一方，働き口を求めて村から都市部に移住し，運転手，ホテルやレストランの従業員などとして働きながら家族生活を営んでいる人々も，故郷の村での冠婚葬祭や寺院での行事のさいには仕事を休んで駆けつける。職場を選ぶときの重要な条件のひとつとして勤務時間の融通がきくことを挙げる人が多いのも，いざというとき儀礼に出席しやすい環境を重視するためである［中谷 2012a］。彼らにとって儀礼への参加が重要なのは，儀礼上の絆を維持しなければ，自分の死後，出身村での埋葬と葬儀施行の権利が失われる可能性があるからだが，そうした要因が日々の労働との向き合い方をも左右することになる。

このように「仕事」をめぐる考え方や実践は，社会によって大きく

異なりうる。と同時に,同じ社会のなかでも,こうあるべきと考えられていた規範や実践が時代とともに大きく変わっていく可能性はある。だとすれば,今の私たちを取り巻く状況や私たちがいつの間にかあたりまえとみなしている働き方も,「自然」な,絶対にそうでなくてはならないというものではなく,別の可能性が常に開かれているはずだ。そのことを伝えるために,この本では,文化人類学の発想や知見をベースに置きつつ,オランダというヨーロッパの小国におけるワーク・ライフ・バランスの実践を紹介したいと思う。

* * *

　以下では,まず第1章で,本書がオランダの事例を紹介することの意義を確認したのち,続く第2章で,ワーク・ライフ・バランスという主題をめぐるこれまでの議論と政策の変遷を日本とヨーロッパ,とくにEUを中心に振り返る。

　そして第3章では,「パートタイム王者」と呼ばれるオランダの人々の働き方の現状と,その現状にいたる経緯を概観する。とくに,「夫＝一家の稼ぎ手,妻＝専業主婦」という明確な性別分業モデルが広く社会に浸透していた時代を経て,パートタイム就労の普及とともに既婚女性の就労率が拡大していった過程の背景にある価値観の変化や,労働政策・男女平等政策の変遷を追う。

　そうした全体的な状況を踏まえたうえで,第4章では,50人のインタビュー対象者のなかからカップルの属性や就労形態などを考慮した6組8人の事例を取り上げる。個別のワークヒストリーを検討することによって,同居・結婚,出産,子どもの就学といった人生の節目ごとに勤務条件や職場を変更するなど,その都度ベストと思われる選択を重ね,より望ましいバランスの実現に向かって常に努力し続けているオランダ人男女の姿が明らかになる。

　第5章では,オランダ流ワーク・ライフ・バランスを考えるうえで重要な鍵となる「組み合わせ」という発想に注目する。子育ての領域

においても，周辺諸国より遅れて整備されるにいたった公的保育と家族による無償ケアなど，さまざまな方法をバランスよく組み合わせることが理想とされていること，そのため，保育所や学童保育の利用日数が週2，3日にとどまる家庭が多く，そのことがとりわけ女性のパートタイム就労選択につながっていることが理解できる。

第6章は，第4章で紹介した男女の母親世代にあたる，1960年代に子育てを経験した女性2人と，世代の異なる男性たち3人に光を当てる。彼らの語りを通じて，既婚女性に対する専業主婦規範と既婚男性に対するフルタイム就労規範のいずれについても，少なからず違和感を持つ人々が存在したこと，人々のライフスタイルが一世代で突然変化したのではなく，働き方や家庭生活への関与のスタンダードに抗する一人ひとりの選択が集積してきた末の変化であることが浮かび上がる。

とはいえ，その変化はまだ途上にある。第7章では，短時間のパートタイム勤務や専業主婦にとどまる女性たちの存在をめぐって，女性たち自身の間で展開してきた論争を紹介しつつ，就労時間拡大に向けての政府のさまざまな政策にもかかわらず，パートタイム就労が女性にとっての「典型的」な働き方であり続ける理由を探る。そして第8章では，社会全体の個人化，柔軟化，そして世俗化という1960年代以降の変化に加えて，情報通信技術の急速な進歩がもたらした時間と空間の変容が，オランダ人の生活リズムに及ぼしてきた影響を考察する。注目すべき変化はさまざまなタスクを「組み合わせる」人々の増大であり，結果としてオランダ人は以前より格段に忙しい生活を送ることになった。政府は女性の就労拡大をさらに促す方策のひとつとして在宅勤務を推進しているが，その思惑は果たして成功するだろうか。

最終章は，日本の状況とも照らし合わせつつ，「新しい資本主義」が進展してきたとされる現代のグローバル社会において，オランダの事例に分け入ることの意味を改めて考える。

1

働くことと生きること
なぜ,オランダか

古い街並みに築何百年という歴史ある建物が軒を連ねる一方,オランダは斬新な建築でも知られる。ライデンにできて間もない新興住宅地には,テラスハウスのような造りでありながら,1軒ずつまったく異なるデザインの個性的な家が立ち並んでいる(2011年)。近隣には,モダンな外観のモスクも建築中だった。

「パートタイム経済」の国オランダ

　2000年代後半に入ってから，日本の政府文書やメディアで使われるようになった「ワーク・ライフ・バランス」という言葉は，もともと少子化対策の文脈で言及されることが多かった。だが，過労自殺など超長時間労働がもたらす弊害を減らすことが必要という認識が広まると同時に，若年層を中心とする非正規労働がますます拡大する今日では，「働き方の改革」という観点から改めて注目されている［武石 2012］。

　従来から積極的にワーク・ライフ・バランスを提唱してきたEUは，育児や介護といったケア労働の負担が女性の肩にかかっている状況の改善と女性の就業率アップをめざすこと，そして労働者の疲労とストレスの軽減によって生産性の向上と競争力の強化をねらうことを謳っている。具体的には，労働時間の上限規制をさらに強化しつつ，テレワーク，ジョブ・シェア，パートタイム就労といった柔軟な働き方を可能にすることで，ライフステージの異なる人が育児，介護，あるいはキャリア転換のための勉強など，職場外のニーズに応じて異なる働き方を選べるようにする政策を進めてきた。

　なかでもオランダは，「柔軟な働き方」の主軸としてパートタイム就労を促進し，労働者全体の約半数がパートタイム（週労働時間が35時間未満）で働いている国である。それゆえ「世界最初のパートタイム経済」とも呼ばれている［Visser 2000］。

　日本でも，オランダの政策はワークシェアリング実践の先進例として1990年代末頃から広く紹介されてきた。ワーク・ライフ・バランス推進の文脈でも，オランダがモデルケースとして言及されることは多い。ただこれまでは，主として1982年の「ワッセナー合意」と呼ばれる政労使による協定とその後の政策展開や，夫婦がともにパートタイム就労をすることによって，保育所と家庭でのケアを組み合わせ

た生活の実例のみに光が当てられる傾向が強かった。

　しかしオランダの現状を正しく理解するうえで重要なのは，かつて既婚女性の圧倒的多数が専業主婦であり，家庭における母親の役割が神聖視されていた状況があったことを踏まえ，そうした認識がいつ，どのように転換したのか，そして社会で広くコンセンサスを得ていた価値観のうち何が変わり，何が変わっていないのかという点に踏み込むことではないかと思う。

　そこで本書では，1980年代からオランダで矢継ぎ早に実施された新たな労働政策や年金改革など，社会政策の動向とその経済的・社会的背景をきちんと把握することを重視しつつも，同時に，オランダという社会において，一般的な働き方とはどういうものか，ワーク・ライフ・バランスを考えるさいに「ワーク」とはいったいどうあるべきものととらえられているのか，そしてワークと両立すべき「ライフ」の中身は何であるか，といった問いを立て，それらの問いへの答えを具体的に探っていきたい。

　そのため，オランダ国内の新聞・雑誌記事，英語やオランダ語による調査報告書，研究論文のほか，フルタイムで働いている男性や独身者をふくむ広い対象へのインタビュー調査の結果を用いつつ，等身大のオランダの姿を伝えたいと思う。単なる政策論やモデル提示ではなく，社会制度や生活スタイルの変化の要因を追いながら，オランダの人々が日々何に悩み，何を喜びとしているかをつぶさに伝えることで，日本の読者にとっても，自分自身の働くことと生きることのバランスを振り返り，新たな可能性を思い描く一助になればと考えている。

　仕事と家庭生活の両立とは，先進工業社会に生きる多くの人々，とりわけ育児や介護を抱える女性たちに共通する問題である。私の周囲には，子どもが病気になるたびに仕事を続けるべきか迷うという人も少なくないし，子育て期に助けてもらった母親の介護が必要になり，早期退職をしたという話もよく耳にする。

　後述するように，実はオランダでも同じような悩みを抱えている人

はたくさんいた。だが，オランダの人々と出会った頃の私の目に映ったのは，きちんとした仕事に従事しながらも家庭第一の姿勢を貫くことに迷いを持たないように見えるオランダ人女性の姿だった。そしてそんな彼女たちの選択を可能にしているのが，「正規の雇用条件のもとできちんと，だが少なく働く」パートタイムという働き方であるように思われた。ではパートナーである男性たちはどうなのか。地域や世代，社会階層や職業による差はあるのだろうか——。そんな問いを胸に，2005年から始めた調査が本書のもとになっている。

都市での人類学的調査

ヨーロッパの北西部に位置するオランダは，九州とほぼ同面積の4万1528平方キロメートルの国土を持ち，人口約1680万人の国である（図1 - 1）。小国ではあるが，のちに欧州連合（EU）となった欧州経済共同体（EEC）の前身，欧州石炭鉄鋼共同体（ECSC）の創設メンバーとして，ヨーロッパ内の連携に貢献してきた。経済規模もEUのなかでは上位にある。一部の麻薬の使用や売春，あるいは安楽死を一定の条件のもとに合法化したほか，同性婚を法的に認めたばかりでなく，異性婚者と同等の権利を与えるなどの先進的な社会政策でも知られる［長坂 2007］。

オランダでの調査は，2005年から2013年にかけて8回，のべで約9ヵ月にわたって実施した(1)。この間の主たる滞在地は，南ホラント州の一角，アムステルダムとハーグにはさまれた位置にあるライデンという，人口12万人ほどの中規模都市である。オランダ最古の大学がある大学都市であり，美術館・博物館が多いことでも知られる。交通の便に恵まれ，大学図書館や王立図書館，官公庁にも足が運びやすく，かつ長年の友人が数多く暮らすこの町をベースとして行った調査のなかで，核となったのは子育て中の男女を主な対象とするインタビューである。このインタビュー調査の内容は第4章でくわしく取り上げる。

図1-1　オランダの州と主要都市

古い建物が運河沿いに並ぶライデンの街並み（2008年）

　私は文化人類学を専門としており，オランダでの調査を始めるまでは，インドネシアのバリ島を対象に，長年にわたってフィールドワークを重ねてきた経験を持つ。だがオランダ都市部での，しかも短期の調査では，調査対象となる特定の人々と日常的に生活をともにするという選択肢はなく，話を聞くときには必ず事前の約束を取り付ける必要があった。基本的にインタビュー対象者と私とは，インタビューの場面において限定された時間と場所のみを共有するにすぎない。つまり，それまでの私が親しんでいた，調査地での人々の生活を丸ごとつかんだうえで，そのなかに自らも身を浸すというフィールドワークの手法が通用しないのである。そこで私が抱いた懸念は，インタビューにおいてこちらが知りたいこと，聞きたいことに対する答えだけを引き出してしまうことになるのではないかというものだった。(2)

　そうした問題を克服するために心がけたのは，毎回数週間，最長4

ヵ月半という限られた調査期間ではあっても，滞在中は毎日，テレビを見，新聞3，4紙や週刊誌・月刊誌に目を通し，そのとき何が話題になっているか，仕事や家庭生活をめぐってどんな問題に関心が集まっているかを丹念に追うことだった。特定の事件や新たな政策などにかかわるキーワードに出会うと，全国紙・地方紙を網羅した記事データバンクで検索し，関連記事をチェックした。また，インタビューを申し込んだ相手に限らず，つきあいの長い友人たちのほか，かかわりを持てたあらゆる人と自分の調査トピックについて話すようにしていたが，私のほうから切り出さなくとも，そうした記事や番組などの内容が話題に上ることがしばしばあった。

　私の調査課題であり，本書のテーマでもあるワーク・ライフ・バランスにかかわる議論は，オランダでは1990年代からさかんに行われており，関連する専門書や一般書，雑誌論文の数も多い。同時に，人々が日常的にふれる活字メディアにおいても，労働政策や社会福祉制度の改編にまつわる報道のみならず，政界や財界，メディアで活躍する有名人からごく普通の市民にいたるまで，どういう人がどんな働き方をしているか，職歴や収入はどうか，どのような仕事観・家庭観を持っているかを伝える大小のインタビュー記事が掲載される。学校や保育所の現状と課題，女性の就労をめぐる諸問題もまた，頻繁に紙面に取り上げられていた。政策立案にかかわるさまざまな調査と分析を行う政府系調査研究機関や中央統計局が公表する最新の調査結果，あるいは母親の就労と親子関係，休暇取得が労働に与える影響などといったテーマの博士論文の要約などが，新聞や週刊誌に紹介されることも多かった。

　このようなメディアの動向にも注目しつつ，広告や無料配布のパンフレット，街なかのさまざまな情景に極力身をさらすことで私がめざしたのは，ここで働き，生活を営む人々を取り巻く「空気」をわずかでもつかみとることだった。それは人々の考えや行動に直接，影響を及ぼす社会通念や常識といったものばかりでなく，今，この社会の

人々が何となく気にしていること，こうでありたいと思っている状態，あるいは不安を感じている事象などを指す。

とはいえ，オランダ社会の構成員すべてについてそれらを把握することは不可能である。私自身が直接話を聞くことができたのは，ライデンとその周辺の，ランドスタット（Randstad）と呼ばれるオランダの政治・経済の中心地で働く人々であり，主として高学歴ホワイトカラーの男女であった。これには主として2つの理由がある。

まず，私のオランダ語能力は新聞や週刊誌，学術論文などの文章を読み，辞書の助けを借りながら内容を細かく把握するレベルには達していたが，初歩的な日常会話を除くと，コミュニケーション力に大きな限界があった。このため長時間にわたるインタビューは英語で行う必要があり，対象はおのずと英語で自分の経験や考えを自由に語ることができる人という制約ができた。ただし，ヨーロッパの小国オランダでは英語を話すことに抵抗を持たない人の比率は高く，必ずしも高学歴である必要はない。その一方で，英語を日常的に使っているような人でも，細かい話になると適当な語彙が探し当てられずに会話が中断することもあった。そういう場合はなるべくオランダ語で話してもらい，後で意味を確認するよう努めた。

2つ目の，より重要な理由は，一度限りのインタビューですべてを聞き取ろうとするのではなく，より長いタイムスパンで対象者とかかわり，家族的背景もふくめた把握ができるよう，できるだけ親しい間柄の相手にインタビューを依頼する決断をしたことである。スノーボール・サンプリング（いわゆる「雪だるま式」）と呼ばれる手法により，コアとなる友人たちからさらにその友人や知人，家族を紹介してもらい，インタビューを重ねていった。

一般にオランダ人は，同居している家族以外にも，離れて暮らす親・きょうだいや友人と過ごす時間を非常に大切にする。とりわけ学校時代の友人とは，家族ぐるみで集まる機会を頻繁に持つなど，常に緊密な関係を維持している。仕事のペースや家庭生活との両立のパタ

ーンについて尋ねると，そうした親しい友人の例が挙がることも多かった。私の場合は，オランダで大学院生時代を過ごした夫のパートナーという立場でその友人ネットワークに加えてもらったことが幸いし，インタビュー対象者の半数程度の人とは，食事をともにしたり，買い物に行ったり，あるいは自宅に泊めてもらったり，誕生パーティに招かれたりと異なる文脈で繰り返し顔を合わせる機会に恵まれた。そのおかげで，1回のインタビューではとらえきれない内容やその後の状況，心情の変化などを聞かせてもらうことができた。

　この結果，職種や年齢，家族構成などに関してある程度ばらつきが出るように考慮したものの，基本的には大卒ないし大学院卒の学歴を持ち，専門性の高い職業に就く人の割合が高くなった。ただし，独身者や子どもを持たないカップル，あるいは調査当時子育て中だった世代の親世代などへのインタビューも意識的に加えている。さらに，学歴や就労形態などの点で違った属性の人々を対象とした量的・質的調査の成果などを参照しつつ，私が主たる対象とした集団と異なる特徴があるとすれば，それはどのようなものであるかを明らかにするよう努めた。

　なお，いわゆる民族的マイノリティの範疇に入る人々については，統計的に把握できる状況の一部を取り上げるにとどめている。とりわけ2000年代以降のオランダにおいて，ムスリム系移民の存在は大きな社会問題のひとつとして議論の的となっており［水島 2012］，近年は各種統計調査でも，別カテゴリーとして扱われることが多くなってきた。しかし，オランダ語でアロホトーネン（*allochtonen*，「外来の人々」を意味する）と呼びならわされている移民コミュニティは，とても一枚岩とはいえず，その出自や移入の経緯によってかなり異なる性格を持つ［van der Horst 2008］[3]。それぞれの集団の特徴を踏まえた詳細な分析は本書の枠組みを超えるため，今回は行っていない。

　したがって，オランダ社会に生きる人々を対象としつつも，この本で具体例を紹介できるのは地域的にも階層的にも限られた部分でしか

ないことをお断りしておかなくてはならない。ただしこれらの人々は,直接間接に政府の政策と密接なかかわりを持つ立場にあり,社会の今後の方向性を占ううえでも重要な役割を果たしうる存在である。彼女ら,彼らが制度の改編や自らのライフステージの進行といった状況の変化のなかで,どのように働いてきたか,日々の生活あるいは人生設計のなかで何を大切と考え,何をきっかけに新たな決断を下してきたかを示すことを通じ,日本に暮らす私たち自身が,自分の働き方,生き方を振り返りつつ,「なぜ,こういう状況にあるのか」「こうでなくてもいいかもしれない」と具体的に考えるための素材を提供することが,本書の目的である。

オランダ社会の事例が持つ意味

さて,ワーク・ライフ・バランスという主題をめぐってオランダという特定の社会に光を当てることは,日本社会での私たちの生活のあり方を考えるうえでどのような意味を持つのだろうか。

ちょうど私がオランダに関心を持ち始めた1990年代末から2000年代にかけての日本では,ワークシェアリング(仕事の分かち合い)という名称のもとに,労働者1人あたりの労働時間を減らすことによって新たな雇用を創出する政策の導入が模索されていた。そのなかで,多様就業促進型,つまりライフステージの進行に応じて,育児や介護など家庭責任の遂行と就業の両立が可能になるような働き方のモデルを提供しているとされたのがオランダである。そのためオランダの事例は,メディアや研究書・一般書などでも頻繁に取り上げられた [久場 2007; 竹信 2002; 根本 2002; 前田 2000; 脇坂 2002 など]。

2000年前後には,日本からの財界人や労働組合,政治家などのオランダ視察が引きもきらず,関係省庁など先方の担当者が音を上げているという話が伝わってくるほどだった。そのごワークシェアリングは,一部の自治体や企業を除いて本格的な導入にはいたらず,日本で

の議論は,後で取り上げるようにワーク・ライフ・バランスへと焦点を移した。だが,ここでも先進例としてのオランダへの関心は持続している[大沢 2006 他]。

ではなぜ,オランダなのか。この点に関してとくに示唆に富むと私が考えるのは,次に紹介するグラフから読み取れる現実である。

図1‐2,図1‐3は,日本とオランダについて,5歳刻みの年齢層ごとの女性の労働力率(15歳以上人口に占める労働力人口の割合)が年を追ってどう変化したかを示したものである。日本の場合,出産や結婚を機にいったん仕事を辞めて家事・育児に専念するものの,子育てが一段落した時期に再び労働市場に復帰するという就労パターンが一般的であることから,年齢別労働力率は,子育て期を底とするM字型カーブを描いてきた。近年は,晩婚化の影響と出産後も就労を継続する女性の増加により,年々M字の底は高年齢層にシフトし,底上げも進みつつあるが,今なおM字を描くカーブの解消にはいたっていない。

一方,1960年時点において,全年齢層を通じ日本よりも低い割合を示していたオランダ女性の労働力率は,1970年代後半以降順調な伸びを示し,今ではカーブの形もほぼ台形に近づきつつある。こうした変化の背景には,第3章でくわしくふれるように,社会・経済環境の変化や社会政策の転換,とりわけパートタイム就労の促進が大きな要因として働いている。ただ,年齢にかかわりなく女性労働力率が増加する傾向は,オランダ以外のヨーロッパ各国でも見られる現象である。むしろオランダの場合は,かつて20代後半以降の女性の労働力率が極端に低かったことに特徴があるともいえる。

もともとオランダでは専業主婦率が非常に高く,子どもは母親の手で育てるものという通念が定着していた。じっさい,私がインタビューをした1960年代前後生まれの人々は,ほとんどが専業主婦の母親に育てられた経験を持つ。その後,結婚や出産を理由に就労を中断する女性の数が減り続けたことで,今のようなグラフの形になったわけだが,日本の「3歳児神話」に匹敵するような,子育てにおける母親

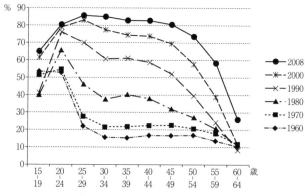

図1-2 女性の年齢階梯別労働力率の推移（オランダ）

出典：1960～1990年は ILO, *Economically active population: 1950-2010* Vol. IV North America, Europe, Oceania, 1997, p. 175を，2000年，2008年は ILO オンラインデータベース LABORSTA をもとに作成。

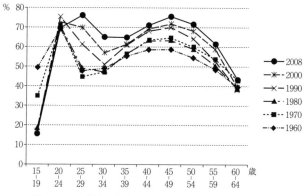

図1-3 女性の年齢階梯別労働力率の推移（日本）

出典：1960～1990年は ILO, *Economically active population: 1950-2010* Vol. I Asia, 1997, p. 53 を，2000年，2008年は ILO オンラインデータベース LABORSTA をもとに作成。

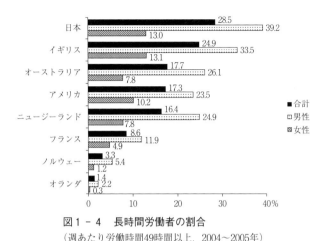

図1-4 長時間労働者の割合
（週あたり労働時間49時間以上，2004～2005年）

出典：ILO, *Working time around the world: Trends in working hours, laws, and policies in a global comparative perspective*, 2007より。労働政策研究・研修機構『データブック国際労働比較 2011』をもとに作成。

の役割を重視する風潮は完全に薄れてはいない。だとすれば，オランダ人女性たちが「家庭に入る」という選択をしなくなった背景要因を確認すること，母親となった女性たちの就労が家庭生活にどのような変化をもたらしたか，あるいは男女ともに日々，どのようなやり方で職業生活と家庭生活の折り合いをつけているのかをつぶさに知ることは，私たち自身にも開かれた選択肢を示唆してくれる可能性がある。

もうひとつのグラフ，図1-4は，非農業部門の雇用者のなかに占める長時間労働者の割合を示したものである。

とくに男性に注目すると，日本の男性雇用者の39.2％が週49時間以上の労働に従事しているのに対し，オランダはわずか2.2％である。時間外労働に関する規制や時間外割増手当の支払い条件が日本とは異なることや，オランダのほうの母数にふくまれるパートタイム労働者の比率が男性の間でも増えつつあることなどを割り引いても，この差は大きい。オランダの場合も，経営コンサルタントや法廷弁護士，一

部の自営業者などは長時間労働で知られており，そもそも自分が週に何時間働いているか数えたこともないという人は存在する。だが，そういう人が圧倒的少数派であることをこのグラフは示している。

ところが日本では，いまだに女性の多くが結婚や出産を機に仕事を辞め，少なくとも一定期間は家事・育児に専念することになる一方で，その夫たちは家庭生活よりも職業生活を優先せざるをえない状況に置かれている。フルタイム労働者だけを対象にした場合，日本の30代男性のうち週60時間以上働く人は，2005年時点で25.3％もいた。その後，割合は全体として減少に転じたものの，30代男性の長時間労働者比率は依然としてほかの年代よりも高く，2008年は22.1％であった［「平成21年版男女共同参画白書」2009年，p.35］。

日本の男性たち自身，このような状況を肯定しているわけではない。働く既婚男性のうち，「仕事優先」の生活を希望する人は2％にすぎず，「仕事・家事（育児）・プライベートな時間（趣味など）の両立」を希望する人がもっとも多い（32％）。次いで「プライベートな時間優先」が29.9％となっている。ところが現実を見ると，「仕事優先」となっている人が半数を超える（51.2％）。ちなみに独身男性の場合も，希望では「プライベートな時間優先」（45.8％），「仕事・家事・プライベートの両立」（26.9％）の順となっているのに対し，現実には半数以上（52.1％）が「仕事優先」の生活を送っている［「少子化と男女共同参画に関する意識調査」2006年］。具体的な労働時間についても，希望労働時間と現実との間の明らかなミスマッチが，男女を問わず常勤雇用者の半数以上に存在する［山口 2009: 227-228］。こうした「過剰就業」，つまり働きすぎの実態が，後で見るように日本におけるワーク・ライフ・バランス推進政策の重要な背景要因ともなっている。

一方，オランダにも希望と現実の格差はある。2002年の調査によれば，雇用者の約4分の1が自分の労働時間に不満を持っており，現状より長く，あるいは短く働きたいと考えていた。2000年以降は，新たな法律により，雇用者が自らの希望に応じて契約労働時間の変更

を雇用主に申し出る権利が保障されているにもかかわらず、とくに男性の場合は労働時間の短縮を望んでいても申請をためらい、現行の時間数を維持する傾向が認められたという [Fouarge & Baaijens 2004]。

とはいえ、2003年実施の1万人を対象にした調査では、現在の労働条件に対する満足度を尋ねた質問に対し、62.3％が「満足している」、13.3％が「とても満足している」と回答している。男女の差もほとんど見られない [Bossche & Smulders 2004: 99]。同じ調査で、定期的に残業をすると答えた人は男性で30.9％、女性で19.5％に上っているものの、平均残業時間は週あたり3.9時間（男性4.8時間、女性2.7時間）にすぎない [Bossche & Smulders 2004: 53]。就業時間をふくむ労働条件に不満がある場合、職場を変えることによって自分の希望に沿った働き方を現実にしようとする人が多いことも指摘されている [Fouarge & Baaijens 2004]。「少子化と男女共同参画に関する社会環境の国際比較報告書」（2005年）に示された社会環境国際指標には、「転職の容易さ」という項目がふくまれているが、「失業したとき、納得のいく仕事が簡単に見つかると考える者の割合」がオランダでは27.3％、日本では5.0％と、この点でも違いが浮き彫りになっている。[5]

さらに、オランダ人がよく口にするのは、「ほかの国に比べて自分たちの労働時間は短いが、生産性ではひけをとらない」という点である。じっさいに、2012年のオランダの労働生産性（購買力平価換算による就業者1人あたりのGDP）は8万5797ドルで、日本の7万1619ドルを上回っている。さらに就業1時間あたりの労働生産性を比較すると、OECD34ヵ国中、オランダは60.2ドルで第6位につけている。日本は第20位（40.1ドル）である [日本生産性本部 2013: 28, 32]。

権丈英子 [2012：260] は、就業者1人あたりの労働時間が長い一方、女性の就業率がきわめて低いために全体の就業率があまり高くならない日本を男女間の役割分業に基づく「分業型」、1人あたりの労働時間が短くても、幼児期の子どもの母親もふくめてより多くの人が働いているオランダを「参加型」の社会と呼んでいる。

1 働くことと生きること

本書では，日本とオランダの現状に見られるこうした違いを見据えつつ，オランダの人々がどのような生き方，働き方を理想とし，どんなやり方でその理想を実現しようとしているのか，その理想を形づくり，あるいは理想に向けた実践を支える要因のひとつとして，相次ぐ政策転換はどのように位置づけられるのか，そのほかの社会的要因はどのようなものであるかといった問題に踏み込んでみたい。

2

ワーク・ライフ・バランスを考える

土曜に立つライデンの市場でとくに人気のある花屋さん（2011年）。オランダの家庭に季節ごとの花は欠かせない。市場に買い物に来た人たちは，好みの花を何種類か買い求め，大ぶりの花瓶に生けて居間や食卓に飾る。夕食などに招かれたときの手土産も花束が定番である。

日本におけるワーク・ライフ・バランス推進とは

　前章で述べた問題意識に立って，オランダの実状を明らかにする作業に入る前に，本書の主要なテーマである「ワーク・ライフ・バランス（work-life balance）」とは何か，この問題をめぐってこれまでどのような議論が行われてきたのかについて，日本とヨーロッパ，とりわけEUの文脈を中心に振り返っておこう。

　政府の政策文書などでこれまで「仕事と生活の調和」と訳されてきたワーク・ライフ・バランス[1]であるが，この問題が政策課題として浮上した背景には，いっこうに歯止めがかからない少子高齢化の進行に対する対策と男女共同参画の推進という2つの政策枠組みが存在する。もともと日本の少子化対策は，「女性が子どもを産み育てやすい社会」を実現するという観点から，女性のみをターゲットとする傾向が強かった［荒金ほか 2007: 99］。だが，2002年に国が策定した「少子化対策プラスワン」では，「男性を含めた働き方の見直し」が初めて言及された。その後2004年6月に閣議決定された少子化社会対策大綱において，4つの重点課題のなかに「仕事と家庭の両立支援と働き方の見直し」が入り，それに関連した行動指針として「労働時間の短縮等仕事と生活の調和のとれた働き方の実現に向けた環境整備」が盛り込まれた。そして，この大綱に基づいて2006年6月に政府が掲げた「新しい少子化対策」では，子育て支援策と並んで，働き方の改革が重要な柱となったのである。背景には，子育て期にある30代男性の労働時間が長時間化している現状を踏まえ，このまま男性の家事・育児参加が進まない状況が続けば，女性にとって就労と子育ての両立がますます困難になるとの認識があったと思われる。

　こうした文脈からは，「仕事と生活の調和」というときの仕事（ワーク）は就労を，生活（ライフ）は家庭生活，とりわけ子育てを意味すると受け取れるため，従来の「仕事と家庭生活の両立」支援策と内

実が大きく変わらないようにも見える。ただし，2007年7月に内閣府の男女共同参画室会議が出した報告書では，ワーク・ライフ・バランスは性別や年齢にかかわりなく，「あらゆる人」が子育て，介護，地域活動，自己啓発などさまざまなタイプの活動を「自ら希望するバランスで」展開できる状況を指すこと，そして働き方の見直しが仕事の効率を高め，同時に個人にとっての生活全般での充実が仕事の充実につながるなど，「仕事の充実」と「仕事以外の生活の充実」の間に好循環をもたらすものであることが強調されている。〈2〉

国はその後，2007年12月に「仕事と生活の調和（ワーク・ライフ・バランス）憲章」「仕事と生活の調和推進のための行動指針」を策定し，翌2008年1月には内閣府内に「仕事と生活の調和推進室」を設置した。〈3〉「憲章」によれば，仕事と生活の調和が実現した社会とは，「国民一人ひとりがやりがいや充実感を感じながら働き，仕事上の責任を果たすとともに，家庭や地域生活などにおいても，子育て期，中高年期といった人生の各段階に応じて多様な生き方が選択・実現できる社会」を指す。具体的には，(1)就労による経済的自立が可能な社会，(2)健康で豊かな生活のための時間が確保できる社会，(3)多様な働き方・生き方が選択できる社会，という3本の柱が立てられており，その柱に沿って，行動指針では男女の就業率や週労働時間60時間以上の雇用者の割合，年次有給休暇取得率，育児休業取得率などに関する数値目標が掲げられた。さらに「仕事と生活の調和」実現度指標をもうけるにあたって，「仕事・働き方」「家庭生活」に加え，「地域・社会活動」「学習や趣味・娯楽等」「健康・休養」という計5つの分野が設定されている。

ワーク・ライフ・バランスの推進を「国民運動」と位置づけた以上，これが子育て期の男女に限らず「あらゆる人」のためのものであるというメッセージが重要となるが，具体的な取り組みの方向性にもそのメッセージが反映されていると見ることができる。

ただし子育てであれ，趣味や勉強であれ，現実に「仕事以外のやり

たいこと」に十分な時間を割くことができていない人にとって，その状態を改善し，希望どおりのワーク・ライフ・バランスを達成するためには，有償労働としての「仕事」に従事する時間を減らす，もしくは個人の生活上の必要の度合いに応じて調整できることが必要である。だが残業の抑制，短時間勤務制度の導入，育児休業取得率の増加など，働き方の改革において重要とされる取り組みは，個別企業の労使の自主性に任された形になっている。そこで企業の側からは，福利厚生の一環と位置づけられてしまう可能性も高い。このため労働生産性の向上や競争力の強化につながるなど，ワーク・ライフ・バランスの推進が経営戦略の柱となりうることが強調されるわけだが，業績の向上にこんなメリットがあるから取り入れてもいいのではありませんかというアプローチでは，男性の育児休業取得率を高めるキャンペーンと同様，結局はワークとライフのうちワークのほうに重心が引きずられた生き方が前提となってしまう。

御船美智子 [2008: 87] も指摘するように，そもそも「仕事」と「それ以外」という区分を設定したうえで，後者にライフという言葉を割り振るのは奇妙ともいえる。本来は，個人の生活総体のなかに，仕事もそのほかの活動もふくまれているはずだからである。さらに御船は，ワークの中身を有償労働に限らず，家事，育児，介護などいわゆる無償労働として家庭内で行われている活動もふくめて考えてみることを提案している。この考え方に立つと，働く既婚女性は家庭の内でも外でも「ワーク」に従事していることが可視化され，そういう女性にとって従来のワーク・ライフ・バランス論議は「ワーク・ワーク・バランス」の問題にほかならなくなってしまう [御船 2008: 90]。この視点は，オランダの現状を考えるうえでも示唆に富む。

同時に，過労死やメンタルヘルスの問題が深刻化する今の日本において，ワーク・ライフ・バランスのライフは生命そのものの維持を意味しうるという指摘も重要である [樋口 2008: 37]。過剰なまでに仕事に比重を置いた，あるいは置かざるをえない生き方が生命を脅かす事

態をも招く状態になっているとすれば，まずは人間としてまともな働き方を取り戻すという観点が，もっとあたりまえのものとして受けとめられる状況を実現しなければならない。

　先に引いた御船の問題提起に対して，佐藤博樹［2008: 107］は，ライフからワークを取り出して議論するのは「雇用されて働いている人々のライフの現状を考えると，ワークのあり方がライフのあり方を規定する程度が大きい構造になっている」からだと説明する。しかし，現実には男性と女性とでそのありようが異なる。女性，とくに結婚や出産を経験した女性にとっては，逆にライフのあり方がワークを左右する状況がいまだ一般的であるのに対し，男性の大半は，ライフステージの変化にかかわらずワークが優先され，ライフが後回しになってしまう状況だからである。こうした状況を踏まえつつ，「あらゆる人のためのワーク・ライフ・バランス」を推進するためには，生活のなかで有償労働が特権的位置を占めざるをえないようなあり方と家族生活への責任から無償労働を優先せざるをえないようなあり方とを，男女がともに見直せるような方向の模索が必要だろう。そうでなければ，その政策目標が持つ普遍的性格ゆえに，「過去の施策も未来の施策も非歴史的にすべて……回収するマジック・ワード」［萩原 2010: 87］という側面だけが際立つことになりかねない。

EUにおけるワーク・ライフ・バランス政策の動向

　日本の場合，ワーク・ライフ・バランスという考え方の普及と定着を図るにあたって，「仕事と家庭生活の両立支援」という，従来少子化対策や男女共同参画推進の枠組みで進められてきた内容を拡大し，対象者を広げる努力が見られることはすでに述べたとおりである。それでもなお，大方の理解では，「ライフ＝家庭生活＝家事・育児の遂行」ととらえてしまう傾向が強いといえる。

　ヨーロッパでも，EUは，各種の政策文書において「仕事と家族の

調和(reconciliation of work and family)」という言葉を多用し,労働力拡大のターゲットとなる既婚女性を主として念頭に置きつつ,就労と子育ての両立をいかに可能にするかという問題を議論の中心としてきた [van Stigt *et al.* 1999: 151]。

この背景には,人口動態の変化による労働力不足が懸念されるなか,とりわけ子育て期にある女性たちの就業拡大が経済成長の鍵であり,年金や社会保障制度の維持にも不可欠であるとの認識がある。その意味では,やはり少子高齢化をめぐる状況が問題の出発点となっているともいえる。が,日本と異なるのは,出生率の回復それ自体を政策目標の中心に据えているわけではないという点である [OECD 2007: 13-14]。これまで主要な政策課題として挙がってきたのは,保育政策の充実や育児休暇制度の整備を通じ,男女双方に対して職業生活と家庭生活の両立を容易にすること,さらに男女平等推進の観点から,男女の賃金格差や職域分離など,雇用におけるジェンダー格差を解消すること,また家庭内の育児・家事分担の均等化を進めることにより女性の過重負担を和らげることなどである [European Commission 2011; ETUC 2011]。

具体的には,1957年の欧州経済共同体設立条約(ローマ条約)にすでに盛り込まれていた「男女同一賃金原則」(第119条)を補完・強化するものとして,1975年に「男女同一賃金原則に関する指令」(75/117/EEC)が採択されたほか,自営業をふくむ職場や社会保障における男女の均等処遇を求める指令が,70年代から80年代にかけて次々に出された。また1974年に欧州理事会(European Council)が採択した「EC社会行動計画に関する決定」では,この問題に次ぐ優先課題として,「労働市場における男女平等および女性の家庭責任と仕事の調和」に関する政策策定を掲げている [柴山・中曾根 2004: 141-142]。この時点では女性のみの家庭責任が言及されていたが,1989年の「労働者の基本的社会権に関する共同体憲章」では,「男女が職業的義務と家族義務を調整できるような手段を発展させること」

が明記されている。また1996年に採択された「育児休暇に関する枠組み協定指令」では,男女の両方に適用される育児休暇を「仕事と家族生活の調和および男女機会均等・均等待遇推進の重要な手段」と位置づけた。[8]

2000年のEU基本権憲章においても,第33条に「家族と職業生活の調和を図るために,すべての者は妊娠・出産を理由とする解雇から保護される権利,有給の産前産後休暇および子の出生もしくは養子縁組に続く育児休暇取得の権利を有する」という一文がある(傍点は筆者)。[9]

もともと仕事と家族生活の両立という問題がEU政策の俎上に載った当初は,男女の機会均等推進の観点が色濃かった。雇用における女性の均等処遇を求めると同時に,家事や育児・介護などの無償労働が男女間で不均等に分配されている現状を是正し,男女が有償労働と無償労働を平等に担う状況をめざしたのである。ところが1990年代以降は,上に述べたように,EUの雇用戦略や成長戦略のなかで女性の就労拡大や人材活用が重点項目と位置づけられるようになり,両立政策はEU全体としての社会経済政策に統合されていった [van Stigt et al. 1999: 152]。この過程で調和や調整を意味する reconciliation という言葉が政策言語として定着し,個人レベルでの就労と家族責任の両立に主眼が置かれるようになったことで,結果的に両立政策の対象が女性だけになってしまうとの批判もある [Stratigaki 2004: 42]。

つまり日本の場合と同様,政策上のレトリックとしては「あらゆる人のため」にワーク・ライフ・バランスを推進するという文言が表立って使われていても,加盟国における法整備や運用においては,現実に家庭責任の大半を担っている既婚女性を労働市場に引き出す方策に収斂してしまうのではないかという懸念がある。とくに1990年代後半には,EU雇用戦略の一環として雇用の柔軟化が打ち出され,パートタイム就労や在宅勤務,テレワークなどの促進が前面に出てきたことで,「男性並みには働けない」女性が男性とは異なる条件で労働市

場に組み込まれることが前提とされ,家庭責任の負担が女性の側に偏った現状自体は不問に付される可能性も高くなった。

ただその一方で,EUが労働時間の規制に積極的に乗り出している点にも注目しておく必要がある。1993年制定の「労働時間編成指令」（2000年,2003年に改正）では,残業時間をふくめた雇用者の最大就業時間が週48時間を超えてはならないという規定をもうけたほか,24時間あたり少なくとも連続11時間の休息時間を保障することや,夜間労働は1日あたり8時間を超えないことといった内容も盛り込まれた。先にふれたEU基本権憲章でも,「公正で正当な労働条件」という項目のもとに「すべての労働者は最大労働時間の制限,1日単位および週単位の休息時間,および年次有給休暇に対する権利を有する」（第31条）と謳っている。労働時間をめぐる規制については,長時間労働で知られるイギリスだけは適用除外（opt-out）を選択するなど,加盟国間の対立もあったが,イギリスもその後,運用上の裁量を大きくしたうえで類似の法律を定めた[山口 2009: 19]。

労働時間の管理という観点からワーク・ライフ・バランスに注目する動きが出てきた背景には,情報技術の進展に伴い業務内容が変化したことや,迅速な対応など顧客サービスのいっそうの充実が求められるようになったために,多くの職場で労働強化が問題化しているという事実がある[Guest 2002: 257-258]。この問題自体の解消は容易ではないが,少なくとも過剰就業を法的に制限することは,女性ばかりでなく男性にとっても,生活のなかで有償労働が占める位置を見直し,具体的にそのほかの活動に時間とエネルギーを振り向ける余地を拡大できるようにする重要な方策といえる。

なお労働時間をめぐっては,EUレベルのさまざまな調査において,労働者が希望する時間とじっさいに働いている時間との間の格差が指摘されてきた。一般に女性よりも男性のほうが現行の時間数に対する満足度が低く,1998年実施のEU15ヵ国とノルウェーを対象とした調査では,家族形成期にあたる30〜44歳の男性回答者のうち,58.9%

が現状より少ない労働時間を希望していた。ただしこれは、女性のほうがパートタイム勤務などあらかじめ家庭内責任を考慮した働き方を選択しているのに対し、男性はそうではないという現状を示したものともいえる。女性のなかでも、子どもを持つ女性のほうが持たない女性よりも満足度が高かったが、これもあらかじめ、自分に望ましい選択をしているからこその結果と考えられる [Lilja & Hämäläinen 2001]。

びしっとしたスーツ姿でベビーカーを押す男性（2011年）。会社帰りに子どもを迎えに行ったのか、スーパーに立ち寄って夕食の買い物をする姿を目撃した。

こうした現状も踏まえ、EUでは1997年の「パートタイム労働指令」(97/81/EC)により、パートタイム労働者に対する不利な取り扱いの禁止やフルタイム勤務とパートタイム勤務の相互転換を可能にするといった政策の実行を加盟国に求めた。また、同じ1997年に発表した「新たな労働組織のためのパートナーシップ」と題する政策文書（グリーンペーパー）を通じて、労働時間の柔軟化の促進を呼びかけてきた [濱口 2006: 39-42]。

その後もEUは、引き続きワーク・ライフ・バランスの改善を雇用戦略や社会政策における重要な課題と位置づけており、保育・介護施設の拡充や育児休暇をふくむ各種休暇の整備と並んで、労働者のニーズに沿った労働時間の調整など柔軟な働き方の実現を加盟国に求め、モニタリングを続けている。この過程において興味深いのは、欧州共

同体時代の6ヵ国から2014年現在28ヵ国にまで拡大した加盟国に対し，さまざまな比較調査が実施されていることである。この結果，統計的把握のみならず，各国の社会制度や就業パターンなどをめぐる現況が細部にいたるまで常に並べて提示され，分析の対象となる。これはEU政策に基づく法制化の進捗状況をチェックするという目的を超え，それぞれの社会内部において，EU内のほかの国の現状と自国の状況を照らし合わせたうえで，改善点を明確にしたり，逆に自らの独自性を主張したりといった認識の道筋を定着させる効果を持っているように見える。

とはいえ，それはEU域内の人々の意識が単に平準化することを意味しているわけではない。多くの比較研究が指摘するように，各国における取り組み内容や男女の就業パターンにはかなりのばらつきがある。そのような差異は，国ごとの政治経済状況と連動した雇用政策の方向性や扶養控除，年金などをめぐる制度設計から，公的保育の整備状況，男女の賃金格差にいたるまで，多様な要因と結びついた結果生まれたものである［Anxo 2004: 61］。さらに差異の背景には，理想とされる男女の役割や家庭内の分業，あるいは保育の外部化に関する社会的規範や通念にまつわる違いも横たわっている［Crompton & Lyonette 2006; den Dulk *et al.* 1999］。

福祉レジーム論で知られるエスピン-アンデルセンは，脱商品化と社会階層化という2つの指標をもとに，国家・市場・家族の相互関係のパターンを析出することで福祉国家を類型化し，(1)社会民主主義レジーム，(2)自由主義レジーム，(3)保守主義／コーポラティズムレジームという3類型を提示した［Esping-Andersen 1990］。その後，この類型化に寄せられたさまざまな批判，とりわけ女性の家族内役割を考慮に入れていないとの批判に応える形で，脱家族化という新たな指標を加えている［Esping-Andersen 1999］。そのなかでオランダは，グループ(3)（「大陸ヨーロッパ型」とも呼ばれる）の特徴のひとつであるキリスト教民主主義が政策に色濃く影響し，依然として強い家族主義を

示す一方で，所得移転や社会給付に関しては(1)の北欧諸国の特徴を合わせ持つ。したがって，「オランダ・ハンティング」という言葉が生まれたほどに，その位置づけをめぐる見解は一定しない［Anxo 2004: 69; Da Roit 2010: 21; Duyvendak & Stavenuiter 2004: 52-53; Powell & Barrientos 2011: 70］。[14]

 ただここで指摘しておきたいのは，オランダ国内において，社会福祉政策一般を論じるさいにも，あるいはワーク・ライフ・バランスの望ましいあり方をめぐって人々が議論するさいにも，EU政策の動向や福祉レジーム論の類型が直接間接に意識されることが意外なほどに多いという点である。それは，たとえばどんな社会を理想とし，オランダは今後どのような方向をめざすべきか，といった文脈でも言及されるが，同時にオランダ独自の位置づけを積極的に評価し，ほかの国のようにはなりたくない，なるべきではない，といった主張とも結びつく。

ワーク・ライフ・バランスをどう測るか

 さて，これまで見てきたように，日本にしろEUにしろ，ワーク・ライフ・バランスという発想が注目され，政策課題の一部に積極的に組み込まれるようになった過程には，人口動態の変化と連動した労働市場の変容やグローバル化の進行を背景に，国際競争力や社会保障システム維持の観点からも労働人口の拡大が急務となり，既婚女性や高齢者の就労をいっそう促進する必要が生まれたという要因が働いている。[15]さらに，産業構造の変化や情報技術の進展がもたらした仕事のあり方の変容，そして家族形態の多様化，地域コミュニティの弱体化なども重要な背景要因である。この結果，家族と過ごす時間などがますます切り縮められる一方，安定した長期雇用やキャリア上昇の機会に必ずしも恵まれない若い世代にとっては，人生における仕事の比重が相対的に低下し，仕事と仕事以外の生活との葛藤に対する関心が高ま

ったという指摘もある［Guest 2002］。その点では，政策策定者の意図はどうあれ，仕事をふくめた生活全般の満足度という観点から仕事の質を測るという意味において，ワーク・ライフ・バランスという発想の登場と普及は画期的であったともいえる。とりわけ21世紀に入ってからのEUの雇用戦略は，「より多くの，よりよい仕事を」というスローガンを掲げつつ，従来の雇用創出や失業対策にとどまらない，新たな方向性を示している［Drobnič & Guillén 2011: 3］。

では改めて，私たち一人ひとりの生活を振り返ったときに，ワーク・ライフ・バランスの達成度をどのように測るのかという問題を考えてみよう。

心理学や社会学，家族研究などの専門分野で膨大な数に上る欧米の実証研究の多くは，仕事と仕事以外の活動の間の均衡のポイントがどこにあるかという問題よりも，当事者が満足のいく形で仕事とそれ以外の活動を両立できているか，つまり職業上の業務の遂行や家族の世話など，異なる領域でそれぞれ求められる義務を十分果たすことができているかどうかといった点に着目している［Clark 2000; Drobnič & Guillén 2011］。とりわけ職業生活と家族生活の相互関係をめぐっては，その否定的側面，つまり両立のむずかしさを取り上げた研究が圧倒的に多い［Carlson & Grzywacz 2008: 58］。

ワーク・ライフ・バランスというタイトルを掲げている専門書であっても，個別の章タイトルには「仕事と家庭の抵触（work-home interference）」や「仕事と家族の葛藤（work-family conflict）」といった表現が並び，個人が限られた時間とエネルギーを仕事上の責任と家族責任の双方にうまく配分できず，異なる役割の間で葛藤を経験する状況に的を絞った研究が中心となっている［eg. Drobnič & Guillén 2011; Fine-Davis et al. 2004］。しかし他方で，職場と家庭でのそれぞれの経験が互いにポジティヴな効果をもたらしあう「ワーク・ファミリー・エンリッチメント」や「ワーク・ファミリー・ファシリテーション」に注目する研究も出ている［Carlson et al. 2006; Greenhaus & Powell 2006;

Poelmans *et al.* 2008]〈16〉。

　ワーク・ライフ・バランスの達成を測る尺度を比較検討したカールソンら［Carlson & Grzywacz 2008］によれば，そもそも「バランスが取れた状態」がどういう状態を指すのかについて統一された見解はなく，概念化も十分に進んでいるとはいえない。仕事や家族のケアなど複数の役割に対し，時間の配分や関与の度合いがまったく同じである状態を指すという考え方がある一方で，人生の一時点で複数領域での役割が思いどおりに両立できていると本人が感じる状態であれば，バランスが取れているとする見方もある。

　だが，ワーク・ライフ・バランスの達成度を測るさいに，主観的側面と客観的側面の両方を考慮する必要はあるだろう。本人の主観的判断だけを重視するとすれば，たとえ仕事一辺倒の生活を送っていても，本人なりにバランスが取れていると感じるならかまわないということになる。しかし客観的指標を加味すると，労働時間の長さと健康問題の因果関係を検証した研究成果などを踏まえ，48時間を超えた長時間労働に恒常的に従事している人は，仕事とそのほかの生活の間にアンバランスを生じやすいという判断が働く［Guest 2002: 264］。つまり，労働時間を一定の枠内に収める努力を労働者自身や個別企業の方針に任せるのではなく，EU指令のような，何らかの法的規制が必要となるのである。また，仮に仕事中心の生活を送っている男性が自分のワーク・ライフ・バランスにまったく問題を感じていなかったとしても，その男性の妻は日々仕事と家事・育児の両立に困難を抱え，疲れ果てているかもしれない。その状態を「仕事と家族のバランスが取れている」と呼んでしまっていいものだろうか。

　イギリスの組織心理学者デイヴィッド・ゲストは，ワーク・ライフ・バランスを考えるうえで考慮すべきと考えられる項目を表2–1のように整理している。ここには政策レベルで決定される要因，たとえば所定労働時間や休暇の取得などは入っていないが，個人レベルの主観的判断に基づく項目（仕事や生活への満足度，均衡のポイントがどこ

表 2 - 1 ワーク・ライフ・バランスの分析項目

決定要因	バランスの性質	結果／影響
組織的要因 　職場の要求 　職場の文化 　家庭の要求 　家庭の文化	主観的指標 　家庭と仕事が均衡状態 　家庭中心的 　仕事中心的	仕事の満足度 生活の満足度 メンタルヘルス／ 　ウェルビーイング ストレス／病気
個人的要因 　仕事志向性 　パーソナリティ 　エネルギー 　コントロール力・対応力 　ジェンダー 　年齢 　ライフステージ／ 　　キャリアステージ	職場→家庭のスピルオーバー／干渉 家庭→職場のスピルオーバー／干渉 客観的指標 　労働時間 　自由時間 　家族役割	職場でのふるまい／ 　パフォーマンス 家庭でのふるまい／ 　パフォーマンス 職場の他者への影響 家庭の他者への影響

出典：Guest 2002: 265をもとに作成。
注：ゲストは家庭（home）に仕事以外の生活という意味をこめている。この表では，workにあたる項目を内容に応じて職場と仕事と訳し分けている。

にあるかの主観的指標など）に加え，客観的指標としてじっさいの労働時間や自由時間，あるいは職場や家庭におけるほかの構成員への影響や組織的要因として職場や家庭の文化といった項目を組み込んでいる点が重要である。

　私自身の調査はこれらの指標一つひとつを量的に把握することをめざすものではないが，次章以降では，ここに挙げられているような多様な側面に目配りしつつ，オランダ社会におけるワーク・ライフ・バランスの現況とそこにいたる道筋を明らかにしていきたいと思う。

Pauze パウゼ 1

朝ごはん ontbijt

　オランダ家庭の典型的な朝ごはんは、バイキング形式である。といっても、ホテルの朝食のように、焼きたてのオムレツやソーセージを用意するわけではない。食卓には、パン、シリアル、チーズ、ハム、ジャムなどがそれぞれ数種類ずつ並ぶ。さらにバターやはちみつ、ピーナツバター、そして子どもも大人も大好きな、ふりかけ状のチョコレートスプレー（*hagelslag*）なども置かれる。

　私がしばらく居候していた家では、常温保存がきくものは戸棚のなかの丸いトレーにまとめて置いてあり、朝はトレーごと食卓に運んでいた。そして冷蔵庫からジュースや牛乳、バターなどの一式を出してきて、紅茶を淹れ、お皿とナイフ、フォーク類そしてパンを一通り並べると、準備完了である。席についた人から、お気に入りのシリアルに牛乳をかけたり、スライスしたパンにバターを塗り、チョコスプレー（これもいろいろな種類がそろっている）をたっぷりふりかけたり、チーズやハムを載せたりはさんだりと、思い思いの朝ごはんを食べる。

　こう書くと、ずいぶん優雅な光景のようだが、実のところ平日の朝は慌ただしい。夫婦のどちらかが早朝に出勤してすでにいない場合もあるし、子どもを急がせて保育所や学校へ連れて行く準備をしなければならない。

　ある調査では、回答者の3分の2が、ゆっくり朝食を取る時間がないと答えていた。子どものいる家庭でも、家族そろって朝食を取ると答えたのは、14％にすぎない。朝食メニューとしては、パンが根強い人気を誇っており、続いてシリアルとなっているが、フルーツジュースや乳酸飲料のような飲み物を朝食代わりにする人もいる（Bakkerswereld ウェブサイト）。

　最近は、朝食抜きで登校する子どもが多くなっていることも、問題として指摘されるようになった。朝食

を取る習慣の重要性を訴える方策として、保護者の協力のもとに学校で朝食を用意し、生徒と先生が一緒に食べるというキャンペーン (*Het Nationaal Schoolontbijt*) も実施されている。

ところで、朝ごはんに関してもうひとつ重要なのは、朝食のテーブルでついでにお昼用のサンドイッチも作ってしまうことである。

小学校に通う子どもは、お昼休みに家に帰って昼食を取ることもあるが、両親とも働いていて家に帰れない場合は、親が弁当を持たせる（第5章参照）。日本と同じような、かわいい絵のついた弁当箱を使うが、中身は朝食とほぼ同じである。小学校高学年や中学生、高校生は小ぶりのビニール袋に自分で作ったサンドイッチを入れ、ちょっとしたおやつとパックのジュースを一緒に持っていく。大人が職場に弁当を持参する場合も、チーズやハムをはさんだパンを2つに切るだけなので、あっという間にできてしまう。

週末の朝ごはんは時間に余裕があるので、卵料理を作ったり、近所の店から焼き立てクロワッサンを買ってきたり、サラダを用意したりとちょっと豪華になる。ただし、食卓に並ぶ基本アイテムはふだんと変わらない。そして、いったん片付けたパンやハム、チーズ類が、昼ごはん時には再び登場するのである。

＊　　＊　　＊

章の間にはさんだこのコラム、パウゼ（ちょっとひと息）では、オランダの日常生活の中からいくつかのシーンを切り取ってご紹介する。

ちょっと豪華な日曜朝の食卓（2013年）

台所の戸棚にしまってある朝ごはん用の食材一式（2011年）

3

オランダ人の働き方はどう変わったか

オランダの主な全国紙(2014年)。いずれも全紙面カラー化しており,ある面の3分の2が写真といった大胆な紙面構成が目立つ。ちょっとした論文並みの長い論説や分析記事も毎日のように掲載され,読みごたえがある。だが,近年は駅などで配布される無料の日刊紙やウェブニュースに押され気味の模様。

パートタイム就労が「典型的」?

この章では、各種の統計資料を用いて、働くことをめぐるオランダ社会の現状を紹介し、続いてそのような現状につながる経済・社会状況の変化や政府による政策展開を明らかにする。

まず、ほかのOECD諸国やEU加盟国と比較してみると、オランダの特徴として浮かび上がってくるのは、就業率の高さと失業率の低さである。2013年時点のオランダの就業率（15〜64歳人口のなかに占める就業者の割合）は74.3％で、EU加盟国のなかではスウェーデン（74.4％）に次ぐ高さである。OECD諸国ではアイスランド、スイス、ノルウェー、スウェーデンに次いで5位となる。ちなみに2013年のOECD諸国の平均就業率は65.3％、日本は70.6％であった。オランダの失業率は2000年以降3〜4％前後で推移しており、EU27ヵ国ではオーストリア、ルクセンブルクなどと並んで最低水準のグループに入っていた。ただし、リーマン・ショックに続く金融危機とギリシアの財政問題を発端とする欧州債務危機（ユーロ危機）の影響が顕著になった2010年以降は、他のヨーロッパ諸国同様、上昇傾向に転じている。

女性の就業率に注目すると、EUはリスボン戦略のなかで2010年までの目標値を60％としていたが、EU全体としては目標に届かなかった。しかし、オランダの女性就業率は69.9％で、スウェーデン（72.5％）、デンマーク（70.0％）には及ばないものの、EU28ヵ国平均の58.8％を大きく上回っている。

同時に、雇用就業者のなかに占めるパートタイム就労者（週あたり労働時間が30時間未満）の比率の高さも、オランダの際立った特徴となっている。OECD諸国の平均値が、2013年時点で16.8％であるのに対し、オランダのパートタイム就労率は38.7％と大きな開きがある。また、どの国も男性より女性のパートタイム就労率が高い点では

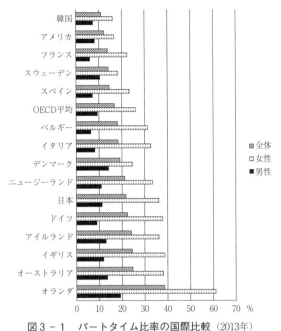

図3-1 パートタイム比率の国際比較（2013年）

出典：OECD, *Employment Outlook*, 2014, p.277をもとに作成。

共通しているが，オランダの働く女性の場合，実に6割強がパートタイム勤務である。さらに，オランダでは男性の間にもパートタイム就労が広がりつつあり，1994年の11.3％から2013年には19.3％に増加した（図3-1）。

ちなみにオランダ国内の統計調査では，週35時間以上の就労者をフルタイムとみなし，それに満たない就労時間をすべてパートタイムと定義している。この定義に従えば，パートタイム就労者比率はさらに高くなる。

1980年代以降，従来とは異なる労働形態，とりわけ非典型労働と呼ばれる有期雇用契約や臨時雇用などが世界的に拡大し，いわゆる雇用の柔軟化が進んだ。したがって，パートタイム就労は多くの国にお

いて増加傾向にある［大沢＆ハウスマン 2003］。しかしオランダの場合は，パートタイムで働くという選択がもはや「非典型」とは呼べないほどの広がりを見せている。ここまでパートタイム就労が広まっている状況が国際的に見ても特異であることは，オランダ人自身も認識しており，自らを「パートタイムのフロントランナー（*koploper in deeltijd*）」［Linthorst 2003: 26］，「パートタイム労働の王者（*kampioen deeltijdwerk*）」［Portegijs & Keuzenkamp 2008: 12; Siermann 2009］などと形容した報告書や論文が目につく。

　では，パートタイム勤務をふくむオランダ人の働き方はどのようなものなのか，もう少しくわしく検討してみよう。

　まず，世帯単位の就労パターンを見ると，いわゆる共働き世帯は増えているものの，パートナーの両方がフルタイム就労をしているケースは，非常に少ない[2]。しかも，その割合は 1990 年代〜2000 年代を通じてほとんど変わっていない（図 3-2）。EU27ヵ国の比較でも，オランダはフルタイム共稼ぎ世帯の占める割合がもっとも少ない[3]。それに対して圧倒的に多いのが，「1.5 稼ぎ（*anderhalfverdieners*）」タイプと呼ばれるフルタイムとパートタイムの組み合わせであり，しかもその大半は，夫＝フルタイム，妻＝パートタイムというパターンである。

　一口にパートタイムといっても，職種によって，あるいは個人の置かれた状況に応じて，働き方はかなり異なる。オランダの統計調査では，週あたりの労働時間に応じてタイプ分けが行われることが多く，19 時間以下のパートタイムが「小パート」，20〜27 時間が「中パート」，28〜34 時間が「大パート」と呼ばれる。

　たとえば，図 3-3 は女性の学歴別に就労時間の分布を示したものだが，学歴が高いほど，フルタイム就労者の比率が高くなることがわかる。また，パートタイムのなかでも，低学歴の女性ほど週 19 時間以下の小パートに従事する人が多く，フルタイムに準じた大パート（28〜34 時間）の従事者は少なくなる。これに対し，高学歴女性は 7 割以上が週 28 時間以上，つまり大パートもしくはフルタイムの仕事

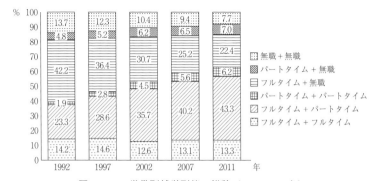

図3-2　世帯別就労形態の推移（1992～2011年）

出典：オランダ中央統計局オンラインデータ（StatLine）をもとに作成。
注：15～64歳の法律婚および事実婚カップルを対象とする。

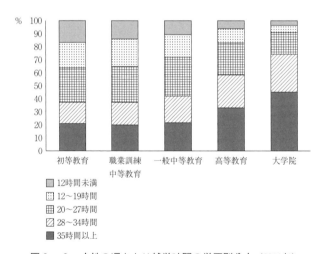

図3-3　女性の週あたり就労時間の学歴別分布（2011年）

出典：Merens *et al.* 2012: 60, 3-3図より。
注：20～64歳の女性が対象。学生は除く。

3　オランダ人の働き方はどう変わったか　*41*

に就いている。

　ちなみに民族マイノリティの女性は，ほかのオランダ人女性よりも就業率が低い一方で（2011年時点で51.1％），働いている人に関してはフルタイム就労の比率が高い。また，パートタイムであっても就労時間が長い傾向にある。さらに，移民世帯でもスリナム系女性の就業率が比較的高く，モロッコ系は低いなど，集団ごとのばらつきが大きい［Keuzenkamp & Faulk 2006: 162; Merens *et al.* 2010: 85-86; Merens *et al.* 2012: 56］。

　学歴やエスニシティなどに加え，オランダの女性の就業行動を大きく左右するのが子どもの存在である。18歳未満の子どもを持つ有配偶女性は，シングル女性や子どものいない有配偶女性に比べて週あたりの平均就労時間が少ない［Merens *et al.* 2012: 61］。第1子出産後の退職率は10％前後にすぎないが，多くの女性は出産前より少ない時間働くことを選択する。そのため，小さい子どもを持つ女性の間ではフルタイム就労者の割合が大きく減り，またパートタイム就労者のなかでも，大パートから中パートや小パートへの移行が見られる［Mol 2008: 12］。この結果，第1子が0歳児の場合，週20〜27時間の中パートに従事する人の割合がもっとも多くなり（30％），フルタイムで働き続ける人は20％である(4)。子どもが2人になると，下の子が0歳児である母親のうち，フルタイム就労者はわずか8％となる。他方，中パートは37％とさらに増加する（オランダ中央統計局オンラインデータ，2010年）(5)。

　週あたりの労働時間について希望を尋ねてみると，18歳未満の子を持つ母親のなかでは，やはり中パートに相当する20〜27時間を望ましいと考えている人がもっとも多い［Portegijs & Keuzenkamp 2008: 42］。つまり，出産後，就労を継続した女性たちは，労働時間を自分の希望に合わせて変更しているわけである。

　ちなみに，子どものいない若年女性（16〜39歳）の希望労働時間を見ると，フルタイム勤務の割合が多いとはいえ，それでも58％にと

どまる［Portegijs & Keuzenkamp 2008: 42］。その意味では，パートタイムという働き方は，現代のオランダ人女性にとってごく一般的な選択であり，ライフステージに応じて労働時間数の見直しをすることもあたりまえの状況であるように見える。国際的に見ても，オランダはフルタイムの職が見つからなかったから，というような消極的理由でパートタイム労働に就く非自発的パート労働者がとくに少ないことで知られる［Visser 2001: 27；フェーガン & ワード 2003: 79］。⁽⁶⁾

 ところが男性のほうは，父親になる前と後で，就労時間の変化がほとんど見られない［Mol 2008: 12］。希望労働時間についても，35時間以上のフルタイム希望者が8割を超えており，子どもの有無や年齢による違いはない［Portegijs & Keuzenkamp 2008: 43］。したがって，若者や高齢者を中心に男性のパートタイム就労者が増加傾向にあるとはいえ，現段階では，フルタイムかパートタイムかという働き方はジェンダー差と強く結びついているといえるだろう。

 ただしオランダの場合は，出産などのライフイベントを機に就労時間を減らしたいと考えても，雇用期間の定めのないフルタイム正社員から有期契約のパートタイムへの転職，つまり正規から非正規への身分転換を迫られるわけではない。パートタイム王者と自らを呼ぶオランダ人の働き方を論じるときには，まさにこの点が要となる。

 オランダ語でデールタイドウェルク（*deeltijdwerk*）——時間を分けて働くという意味のパートタイム労働は，日本の状況に照らして私たちが思い浮かべるものとは，労働条件が大きく異なるのである。たとえば，日本ではパートタイム労働者が有期契約の対象となっているのに対し，オランダではほとんどの場合，雇用期限が定まっていない。さらに，均等処遇原則に基づき，最低賃金，時間外手当，賞与，年次有給休暇，研修や失業保険，老齢年金など雇用のあらゆる側面において，時間比例の形でフルタイム就労者と同じ権利が保障されている。[7]いいかえれば，オランダのパートタイム就労者の多くは，正社員の身分のまま勤務時間を減らすという働き方をしていることになり，日本

の現在の制度でいえば,短時間正社員に相当する。

　もうひとつ,オランダのパートタイム労働を考えるうえで重要なのは,フルタイムとパートタイムの間の切り替えが,働く側の都合に応じて行えるという点である。2000年に施行された労働時間調整法(Wet Aanpassing Arbeidsduur: WAA)により,子育てや介護,あるいは自分の趣味に費やす時間を持ちたいなど,いかなる理由であれ,週あたり労働時間の短縮を雇用主に申し出る権利が働く側に保障されている。雇用主は,安全上の問題や経営が立ち行かなくなるなど何か特段の不利益が生じない限り,労働者からの申し出を拒否することができない。逆に,パートタイムからフルタイムに復帰したり,パートタイムのなかで時間数を増減したりすることを希望した場合も同じである(8)。そればかりでなく,週あたり労働時間が同じ30時間であっても,たとえば1日6時間で5日出社するという働き方から1日7.5時間×4日というパターンに変更することも認められている [Jacobs & Schmidt 2001: 375]。

　パートタイム労働の広がりを産業別で見ると,女性労働者のうちパートタイム勤務者の割合がとくに高いのは,医療・社会福祉,飲食業,小売業などであるが,そのほかの業種にもパートタイム勤務は広がっており,軒並み6割を超えている [Merens et al. 2012: 103]。また,ほかのEU諸国ではパートタイム比率が非常に低い管理的職業や専門的職業でも,2割から4割に上る労働者がパートタイム勤務を選択している [権丈 2006: 117] ほか,フルタイム労働者とパートタイム労働者の間の時間あたり賃金の格差がかなり小さい [権丈 2012: 270] という特徴がある。

　したがって,オランダにおけるパートタイム労働は,雇用保障や時間あたり賃金などの労働条件が「柔軟」あるいは「非典型」なのではなく,勤務時間の定め方が柔軟であるがゆえに,個々人を取り巻く家族の状況や望ましいライフスタイルに合わせて選択することができる働き方となっている(9)。ちなみに派遣労働者についても,1999年のフ

2000年代半ばから急増した派遣会社のオフィス（2005年）

レキシキュリティ法（Wet Flexibiliteit en Zekerheid: Flexwet）によって正規労働者に準ずる保護規定が定められている。その意味では，パートタイム労働者も派遣労働者も，日本でいうような「非正規労働」の枠には収まらない雇用形態である［水島 2012: 75］。

とはいえ，オランダでもパートタイムという働き方が広がり始めた当初からこのような状況が実現していたわけではない。また，すでに指摘したように，じっさいにパートタイムという働き方を選択している人のうち，圧倒的多数は女性である。このような状況にいたった背景には，政治・経済状況の変化に加え，オランダ特有の社会的・文化的要因が働いている。次節以降では，その経緯を歴史的に振り返ってみることにしよう。

男性稼ぎ手モデルの成立とその後の変化

　図3 - 4は，1950年〜2010年の男女別労働参加率の推移を示したものである。このグラフや16頁に示した女性の年齢階梯別労働力率の経年変化（図1 - 2）からもわかるように，仕事を持つオランダ女性はもともと多くはなかった。とりわけ1960年代までは，結婚すれば家庭に入り，専業主婦になることが当然と考えられており，既婚女性の就業率は周辺諸国に比べてもいちだんと低かったとされる。

　既婚女性の就労をよしとしない社会通念に加え，制度的にも，女性が結婚後働き続けることはむずかしかった。1904年には，郵政業務に就く公務員の就業資格を未婚女性に限るという勅令が出され，その後1924年の勅令で，女性公務員は結婚と同時に解雇されることになった。「名誉ある解雇（*eervol ontslagen*)」と呼ばれたこの措置をすべての職種に広げ，既婚女性の全面的就業禁止を法制化しようとする動きも1930年代に起こったが，女性運動団体からの反対に遭い，法案通過の前に内閣が解散したため，実現にはいたらなかった[Plantenga 1998: 53-55; Schuyt & Taverne 2004: 258]。

　しかし，解雇にせよ辞職にせよ，女性の結婚退職はすでに当然視されていた。夫を一家の稼ぎ手とし，妻は主婦として家庭を支えるという夫婦間の明確な分業モデルは，第二次世界大戦後もいっそう広く深く社会に浸透していった。1955年には，既婚女性の就労の可否に政府が関与するべきではないという社会民主党の女性議員の動議が可決された[Plantenga 1998: 55]が，妻として母として生きることこそが女性の役割であるという規範が強固だったこの時代，小さい子どものいる女性が家庭の外で働くことは，ある種のタブーであり続けた。

　1965年の世論調査によれば，就学年齢の子を持つ母親が働きに出ることに反対する人は84％に上っていた[Yerkes & Visser 2005: 15]。このような通念にたがわず，1960年時点で既婚女性の労働参加率は7

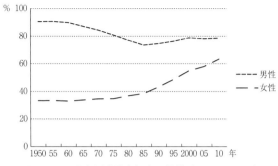

図3-4 男女別労働参加率の推移（1950～2010年）

出典：オランダ中央統計局オンラインデータ（StatLine）をもとに作成。
注：15～65歳の人口に占める労働力人口の割合（週あたり12時間以上の就業者＋12時間以上働く意志のある失業者）。

％（同じ年にドイツは25％、フランスは33％）であった［van Eijl 1994: 55］。さらに、4歳未満の子どもの母親は、0.6％しか仕事に就いていなかったという報告もある。このため、家計を補う必要からやむなく働いていた母親たちは非常に肩身の狭い思いをし、自分の子どもにも働いていることを気取られないよう心を砕いたという［Morée 1992: 102-103］。

私がインタビューをさせてもらった70代の女性の場合、2人の娘が生まれた後、1960年代半ばに看護師として再就職したが、自分の母親や姉妹たちからも働くことを強く反対されていた。そのため、子育てに関して身内からの支援はまったく得られず、孤立無援の状態だったと述懐していた（第6章参照）。

では、第二次世界大戦後のオランダ社会で、「男性稼ぎ手モデル」がこれほどまでに支持され、既婚女性の圧倒的多数が専業主婦となっていったのはなぜだろうか。

そこには複数の要因が絡み合った形で働いている。まず、第二次世界大戦で中立の立場を取り、その後ナチスに占領されたオランダでは、戦時労働力としての女性の動員がイギリスやアメリカほどの規模では

起こらなかったことが指摘できる［Andeweg & Irwin 2005: 197］。また，1948年〜1973年は「黄金の四半世紀」と呼ばれるほど好景気に恵まれたため，とくに1950年代から70年代初頭にかけて賃金上昇が続き，夫の収入だけで生計の成り立つ状況が社会の下層にも広がった［Schuyt & Taverne 2004: 245-249］。

さらに，「柱状化（*verzuiling*）」と呼ばれるオランダ特有の社会状況が1950年代から60年代にかけて完成期を迎えていたことも，重要な要因とされる。「柱状化」とは，個人が宗派や思想信条に従って，縦割りの集団に帰属するシステムを指す。「柱（*zuil*）」となる集団の共通基盤は，生活全般の指針となる信条のようなもの（*levensbeschouwing*）で，カトリックやプロテスタントといった宗教のほかに，社会民主主義，人道主義など非宗教的な主義主張もふくまれる。具体的には，学校，病院，支持政党，労働組合，経営者団体から各種メディア（新聞社，ラジオ・テレビ局）にいたるまで，生活にかかわるあらゆる組織が，個別の「柱」ごとに系列化されており，人々は家族ぐるみで，自分たちの属するネットワーク内の諸組織と強いつながりを持つ生活を送っていた。

知り合ったばかりの人がどの柱に属しているのかあからさまに尋ね合うことはしなくとも，どの新聞を購読しているか，どのテレビ局の番組ガイドが居間に置いてあるか，子どもをどの学校に通わせているか，といった情報からたちどころにその人の帰属を知ることができた［Shetter 1971: 19］。もっとも組織化が進んでいたといわれるカトリックの場合であれば，カトリック系の病院で生まれ，カトリック教会で洗礼を受け，カトリック系の学校に幼稚園から高校・大学まで通い，就職後はカトリック系の労働組合に所属し，カトリックの信者同士で結婚し，カトリック系の新聞を購読し，カトリック系の文化サークルで活動する日々を送る，といった状況が1950年代には十分にありえたという［Andeweg & Irwin 2005: 23-25］。

ほかの「柱」ではここまで極端な隔離状況は見られなかったが，異

なる「柱」に属する人同士の交流はきわめて限られていた[11]。逆に，宗教指導者や政治家などをリーダーとする各「柱」の内部においては，価値観の一致が重視され，特定のイデオロギーが階層差を越えて上から下へと浸透しやすい状況が生まれた［Plantenga 1998: 59］。

　このように高度に組織化された集団は，それぞれの立場を代表する政党を擁していたが，いずれも議会で単独多数派を形成することはなかったため，オランダの中央政治は，さまざまな政治課題をめぐって意見を戦わせながらも妥協点を探ることによって成立する連立内閣の連続であった［水島 2001; 2012］。しかし，異なる政党とその支持者たちは，夫婦間の性別役割に基づく家庭を理想とする点においては見解の一致を見ていたとされる［Bussemaker 1998b: 29］[12]。だからこそ，帰属する集団や階層の差にかかわりなく，女性が結婚と同時に家庭に入ることが社会全体として当然の選択と考えられるようになったのである。

　だがこうした空気は，「脱-柱状化」の進行とともに，1960年代後半から次第に変化していく。まず，教会の影響力が弱まり，カトリック教徒でも教会に通う人の数が半減するなど，世俗化のプロセスが急速に進行した［水島 2001: 242-243］[13]。学生運動などの動きともあいまって，集団内部での社会的拘束力が弱まったため，個人が自由にライフスタイルを選択するという風潮も次第に広がっていった［Andeweg & Irwin 2005: 37-38］。

　1966年には，社会経済政策に関する最高諮問機関である社会経済審議会（SER）[14]が，労働力不足と既婚女性の就労意欲の上昇という現状把握に基づき，女性が結婚後も仕事を続けられるようにすべきであるとの答申を出している［Schuyt & Taverne 2004: 259］。そんななかで，高学歴の女性を中心に，結婚後も第1子出産までは働き続けたり，いったん退職したあと再就職したりする女性が徐々に増え始めた。とくに1980年代から90年代にかけては，家庭内でも電化が進み，家事時間の短縮が可能になったことや，後述する賃金抑制策の影響で家計を

補塡する必要が出てきたことなどから，結婚・出産後も就業を継続する女性が急増した [Schuyt & Taverne 2004: 253; Tijdens 1997: 172-173; Yerkes & Visser 2005: 15]。とはいえ，第5章で取り上げるように，共働き家庭の子どもを預かる保育所の整備に政府が本格的に着手するのは，1990年以降のことである。

それからも，後に詳述するような制度改革とそれに伴うパートタイム労働普及を背景に，働く既婚女性の数は増え続け，2000年代に入ると，かつての規範とは裏腹に，結婚や出産により仕事を辞める女性は少数派になった。18歳未満の子を持つ母親のうち，12時間未満の仕事を含む有職者の割合は，1991年には46％だったが，これが1998年には61％，2006年には72％となっている。3歳以下の子の母親でも73％が就労しており，子どもの年齢による就労率の差は見られない [Portegijs & Keuzenkamp 2008: 22]。

周辺諸国に比べても既婚女性の就労率がとりわけ低く，女性は専業主婦になることがあたりまえであった社会から，多くの女性が働き続ける社会へと転換した背景にあるのは，既婚女性の就労に対する批判的見解の緩和や，女性自身の就労意欲の高まりだけではない。そこには，労働市場の構造的変化や，政府が矢継ぎ早に展開した社会政策も大きな影響を及ぼした。

1.5稼ぎタイプへ

前述のとおり，働く母親たちの大半は，家庭における家事・育児と職場の仕事を両立させるために，パートタイム勤務を選択する。したがって，夫婦共稼ぎとはいっても，1＋1のダブルインカムではなく，夫のフルタイム（1.0）と妻のパートタイム（0.5）を足して1.5となる共稼ぎ世帯が一般的なのが現代オランダの状況である。

夫を唯一の稼ぎ手とする男性稼ぎ手モデルから「1.5稼ぎタイプ」が多数派となる社会への移行プロセスについて，オランダの経済学者

フィッサーは，1980年代半ばをひとつの転換点と見ている［Visser 2000］。石油危機以後，景気の低迷と高失業率にあえいでいたオランダ経済が転機を迎えたのもこの時期である。「オランダの奇跡」と呼ばれる景気回復に大きな役割を果たしたとされるのが，1982年の政府，労働組合，経営者団体によるワッセナー合意（Akkoord van Wassenaar）であるが，この協定は，パートタイム労働をめぐる状況にも大きな影響を及ぼした。

ワッセナー合意では，工業製品の輸出競争力向上と雇用創出を目的とした賃金上昇率の抑制を，労働組合が以前から要求してきた労働時間短縮と抱き合わせで実施することに労使が合意し，政府は，所得減少を補うための減税と社会保障費負担の軽減措置を約束した。同時に，高い失業率への対応として労働市場の柔軟化が進められ，職業安定所の民営化や派遣労働，パートタイムや臨時雇用などの非典型労働を推進する方向に舵を切ることになった。

このとき打ち出された賃金抑制策により世帯あたりの収入は伸び悩み，これが妻たちの就労意欲を高めることになった。ただし，彼女たちは短時間勤務を強く望んだため，企業側がこの要請を受け入れる形でパートタイム職が増大したといわれる［Tijdens 1997: 173］。同時に，政府が社会保障システムの個人化を進めたことで，さらに女性の労働市場参入が加速した。

労働組合はもともとパートタイム勤務の推進に消極的だったが，共稼ぎ世帯の組合員が増加したことに加え，女性組合員たちによる働きかけの結果，多様な就労形態を積極的に認めつつ，パートタイム労働者の均等処遇を求める戦略に転じた［Visser 2000: 26; Visser 2001: 25-26］。経営者側にとっては，1990年代に進んだ店舗営業時間の一部自由化や「ジャスト・イン・タイム」生産方式への転換などから，毎日定時に就業するといった従来の形態に代わって，不規則な時間帯への労働力配置の必要性が高まったため，パートタイム労働者に対する需要も増加した。そこで経営者団体は労組と足並みをそろえ，雇用の柔

軟性を高めると同時に,産業別に労使間で締結される団体労働協約(CAO)にパートタイム労働に関する保護規定を積極的に組み込む姿勢を示した [Visser 2000: 28; 水島 2010: 257-258]。

かつて女性運動団体や労働組合が危惧したように,パートタイム労働の拡大は,一面では労働条件の悪化をもたらすリスクを伴う。だがオランダの場合は,労働組合などの働きかけで個別の労働協約に保護規定が盛り込まれたばかりでなく,法制度上も労働時間差別禁止法(1996年)や労働時間調整法(2000年)の制定などによりフルタイムとの均等処遇が保障され,パートタイムの「正規化(normalization)」が進んだのである。[17]

男女平等戦略としての「コンビネーション・シナリオ」

産業界ばかりでなく,政府も制度的に後押しをしたパートタイム就労の促進には,もうひとつ,女性解放ないし男女平等戦略という側面を見いだすこともできる。

1985年に政府が策定した男女平等政策プランでは,男性が有償労働,女性が無償のケア労働という固定的な役割分担によって女性が構造的に不利な立場に置かれているという現状認識をふまえ,男女間で有償労働とケア労働をより均等に分配しなおすことを政策の柱と位置づけている [Burri 2000: 6-7]。これは,女性にとっては労働市場に参入し,経済的自立性を高めること,そして男性にとっては従来よりも積極的にケア労働を担うことを意味する。

この発想をさらに具体的な政策提案に結びつけたのが,「コンビネーション・シナリオ(*combinatiescenario*)」と呼ばれるもので,1996年に社会経済審議会(SER)が出した答申に示されている。これは,「男女間の有償労働と無償労働の分担の是正」に関する諮問への回答であった。ここでいう無償労働とは,「家庭,子ども,自立できない老人,病人,障がい者に対するケア」を指す。1975年〜1990年の生活時間

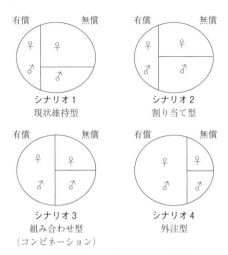

図3-5 無償労働の再分配のための将来シナリオ
出典：Bryun-Hundt 1996: 131をもとに作成。

調査の結果に基づき，無償労働の7割は女性，3割は男性によって担われていること，そして有償労働の分担比率はちょうどその逆となることを明らかにしたうえで，「男女間の有償・無償労働を再配分し，他方では，無償ケアから有償ケアへの転換を促進することによって女性の労働参加を推進する」ための方策が検討されたのである。その結果，図3-5にあるような4タイプの将来シナリオが示された［Bruyn-Hundt 1996］。

これらのシナリオのうち，審議会が選択したのは第3のシナリオ，つまりコンビネーション・シナリオである。具体的には，労働時間の柔軟化，経済・社会保障制度の変更，ケア供給の拡大，ケア労働の外注化の促進などをふくむ政策パッケージを指す。公的保育所の利用など，ケア労働の一部を外注化することで女性が労働市場に参入できるようにする一方，男性の労働時間を減らして家庭責任を担えるようにする。そのため，このシナリオでは，子どもを持つ女性と男性両方の

週あたり労働時間を平均29時間から32時間とすることが想定されていた。

審議会がシナリオ3を選択した最大の理由は,「必要とされる変化の度合いがそれほど大きくない」ことである。パートタイムといっても,当時フルタイム労働時間が週36時間に移行しつつあったため,29～32時間であれば,極端に少ない労働時間とはならない。他方,家庭責任のほうも完全な外注化ではなく,自分たちでケアを遂行するのに十分な時間が確保できるため,これまで主としてケアを担ってきた女性にとっての変化もそれほど極端ではない。これに対し,シナリオ1では現状と変わらず,無償労働の再分配はできない。シナリオ2では,ケア負担が大きいままで有償労働に十分な時間が割けず,またシナリオ4のようにケア労働の大半を外注化することは「オランダの文化にそぐわない」というのが審議会の判断であった [SER 1996: 16]。

このように,夫婦がともにフルタイムより少し少ない程度のパートタイム労働に従事することにより,1.0ではなく0.75ずつ,2人合わせて1.5の収入を稼ぎ出すことができる。そして浮いた時間分で,公的保育も利用しつつ2人が協力して育児や家事を遂行すれば,職場でも家庭内でもワークシェアリングが進むことになる。これがコンビネーション・シナリオの中核にある発想である。つまり,このシナリオには個人の生活における有償労働と無償労働の組み合わせ,そしてケア領域における公的保育と家庭内での私的養育の組み合わせ,という2種類のコンビネーションが組み込まれていることになる。

次章でも紹介するように,このパターンを実践しているカップルは私の知人やインタビュー対象者のなかに複数いたほか,日本で刊行された書物やメディアの記事でも必ずといっていいほど,オランダの特徴を示す事例として取り上げられてきた。

しかし,すでに図3-2で示したように,統計上,夫婦ともにパートタイムという組み合わせの世帯は6%強にすぎない。もっとも多いのは夫=フルタイム,妻=パートタイムのカップルである。ケア労働

に関しても、依然として女性の負担が大きく、男性の家事参加は遅々として進んでいないというのが大方の評価である。オランダ人研究者からも、このシナリオは本格的実現にいたることなく潰えたという声を聞く。では、コンビネーション・シナリオは、本当に「絵に描いた餅」で終わってしまったのだろうか。

4つのシナリオが検討された1990年代半ば以降、パートタイム就労自体はさらなる広がりを見せた。男性のパートタイムも増加傾向にある。ただし、その多くは20代前半で学業と就業を両立するケースであり、パートタイム勤務に就く子育て期の男性が少数派であることはまちがいない。つまり、カップル単位でコンビネーション・シナリオの想定どおりのライフスタイルを選択する人は、それほど多くないのである。その意味では、このシナリオは実現していないことになる。

だが、政策パッケージの一部であった労働時間の柔軟化や休暇制度の整備が進んだことで、従来とは異なるワークスタイルが生まれたことは注目に値する。それは、フルタイムという契約を維持したまま、家庭で育児などのケア労働に充てる時間を確保するという働き方である。業種にもよるが、1日あたりの勤務時間を増やして出勤日を週4日以下に減らしたり、時短の形で育児休暇を取得したりする男性も増えている。

2011年の育児休暇取得率は、男性が27％、女性が49％であった。[19] 週あたりの平均取得時間は、女性が10時間、男性が8時間であり、平均取得期間は女性の12ヵ月に対し、男性は18ヵ月である［Merens et al. 2012: 96］。こうした制度を利用して、週末以外の1日を自宅で過ごし、子育てを担当する「パパの日（*papadagen*）」を実践する人が増えつつある。子どもを持つ男性の17％は、週1日以上この「パパの日」をこなしているという報告もある［Portegijs & Keuzenkamp 2008: 34］。

労働時間の短縮と勤務時間帯の個人化・分散化

 すでに述べたように、オランダにおけるパートタイム就労は、社会状況の変化や新たな政策の後押しを受けつつ、基本的には有配偶女性が家庭内責任を果たしながら働き続けるための方策としてここまで広まったという側面が強い。男女平等推進の観点からは、女性たちが大量に労働市場への参入ないし就労継続を実現したことは評価できるとしても、その大部分がパートタイムだとすれば、本当に平等戦略として機能するのだろうかという懐疑が早い時期から寄せられていた [Plantenga 1996]。第7章でも取り上げるように、この点については、依然として評価が分かれる。しかし、フルタイムとの均等処遇が少なくとも制度上は達成されたことにより、パートタイム労働が不利な条件下の取るに足りない職務を意味するものではなくなったことは重要である。

 そればかりでなく、女性固有の問題という枠を超えて、社会全体に大きなインパクトを与えた点がある。「週5日、9時から5時まで」という定型から外れた、フルタイム未満という働き方が社会的にも制度的にも認知されたこと、しかもあらゆる業種に浸透したことである。その結果として、ひとつの職場にいろいろな勤務形態で働く人がいるという形が常態化したのである。このことは、労働時間短縮の流れともあいまって、勤務時間帯の個人化という潮流を加速する効果を生み出した。

 1960年代初めの週休2日制、1970年代半ばの週40時間労働制に続いて、オランダの労働組合は、1人あたりの労働時間を減らして雇用を増やすワークシェアリングの発想に基づき、さらなる時短を要求した。1982年のワッセナー合意の後、1983年～1986年の時短キャンペーンの成果として導入された時短措置は、ATV（*arbeidstijdverkorting*）または ADV（*arbeidsduurverkorting*）と呼ばれる。これは平均5％、労

運河に張り出したテラス形式のカフェは人気スポット（2011年）

働時間を短縮する措置である。

たとえば所定労働時間を週38時間としたうえで，じっさいには週40時間働き，「働きすぎた」分に相当する年間13日を振替休日とする。賃金は週38時間分しか支払われない。1990年代半ばには，多くの団体労働協約で週36時間の所定労働時間が定められ，振替休日は26日に増えた［Visser 2001］。

この制度による振替休日（もしくは時短休暇）は，年次有給休暇とは異なる扱いを受ける。年次休暇は制限つきで次年度への繰越しが可能だが，振替休日は3ヵ月，1年など一定期間内に取らなければ消失してしまう。また，年次休暇の取得には上司への申請が必要なのに対し，振替休日は時間単位でも取得でき，理由のいかんにかかわらず認められることになっているため，気軽に取りやすい。ライデンでは，何日も雨が続いた後に急に晴れ上がったりすると，午後から街なかのカフ

ェに人があふれたり，運河にボートで繰り出す人がどっと出たりする光景をよく見かけたが，それは，この振替休日の制度を使えば「ちょっと午後から休みます」ということも堂々とできるためである。

　ATV／ADV の導入当時は，実質賃下げとなるこの制度に不満を漏らす人も多かったが，今ではすっかり定着している。とくに 1990 年代以降，共稼ぎ世帯の急増とともに，女性ばかりでなく男性もワーク・ライフ・バランス，とりわけ仕事と子育てとの両立を重視する人が増えたため，子どもの急病や学校の行事などに合わせて休みが取りやすくなったことは，新たなニーズにマッチする変化でもあった。

　1990 年代に進行したもうひとつの動きは，勤務時間の分散化，ないし個人化であった［Visser 2001: 15］。働く人自身の希望が各々の勤務時間の配分に反映されるようになったのである。この結果，早朝に出社し子どもの下校時間に合わせて退社する人もいれば，日頃は契約労働時間よりも長めに働き，何週間かに 1 回，金曜日を休んで連休にする人もいる。年次有給休暇に振替休日分をプラスして夏に 6 週間の休暇を取ることもできる。時短を適用せずに週 36 時間労働を実働時間とする場合は，1 日 9 時間働けば 4 日で 36 時間となるため，週末以外の 1 日を休みにできる。私のインタビュー対象者やそれ以外の知人のなかにも，この「4×9 戦略」を実践している人はかなりいた。小学校に通う子どもの母親であれば，学校の時間割の関係で水曜日を休みにすることも多い。

　もちろん，これほど勤務スケジュールがばらばらだと，当然のことながら業務ミーティングの設定も大変である。ハーグの斬新なデザインのオフィスビルのなかにあった官庁附属の図書館に通うため，会議室がいくつも並んでいるスペースを毎日のように通り抜けていたことがあるが，ガラス張りで外から丸見えの会議室が軒並み使用中だったり，ガラ空きだったりと，曜日による稼働率の差が大きいことが印象的だった。別の職場では，全員がそろうのは火曜日だけなので，その日がミーティング日と決まっているとのことだった。

基礎自治体（ヘメーンテ）ライデンの人事課長が人事制度に関するインタビューに応じてくれたとき、この件を持ち出すと、こういうシステムだと人事担当者はもちろん苦労しますよと顔をしかめてみせた。とはいえ、かくいうご当人も、フルタイム契約ながら、週末以外に週1日をオフにしていた。その日だけ働きに出ている妻の代わりに子どもの世話をするのだそうだ（インタビュー，2005/8/29）。

　労働協約の内容によっては、所定労働時間と実働時間の差を振替休日（または時間）ではなく、残業手当と同じ扱いで給与に振り替えることも可能である。だが、じっさいにはお金ではなく、時間を選択する人が多いらしい。

　2006年の総選挙で労働時間がひとつの争点となり、時短休暇制度を廃止して週40時間労働制に戻す、という案がある党から出されたときには、新聞や週刊誌、ウェブ上のディスカッションで一般市民からこぞって反対が表明された。目立ったのは、週40時間働くのがいやなのではなく、自由に使える振替休日の権利を失うのが困るという意見や、子育てと就労を両立させている夫婦にとっては、36時間か40時間かの差は死活問題だという指摘であった。ある雑誌には、「従業員は奴隷ではなく、起業家のようなもの。自分の時間をどれだけどのように提供するかは自分たちで決めるべき」（*Intermediair*誌，2006/8/31, p.43）とまで書かれていた。

　私が聞いたなかでも、「勤務時間や勤務形態を選べるというのはいいことだが、あまりにもばらばらで個人化していることは問題」という声はあった。前述のように、ミーティングの設定がむずかしいなど、じっさいに不都合が生じていることも指摘されている。それでもなお、働く人がいつ、何時間働くかを主体的に選べることが重要だという認識が、現代オランダ社会において広く共有されていることはまちがいない。

　では、じっさいに人々はどのような理由で特定の働き方を選んだり、見直したりしているのだろうか。次章では、個人のワークヒストリー

に光を当てることで，オランダ流ワーク・ライフ・バランスの特徴をより具体的に考えてみることにしよう。

Pauze パウゼ 2

通勤 reizen naar het werk

　オランダ中央統計局の調査によると，オランダ人の通勤時間は平均30分，半数以上の人にとっては20分以内だそうだ。もっとも人気が高い通勤手段は自家用車（59％），続いて自転車（24％）となっている［CBS 2012: 8-10］。

　国土の大半が平坦で，いたるところに自転車専用道路が整備されているオランダにしては，自転車による通勤が少ないという印象だが，この比率はここ何年も変わっていない。ただ，自転車通勤が安上がりなばかりでなく健康によいという記事は，新聞や雑誌にも出ている（*Elsevier* 誌オンライン記事，2012/9/20）。

　自転車だと職場まで片道45分かかるという女性の友人は，健康維持のために自転車通勤を始めた。じっさいに体の調子がいいそうだ。悪天候のときは車にするが，職場近くに駐車場がないうえ，渋滞に巻き込まれたりもするので，時間的には自転車とさほど変わらないという。ただ，向かい風を受けて走るのが少々しんどいので，最近増えてきた電動自転車の購入も検討中とか。

　小さい子どもを持つ親たちは，まず子どもを保育所や小学校に送り届けてから職場に向かう。そのためには，自転車の前や後ろにチャイルドシートを乗せた「ママチャリ」が必須である。このママチャリを駆使しているのは，母親だけではない。小学校の校庭で見ていると，始業時間前に次々と子どもを乗せてやってくる親たちのうち，3割くらいは男性だった。スーツをびしっと着込んだ人もいれば，家で子どもの世話を引き受ける「パパの日」なのか，ラフな格好で，下の子を自転車に乗せたまま走り去る人もいる。

　さらに，アムステルダムを起点に流行し始め，ライデンでもよく見かけるようになったのは，自転車の前方に大きな木製の箱を取り付けた「カーゴ自転車（*bakfiets*）」と呼ばれるタイプ。複数の子どもを乗せた

り，荷物を一緒に運んだりできる点が人気を呼んでいる。

ある中央省庁の正面玄関の脇にある職員用の自転車置き場では，出入り口にもっとも近いスペースが，カーゴ自転車やチャイルドシートを前後につけた大きめの自転車専用となっている。その奥に普通のチャイルドシートを備えた自転車や障がい者用のスペースがあり，それ以外の自転車は地下スペースに置くことになっているという。つまり，保育所への迎えに間に合うよう，職場を飛び出して行かなければならない人たちへの配慮ということらしい。

私のインタビュー対象者のなかには，通勤時間を短縮する目的で転職を決意した人も複数いる。職住接近のおかげで，仕事と家庭生活の両立にまつわるストレスが軽減したと力説していた。

その一方，渋滞に巻き込まれる時間もふくめた自家用車での通勤が，どちらも忙しい職場と家庭の間をつなぐ息抜きタイムとなっているという調査結果もある [Bijl *et al.* 2010: 104]。ただし，携帯電話のスピーカー機能とイヤホンを使って，移動中もずっと仕事という人も増えつつあるようだ。

カーゴ自転車で子どもを送る（2011年）

4

ワークヒストリーをたどる

オランダ東部のアルネムにある野外博物館で，民俗衣装と木靴を身につけ，昔の遊びに挑戦する子どもたち（2011年）。古い建物を移築し，オランダのかつての暮らしを再現した44ヘクタールの敷地内では，住み込みのスタッフやボランティアたちが，昔ながらの職人仕事や菜園作りなどを実演している。私が友人一家と一緒に訪ねたときは，イースター休暇を利用した家族連れで賑わっていた。

週何日働いている？

　学生時代に私の夫とハウスシェアをしていたオランダの友人たちが，それぞれの伴侶や子どもたちとともに集まり，夕食会を開いたことがある。その席で久しぶりに会った同世代（当時40代前半）の女性2人とこんな会話を交わした。

　筆者　あなたは週に何日働いているの？
　アネット　3日よ。
　筆者　じゃあ，週に3日働いて，4日は子どもと一緒に家にいるってこと？
　アネット　そう。最高のバランスだと思うわ。（居合わせたエルマに向かって）あなたは週に何日働いてる？
　エルマ　私も週3日。あなたと同じよ。とてもいいバランスだと私も思う。上の子が小さかったときは週5日働いてたの。しばらくシングルマザーだったし，いつも忙しかったわ。働く時間を減らしたいと思ってた。
　　下の双子は週2日保育所に行くようになったんだけど，私が働けるのはその2日だけで，それだとちゃんと働いてる感じがしなかった。時間が足りなかったの。それで少し前から保育所を3日に増やしたところ。本当によかったと思ってるわ。子どもたちのことはとっても愛しているけど，自分の頭を使ってまた働けるようになったことがうれしい。
　アネット　そうよねえ，仕事は私にとっては息抜きでもあるの。社会的にも情緒的にも成長できるし，いろんな人に会えるし。
　エルマ　新しい考えも浮かぶしね。　（フィールドノート，2006/8/24）

エルマは最初のパートナーと別れた後，研究者の卵としてフルタイ

ムで働くかたわら，ひとりで子どもを育てていた。その後新しいパートナーと結婚し，双子が生まれた。上記の夕食会の頃は，深刻な就職難にある常勤研究者の道をあきらめ，まったく異なる分野で立ち上げた個人事業が軌道に乗りつつあるところだった。アネットはダンスセラピーの教師で，以前は2種類の仕事を掛け持ちしていたが，忙しすぎたので，ひとつに絞ったという。

　このときの会話の口火を切ったのは私だったが，オランダ人，とりわけ女性たちが集まる場で，どんな働き方をしているかを尋ね合うことは珍しくない。フルタイムかパートタイムかという区別ばかりでなく，お互いが週何日，あるいは何時間働いているのかという事実は，職種や具体的な仕事内容以上に大きな関心事なのである。

　かつて『インターメディエール』という高学歴ホワイトカラー向けの週刊誌に，「で，よく働いた？ (*En, lekker gewerkt?*)」というタイトルの短いコラムが連載されていたことがある。一日の仕事を終えた人へのインタビューという設定だったが，ある回ではイベント会社の管理職を務める男性にインタビュアーが「週あたり何時間働いていますか？」と質問し，「フルタイムですよ。うちの会社の場合は週36時間です」という答えを得ていた（*Intermediair*誌, 2005/9/9, p. 114）。

　日本のメディアで同様の企画があったとしても，こんなふうにいきなり労働時間数を聞いたりするだろうか。オランダでは新聞や週刊誌，月刊誌で市井の人々の仕事ぶりや懐事情を取り上げたコラムをよく目にするが，そこでも氏名，年齢，勤務先に加え，週あたりの勤務日数もしくは労働時間数が，必ずといっていいほど基本情報のなかに盛り込まれている。多様な働き方があることが，それだけ社会の了解事項となっているからだろう。

　さて，前章ではオランダにおける社会政策の変遷を追い，とくに女性たちの間でパートタイム労働が主流の働き方となるにいたった背景を詳述した。そこで明らかになったのは，いわゆる有償労働とそれ以外の活動，とくに家庭における家事と育児を両立できるような働き方

として，パートタイム就労が重要な鍵となったという事実である。時代の変化やこうした政策との相互作用のなかで，人々の暮らし方，働き方も変化を遂げてきたことになる。

そこでこの章では，オランダ社会に生きる個々人が，それぞれの置かれた状況のなかで仕事をどのようにとらえ，自らの望むライフスタイルをどのように実現しようとしているかという点に光を当ててみることにしよう。主な資料となるのは，オランダ人男女に対するインタビュー調査の結果である。

表4-1に示したように，合計50人（女性30人，男性20人，14組のカップルをふくむ）から職歴や勤務時間，子育てなど仕事以外の活動との両立の仕方などについてくわしい話を聞いた。カップルの場合は，夫婦双方に同席してもらったインタビューもあれば，2人別々に行ったインタビューもある。また，どちらか一方に改まった形で45分～2時間ほどのインタビューに応じてもらい，その配偶者にはほかの場面で話を聞かせてもらったケースもふくんでいる。なお，名前はすべて仮名である。

表4-1からわかるように，インタビュー対象者のなかでもっとも多いのは，1960年代初めから半ばにかけて生まれた人たちである。これらのインタビューを行った2005年～2011年，彼らの多くは子育ての只中にあり，夫婦それぞれの職業生活と家庭生活をよりよい形で両立するべく，模索を続けていた。インタビューでは，最終学歴からインタビュー当時までの職歴，転職のタイミングや理由，結婚・出産，あるいは別離などのライフイベント，そして子育て中の場合は保育所などの利用状況について共通の質問をした。そのほかは，各自の職場や家庭にまつわる問題について，日頃考えていることを自由に語ってもらった。

一人ひとりの職場や家庭の状況はむろんさまざまであるが，全体を通して見ると，個別の差異を越えたいくつかの共通パターンが浮かび上がってくる。ここではまず，カップルそれぞれの職種や就労形態の

表4-1 ワークヒストリーに関するインタビュー対象者一覧（順不同，2005〜2011年）

No.	名前(仮名)	性別	生年	職業	居住地	子どもの生年	初回インタビュー時の勤務形態・契約労働時間	じっさいの就労日数または時間数
1	エルマ	女性	1965	事業主(家事アドバイザー)	ライデン	①1993 ②③2004	自営のため契約なし	週3日，週あたり時間数は不定
2	ルドルフ	男性	1961	消防庁勤務	ライデン		フルタイム・週36時間	1日9時間労働換算で週4日勤務
3	カーラ	女性	1969	事業主(市民向け講座企画)	ライデン	①2005 ②2007	自営のため契約なし	週3日，週あたり時間数は不定
4	エドガー	男性	1965	会社共同経営者			フルタイム	週末以外に週1日はオフ，週あたり時間数は不定
5	ニーナ	女性	1964	ライデン市職員(学芸員)	ライデン	①2001 ②2003	パートタイム・週32時間	週4日
6	イファル	男性	1965	大学教員			フルタイム・週40時間	週末以外に週1日は在宅
7	モニーク	女性	1968	研究所勤務(研究員)	ライデン	①1997 ②1999 ③2003	フルタイム・週32時間	育児休暇取得により実働週30時間，週4日だが，1日は2時間早く退社
8	アベル	男性	1966	大学教員			フルタイム・週36時間	週5日
9	ヘンク	男性		ライデン市職員	ライデン	2人	フルタイム・週36時間	1日9時間労働換算で週4日勤務
10	サーシャ	女性	1974	美術館職員	カットワイク	なし	フルタイム・36時間	1日9時間労働換算で週4日勤務
11	イェローム	男性	1972	銀行員			フルタイム・36時間	1日9時間労働換算で週4日勤務
12	ニコラス	男性	1956	酪農家	ライデン	①1986 ②1987 ③1989	フルタイム	週あたり時間数は不定．土日休みなし
13	マイケ	女性	1959	酪農家			フルタイム	週あたり時間数は不定．土日休みなし
14	シビル	女性	1963	会社社長	ライデン	①1999	フルタイム	週5日
15	アーニャ	女性	1953	国家公務員(法務担当)	ワッセナー	①1991 ②1993	パートタイム・週27時間	週4日
16	バスティアン	男性	1959	国家公務員			フルタイム	週5日，実働60〜70時間
17	ジュデイス	女性		大学教員	ユトレヒト	なし	フルタイム・週40時間	週5日
18	マールテン	男性	1948	博物館学芸員	ライデン	①1979 ②1981	パートタイム・週32時間	週4日
19	マデロン	女性	1954	研究所勤務(研究員)	ライデン	①1995	パートタイム・週32時間	週4日
20	メリアム	女性	1967	銀行員	ハーグ	①2003 ②2005	フルタイム・週36時間	育児休暇取得により実働32時間，週4
21	ニンケ	女性	1965	コンサルティング会社勤務	ライデン	①1999 ②2001	パートタイム・週32時間	週4日のうち1日は在宅勤務
22	ファリス	男性	1965	国家公務員			フルタイム・週36時間	週5日
23	アリシア	女性	1961	大学職員(司書)	ライデン	妻の連れ子①1998／夫の連れ子①1988②1990	パートタイム・週28時間	週4日
24	ピート	男性	1954	大学職員(IT担当)			フルタイム・週40時間	週5日，年休により週半日オフに

4 ワークヒストリーをたどる

25	ジュリアナ	女性	1964	国家公務員(法務担当)	ハーグ	①1999 ②2002	パートタイム・週32時間	育児休暇取得により実働24時間, 週3日
26	ウィンケ	女性	1959	研究所勤務(研究員)	ライデン	①1994 ②1996	パートタイム・週24時間	週3日
27	イザベラ	女性	1964	フリーランス(翻訳・通訳)	ライデン	①1995 ②1999	自営のため契約なし	
28	ディータ	男性	1966	大学教員	単身赴任中		フルタイム	
29	ベルト	男性	1949	退職者(元機長)	ドゥートゥハイム	①②1998		
30	アナ	女性	1966	客室乗務員			パートタイム(67%)	勤務日は不定期
31	ブリット	女性	1939	退職者(元NPO勤務)	ゼルヘム	①1963 ②③1966		
32	アンネミーク	女性	1963	専業主婦	ヒルバサム	①1992 ②1996		
33	ミース	女性	1937	退職者(元看護師)	ポッサム	①1965 ②1966		
34	トム	男性	不明	退職者(元コンサルティング会社)				
35	ヘレーン	女性	1963	コンサルティング会社共同経営者	ライデン	なし	フルタイム	
36	マラインン	男性	1972	工場勤務	フォルスホルテン	①2003 ②2005	フルタイム	週5日
37	ジオ	男性	1960	中央省庁官僚	ロッテルダム	なし	フルタイム・週36時間	週5日
38	マルチェ	女性	1960	メーカー勤務			パートタイム・週32時間	週4日
39	ベナマル	男性	1961	NPO勤務	ユトレヒト	①1999 ②2001	パートタイム・週32時間	週4日
40	バウチェ	女性	1965	NPO勤務			パートタイム・週32時間	週4日
41	アンヌマリー	女性	1971	大学助手	ユトレヒト	①2004 ②2006	パートタイム・週30時間	週4日
42	ローレンス	男性	1969	会社共同経営者			フルタイム	週あたり時間数は不定, 週末以外に週1日はオフ
43	アナベル	女性	1962	大学教員	ライデン	なし	フルタイム・週40時間	週5日
44	ドーラ	女性	1962	コンサルティング会社勤務	ハーグ	①1999 ②2001	フルタイム・週36時間	週5日
45	ハネケ	女性	1939	専業主婦	マアスラウス	①1964 ②1966 ③1967		
46	サビナ	女性	1976	研究所勤務(コーディネーター)	ライデン	①1997	パートタイム・週30時間	週5日, うち1日は在宅勤務
47	アンケ	女性	1971	秘書		なし	パートタイム・週34.2時間	週4日
48	エダ	女性	1954	介護士	ラーヘツワルウェ	①1981 ②1984 ③1991	パートタイム	勤務時間・勤務日は不定期
49	ルーベン	男性	1949	退職者(元船舶会社勤務)				
50	レンセ	男性	1959	小学校教員	ライデン	妻の連れ子2人	フルタイム	週5日

注:網掛け部分は,録音によるインタビューを実施した対象者。職業,居住地,勤務形態などはいずれも初回インタビュー時のもの。

違いを踏まえたカテゴリーを設定し，それに沿った事例をいくつか紹介したい。ちなみに，オランダでは法律上の婚姻届を出さないまま事実上の夫婦として生活を営んでいるケースは珍しくないため，ここでも法律婚のカップルであるかどうかは問わず，夫または妻と表記する。

夫婦ともパートタイム契約の場合

事例1 ベナマル＝夫（1961年生まれ，表4-1，No.39）とバウチェ＝妻（1965年生まれ，No.40）

2008年のインタビュー時，夫は46歳，妻は43歳で，娘2人が8歳と6歳だった。ユトレヒト郊外にある閑静な住宅で，夕食と子どもたちの就寝時間をはさんだ前後の時間に夫婦それぞれから話を伺った。

夫はジャーナリズムの仕事を経て，1985年から国連機関の在オランダ事務所で13年働いた後，1998年に有機農業を促進する非営利団体（NPO）に転職した。が，働きすぎで体調を崩したとかで，ちょうど休職中のところをインタビューにお邪魔する形になった。

国連機関での勤務は週3日のパートタイム契約でスタートし，その後週4日勤務となったという。転職先のNPOでも，予算上の制約から週32時間のパートタイムだった。とはいえ，休みのはずの金曜日も自宅でメールを書いたり電話をかけたりはしていた。しばらくして契約をフルタイムに変更する可能性が出てきたが，パートタイムの状態で働き続けることを希望した。

> 現実には週32時間より長く働いているわけですが，契約をフルタイムにすると，週5日出勤しないわけにはいかなくなりますよね。それがいやでした。だから（給与が少なくても週4日勤務を維持するのは）自由をお金で買うようなものです。夕方に会議が入ることもよくありますけど，とにかく週1日はオフがあるということが大事なんですよ。
> （ベナマル＝夫，2008/3/14）

妻は航空券の販売代理店，航空会社などでフルタイム勤務を経験した。航空会社から一時出向してアトランタ・オリンピック関連の仕事を手がけたのち，そのプロジェクトが終わって元の仕事に戻るのはつまらないと思っていたところへ転職のオファーが舞い込み，1996年に国連機関の事務所に移った。夫と知り合ったのもその職場である。
　1999年に第1子を出産した後，いったん週3日勤務にしていたが，2001年に生まれた下の子が3歳になった年には週4日32時間勤務に戻った。その頃は責任ある仕事を任されており，充実していた。ただ通勤時間が長かったこともあり，週4日の出勤日は朝から夜まで走り回っているような状態だった。通勤の電車のなかでもずっと仕事をしていたという。

　　（家が職場から遠かったため）いつも一番遅く出勤して，職場を出るのも自分が最初だったので，同僚に対しては職場に十分長くいられないことを申し訳なく思っていたし，家族に対しては学校や保育所への送り迎えを（職場が近い）夫に任せっぱなしだったことをすまなく思っていました。どちらに対しても常に罪悪感がありましたね。
　　　　　　　　　　　　　　　　　　　　（バウチェ＝妻，2008/3/14）

　そこで働き方を少し変えようと，育児休暇を取得することにした矢先にバイクの事故に遭い，長い間休職する羽目になった。その間にあれほど大切に思っていた仕事がなくてもやっていけることに気づき，転職を考え始めたという。その後まもなく，住まいがあるユトレヒトのNPOに転職した。勤務時間はそれまでと同じ週32時間で，水曜日を休みにしている。
　忙しすぎて大変だったという国連機関勤務時代も，妻は週1日の休みを確保して子どもの世話に充て，夫も同様だった。つまり妻が水曜日，夫が金曜日に家にいられるため，子どもたちは月曜，火曜，木曜の週3回，放課後を保育所や学童保育で過ごしていた。

転職後，妻は通勤時間が大幅に短縮されたことにより，朝，子どもたちを学校に送ることもできるようになったし，学校行事などがあれば，1時間だけ休みを取って抜けることも可能になった。さらに，ほかの曜日に少し長く働くことで月曜日の勤務時間を午後3時までに短縮した。こうすれば月曜は，学校の終業に間に合うよう子どもたちを迎えに行けるため，学童保育に預ける日を週2日に減らした。

　　今はとても満足しています。私にとってはこれが完璧な状態ですから。転職を決断してよかったわ。もしあなたが去年の私に話を聞きに来ていたら，きっと全然違うストーリーになったでしょうけどね。
　　　　　　　　　　　　　　　　　　　　　（バウチェ＝妻，2008/3/15）

　この2人のように非営利団体（NPO）に勤務する人の場合，パートタイムという就労形態は男女ともに珍しくない。多くのNPOでは，人件費を抑制する必要からパートタイム勤務が奨励されてきた面があるからだ。ベナマルとバウチェはどちらも，NPOセクターのポジティヴな側面として，気兼ねなくパートタイム勤務が選択できることを強調していた。後述するように，民間企業ではそうはいかないケースも多いためである。
　この夫婦の場合，夫婦2人ともが週4日のパートタイム勤務を実現することによって，それぞれ週1日ずつ家で子どもの面倒を見る日をもうけ，残り3日を保育所に通わせていた。子どもたちが小学生になってからは，どちらかがオフの日であれば学校に迎えに行き，家で一緒に過ごしたり，水泳教室やピアノ教室など，習い事に連れて行ったりする。夫婦とも働いている日は，学童保育のスタッフに学校まで迎えに行ってもらい，夕方まで預かってもらうことになる。
　そもそも，夫婦がどちらも週4日のパートタイム勤務に就くことで，家事や子育てをめぐる家庭内の分業をより均等なものにするというやり方は，第3章で紹介したコンビネーション・シナリオの想定パター

ンに相当する。しかし統計的に把握する限り、現実に2人ともパートタイムというカップルがかなりの少数派であることは、すでに指摘したとおりである。私のインタビュー対象者のなかでも、小学生までの子を育てていた21事例のうち、一時期であってもカップルの両方がパートタイム契約で働いていたというケースは、この事例1以外に2事例しかなかった。

その一方で、夫婦がそれぞれ週末以外の週1日、家で子どもの世話をしていたというケースは珍しくなく、21事例のうち14に上る。これは、フルタイム契約で働いていても、育児休暇を時短形式で取得したり、あるいは1日あたりの勤務時間を8時間ではなく9時間に増やしたりすることで、週36時間勤務を4日に集約するという方法があるためである。とくに公務員の場合は、こうしたやり方が男性の間でもかなり広まっている。

なお、オランダの育児休暇は、ひとりの子について夫婦が同時に取得することが可能である。ただし、製造業や金融業の場合は男性の取得が比較的むずかしいといわれている。そこで、次に金融業界で働く夫婦のケースを見てみよう。

夫婦ともフルタイム契約だが、週4日勤務の場合

事例2 メリアム＝妻（1967年生まれ、表4‐1、No.20）と夫（1970年生まれ）

この事例では、銀行勤めの妻だけを対象とし、仕事の合間に勤務先の応接室でインタビューさせてもらった。

2006年のインタビュー時には、夫婦ともに育児休暇を使ってフルタイムの労働時間36時間を32時間に減らし、週4日勤務としていた。当時3歳と1歳の子どもたちは、月曜日は父、水曜日は母と一緒に家で過ごし、火曜・木曜・金曜の3日間は、朝8時から夕方6時まで保育所に通っていた。この3日のうち、木曜は夫、金曜は妻が保育所に

迎えに行く。保育所の迎えがある日は，夕方5時には必ず職場を出なければならない。火曜は妻の両親が迎えを担当してくれた。さらに急な会議で夫婦どちらも都合がつかなくなったときや，子どもが病気になったときなどの「緊急時」には，やはり妻の両親が対応してくれた。

　　何ヵ月か前，下の息子が病気を繰り返した時期がありました。病院にも行ったくらいで……そのときは，もうちょっと働く時間を減らしたほうがいいのかなと思ったりもしました。自分がひどい母親だという気がして……。だから，時々ですけど，もう少し少なく働いたほうがいいんじゃないかと思うことがあります。だって，両方やるって大変な仕事ですもの。　　　　　　　　　　　（メリアム＝妻　2006/8/29）

ここで両方というのは，もちろん収入のための仕事と子どものケアとを指している。メリアムはもともと航空会社の客室乗務員として働いていたが，「もう少し頭を使う仕事がしたくなって」銀行に転職した。インタビュー時には個人の顧客に資産管理のアドバイスをするマネージャー職に就いていた。上記のように時折疑問を持ちながらも，第1子誕生後から続けてきたこの方法，つまり夫婦2人で育児休暇を取るというやり方のおかげで仕事とケアの両立が何とか果たせていると考えていたが，近い将来については，次の2つの点で大きな不安を抱えていた。

　まず，上の子の小学校入学である。オランダでは法律上の義務教育は5歳から始まるが，ほとんどの子どもが4歳の誕生日を迎えると同時に小学校に入学する。

　保育所は夕方6時まで子どもを預かってくれるが，小学校の授業はどの学年も午後3時前には終わってしまう。水曜午後は授業がないため，お昼までに迎えに行かなくてはならない。日本と同じように学童保育は存在するが，学校の敷地内ではなく，外部に別の団体が運営する保育施設があり，複数の学校の子どもたちがそこに集まって夕方ま

での時間を過ごすことになっている。私の息子が通っていた学童保育の様子を見る限り，おもちゃやパソコンの設備なども充実しており，アットホームな雰囲気で感じがよかったが，学校で緊張を強いられる一日を過ごした後，別の場所に移動して放課後を過ごすことになるため，学童保育に通わせる日数を保育所以上に少なくしたいと考える親は多い。メリアムもそのひとりだった。

さらに小学校は年に何回も休みがある。秋休暇が1週間，クリスマス休暇が2週間，春休暇が1週間，イースター休暇が2週間，夏休暇が6週間と合計12週間にも上る休みの間，祖父母の家に預けっぱなしというわけにもいかないし，どうすればいいのかと，子どもの小学校入学を目前にして頭を抱えている人には何人も会った。

メリアムにとってのもうひとつの大問題は，同じく銀行員である夫が週5日勤務復帰を考えていることだった。育児休暇取得の上限まではあと2年弱あるはずだったが，最近別の銀行に転職したばかりの夫は前より忙しくなったほか，昇進が視野に入る時期でもあり，まもなく通常の週5日勤務に戻る計画を立てていた。一方のメリアムは，もともと育児休暇が切れた後はフルタイムからパートタイム契約に切り替え，週4日の32時間勤務を続けるつもりでいた。だが，夫のほうが週5日勤務になれば，子どものために家にいられる日はなくなる。そうなれば，子どもたちが保育所や学童保育に通う日が週4日になってしまう。

「週4日は多すぎる」と彼女は考えていた。友人が結婚して移り住んだスウェーデンのように，両親ともフルタイムで働き，子どもたちは週5日保育所に通うのがあたりまえの国があることは知っている。だが，オランダの現状では，週4日の保育所通いは子どもへの負担が大きすぎるというのが彼女の意見だった。だとすれば，自分が働く日数をさらに減らして週3日勤務にし，夫が抜けた分をカバーするしかない。ところが，週3日の出勤では，マネージャー職にとどまることはできず，アシスタントへの降格を余儀なくされるという。

彼女の職場の場合は，週5日勤務と4日勤務とでは職務内容にまったく違いはないし，4日勤務だからといってとくに肩身の狭い思いをすることもない。だが週3日となると，責任の重い仕事は任せられないと思われてしまう。「もしそうなれば，収入も減るわけだし，だいたい仕事を続ける価値があるのかどうかも怪しいですよね」とメリアムはいっていた。

　夫のほうは，もともと男性が育児休暇を取りにくいとされている銀行勤務でありながら，妻が産後休暇から職場復帰すると同時に自分も育児休暇取得を申請し，認められた。だが，その後転職を経て，インタビュー時点では，上述のように新しい会社での昇進を真剣に望んでいた。そうなると，法律上の権利である育児休暇の枠内であっても，週4日勤務を続けることが，キャリア・アップの観点からは不利に働く。

　つまり事例2の場合は，子どもの誕生後，夫婦がともに育児を担う形で仕事とケアの両立を果たしてきたものの，子どもの小学校入学という節目を目前にして，それぞれの職場でのキャリア展開に差が出てきたことになる。妻のほうは，自分には夫のような出世欲はないといい，現時点でも働きすぎではないかという感覚を抱いてはいたが，その一方で，今の職位が確保できないことを受け入れるべきかどうか迷っていた。

　事例1と事例2に見られるように，夫と妻が週1日ずつ子育てを担当し，保育所を週3日利用するというパターン自体は，高学歴ホワイトカラー層の間で広く普及していた方法であり，インタビュー対象者の大半もそうしていた。子どもが病気になったときや小学校の休暇のときなどに，祖父母の助けを借りるケースも多かった。

　だが，夫婦が協力して仕事と子育ての両立を図ろうとする一方で，ライフステージの進行や職場環境の変化などに従い，夫と妻がそれぞれに働き方を変えていくという状況もまた，多くのカップルに共通していた点である。事例1と事例2のカップルも，年齢を重ねるなかで，

働く場所や働き方を次々に変えている。変更の契機としてまず重要なのは，同居・結婚，出産，あるいは子の就学といった人生の節目ごとのライフイベントであるが，そればかりではない。

事例1の場合，夫も妻も週4日のパートタイム勤務でありながら，あまりにも忙しいと感じる生活のなかで働き方の見直しを迫られた。結果として妻は通勤時間の少ない職場への転職を，夫は休職して新しい道を模索することを決断し，夫はその後自分の事業を立ち上げた。ほかのインタビュー対象者のなかにも，親の病気や死によって大きな精神的ダメージを受け，それを乗り越える過程で仕事のペースを変えた人が複数いる。

事例2では，夫婦そろって育児休暇を利用しつつ，週1日を子育てに割くという状況から，子どもの就学と夫の転職を機に，妻がより少なく，夫がより多く働く方向に舵を切る可能性が高くなったところだった。

次に紹介するのは，子どもがいない間は2人の休みの日を合わせる働き方をしていたカップルが，第1子の誕生をきっかけに，妻＝パートタイム，夫＝フルタイムに変更することになった「1.5稼ぎ」型の事例である。

妻はパートタイム勤務，夫はフルタイム勤務の場合

事例3 サーシャ＝妻（1974年生まれ，表4−1，No.10）とイェローム＝夫（1972年生まれ，No.11）

事例3のカップルには，結婚前から何度もインタビューを重ねている。2005年の最初のインタビューでは，2人が同居を始めたばかりのスタイリッシュな新居にお邪魔した。当時31歳だった妻は，美術館の広報スタッフとしてフルタイムで働いていたが，勤続6年目から，週ごとに4日勤務と5日勤務を入れ替えるというやり方に変えた。週あたりの労働時間が40時間から36時間に減ったためである。40時

平日午後3時の商店街 (2011年)。平日に休みを取る人たちをふくめ, この時間から賑わっている。

間働く週と32時間しか働かない週を交互に組み合わせれば, 平均36時間労働となる。その後, 1日の勤務時間を9時間にし, 出勤日は週4日, 水曜日が休みという働き方になった。

大手銀行のIT部門でマネージャーを務めていた夫も, 同じようにフルタイム週36時間の契約ながら, 週4日の9時間勤務という扱いで, 当時は水曜を休みにしていた。とはいえ仕事は忙しく, 出勤日は12時間以上働いていたため, 週4日の出勤であっても, 週あたりの実働時間は50時間くらいになっていた。当時の勤務形態については, 週半ばの水曜に休みを入れることでリフレッシュできるし, 2人が同じ曜日に休みを取れば, 買い物に出かけたり, ビーチに行ったりと一緒に楽しめるので, 今の状態が気に入っているといっていた。

その後2人は正式に結婚し, 2008年にひとりめの子どもが生まれた。サーシャの職務内容ではパートタイム勤務への切り替えはむずか

4 ワークヒストリーをたどる 77

しいだろうということだったが，まず週4時間分の育児休暇を取得して週あたりの労働時間を32時間とし，それからさらに週26時間まで勤務時間を減らした。近所の保育所に空きがなかったため，出勤日には，子どもはホスト・ペアレント（*gastouder*）に預けていた。

　子どもが1歳半になった頃には，妻が自宅により近い町にある大学に転職した。付属博物館の広報担当者として週24時間，3日勤務のパートタイム職である。水曜と金曜を休みにしている。労働時間は8時間分減ったが，現在の職場のほうが給与水準を高く設定しているため，手取り収入は前より上がった。

　一方夫のほうは，子どもが生まれる前の2006年に新会社立ち上げにかかわって転職し，前よりさらに忙しくなったため，フルタイム勤務を週4日に圧縮することはできなくなっていた。以降，フルタイム以上ともいえる働き方で，残業が多く，週末も仕事が入る。2歳から保育所に預けるようになった娘を毎朝連れて行くのは夫の役割だが，夕方迎えに行って寝かしつけるまでの子の世話は妻が担っている。

　この事例からわかるのは，勤務時間の配分を工夫することで週末以外に1日休みを取るという働き方の選択は，子育てのためとは限らないということである。子どもが生まれる前のサーシャとイェロームは，ともに忙しい仕事に就きながらも「4×9戦略」，つまりフルタイム週36時間の契約ながら，1日あたりの勤務時間を8時間から9時間に増やし，それを4日間にすることで週末以外に週1日の休みを確保していた。週の半ばに2人そろって休みの日を入れることで一緒に過ごす時間を確保し，リフレッシュして週後半の仕事に臨むことも心がけていた。

　しかし，夫が転職を機に通常の5日勤務に復帰せざるをえなくなったちょうどそのタイミングで子どもが生まれたため，妻のほうがより自宅に近い，パートタイムの職場に移ることで，仕事とケアの両立を図る形になった。ただ，妻の仕事も週3日のパートタイムにしてはかなり忙しく，じっさいには3日分以上の仕事量をこなしているという。

（今，妊娠中の）下の子が小学校に上がる頃になったら，週4日の仕事に変わりたいと思っているの。そのほうが1日あたりのペースがゆっくりになるから。今は本当に忙しいのよ。……残りの2日は娘の世話で忙しいし，いつも頭のなかはたくさんのことでいっぱいなの。パートタイムで働いているほかの友だちも，仕事量が多くてプレッシャーもきついから，かえって大変といっている人はたくさんいるわ。
　　　　　　　　　　　　　　　　　　　（サーシャ＝妻，2011/5/17）

　育児休暇の利用による時短システムを使って，妻1日，夫1日，そして保育所3日というケア・シフトを3年間続けた別の夫婦の場合，下の娘の小学校入学と同時に育児休暇が終わり，夫は週5日の通常勤務に復帰した（表4‒1，No. 21, 22）。逆に妻のほうはもともと週4日だったパートタイム勤務のうち，さらに1日を在宅勤務にすることで夫が抜けた穴を埋め，子どもたちが学童保育に通う日数を週3日にとどめている。
　この事例の夫が「4×9戦略」を選択しなかったのは，そうすると1日あたりの就労時間が長くなり，家族と一緒にいられる時間が少なくなってしまうからだという。また，夫婦2人ともが出勤する週3日は，学校に子どもを送ってから出社する妻の帰宅が遅めになるため，夫は早く出勤する代わり，学童保育への迎えを担当することになっている。1日9時間勤務ではその迎えに間に合わなくなってしまうのである。
　大事な会議が急に入ったときなどは，妻に連絡して代わりに迎えに行ってもらうが，それも無理なときは迎えを優先し，職場の別の人に代理出席を頼むそうだ。「子どもを迎えに行かないといけないから，会議には出られないというだけさ」（ファリス＝夫，2006/8/31）とあっさりいってのける彼の場合，男女平等政策の旗振り役でもあった社会問題雇用省（日本の厚生労働省に相当）が勤務先のため，周囲の同意は得やすかった。ただそれだけでなく，40代の彼が率いるチームの部〈1〉

下たちは，女性も男性もみな共働きで，子どももいる。つまりお互いさまということでもあるらしい。

とはいえ，このケースでも，育児休暇の終了と子どもの小学校入学という節目にあたって，パートタイム勤務に加えて週1日の在宅勤務を選択したのは妻の側であり，夫は引き続き子育てに積極的に関与しているとはいえ，通常のフルタイム週5日勤務に戻ったわけである。事例2や事例3の夫と同様，昇進を視野に入れるなら毎日出勤する必要が出てくるというのがその理由だった。

フルタイム勤務の夫とパートタイム勤務の妻の組み合わせが「1.5稼ぎ」タイプと呼ばれ，共働き夫婦の多数派を占めていることは第3章で見たとおりである。ただ，統計には現れにくいものの，フルタイム勤務であっても，育児休暇や「4×9戦略」を活用することで妻と同じように週1日を育児に充てる男性は少なからず存在する。このように父親が家にいて子どもの世話をする日が「パパの日」と呼ばれることはすでに述べたが，若い男性の間では，就職面接などで「将来自分に子どもができたら，パパの日を取らせてもらえるか」を確認する人も増えているという。

だが問題は，ともに親として仕事にも育児にも応分の時間を割くという形で，対等なスタートを切ったように見える夫婦も，年月が経つにつれて，夫はキャリア重視，妻は子育て重視に傾く時期がやってくるということである。その岐路を作り出す最大の要因は，「週4日以下の勤務では十分な出世は望めない」という通念であり，また多くの企業での現実である。

夫も妻もフルタイム，週5日勤務の場合

さらにもうひとつ，とりわけ女性たちの働き方の選択に対して大きな影響を与えているように見えるのは，「フルタイム勤務と母親業は両立しがたい」という考え方である。

16歳以上の男女を対象とする2002年のアンケート調査で、「次の条件に当てはまる女性に適した働き方は、フルタイム就労をする、パートタイム就労をする、まったく就労しない、のうちどれだと思いますか」と尋ねたところ、「結婚しているが子どもがいない女性」についてはフルタイム就労が妥当と答えた人が88％いるのに対し、「就学前の子どもがいる女性」がフルタイムで働いてもよいと考える人は18％にすぎなかった。これが「末子がすでに小学校に上がっている女性」の場合は31％、「子どもたちが独立した女性」であれば86％となる［Keuzenkamp & Faulk 2006: 166］。

　じっさいのところ、18歳未満の子を持つ母親のなかで、フルタイム勤務（週あたり労働時間が35時間以上）を続けている人の割合は2005年時点で9％にすぎず、しかもこの数字は1990年代半ばから変わっていない。このフルタイム就労の母親のうち、35％が3歳以下の子を持っていることを考えると、事例2の妻のように、フルタイム契約を維持したまま、育児休暇の取得によって実働時間を減らしているケースも相当数ふくまれるはずである。したがって、子育てと週5日勤務を両立させている女性の数はさらに少ないと考えられる。

　私の調査でも、子どもを育てつつ週5日働いている母親にインタビューの約束を取り付けるプロセスは難航した。すでにインタビューに応じてくれた人たちを始め、あちこちでフルタイム勤務の母親が知り合いのなかにいるかどうか尋ねて回ったが、そういう人をひとりも知らないと答えた人が圧倒的に多かったからである。そんななか、ようやく2人を探し当てたが、いうまでもなく2人とも超多忙の日々を送っており、じっさいのインタビューにこぎつけるまでがまた一苦労だった。そのうちのひとりで、私と同い年の女性が語ってくれたのが以下の内容である。その日は天気がよかったので少し早く仕事を切り上げ、夕方から家族でボート遊びを楽しんだということで、夜やや遅い時間にカフェで待ち合わせてのインタビューだった。

事例4 シビル＝妻（1963年生まれ，表4－1，No.14）と夫（1964年生まれ）

シビルは会社経営者，夫は弁護士事務所の共同経営者で，2005年のインタビュー時，彼らの娘は小学校2年生だった。

シビルは大学卒業後，ヘッドハンティング企業に就職し，その後31歳のときに同じ業種の会社を立ち上げた。以降，働きづめの毎日だったという。ヘッドハントする予定の相手とは，通常の勤務時間外に連絡を取る必要があったため，昼間の業務を終えて帰宅し，夕食をすませてから夜8時半〜10時半に仕事の電話をかけていた。結果として連日，夜11時まで働くことになった。

夫も自分の弁護士事務所を立ち上げたところで，同じくらい忙しかったが，子どももまだいなかったし，2人とも忙しく働くことは苦にしていなかった。ただそれを3年ほど続けた頃，いつも仕事が頭から離れない状態であることに疑問を感じ，ペースダウンを心がけるようになった。ちょうど携帯電話が普及し始めたことで，昼間でも相手に連絡が取れるようになり，仕事がずっと楽になった。

その後妊娠し，1999年春に娘が生まれた。夫婦とも週5日のフルタイム勤務を続けており，保育所への迎えに間に合うように仕事を切り上げることは不可能だったため，イギリスからナニー（住み込みのベビーシッター）[3]を呼んで，同居してもらうことにした。平日はそのナニーが子どもの世話をし，週末や休暇中は自分たちが子どもにかかわるという形で役割分担をした。ナニーはまさに母親代わりで，音楽教室，水泳教室などにも娘を連れて行ってくれた。費用はもちろん高く，夫の月給分に相当したが，それでもその価値はあったとシビルは考えている。

娘が小学校に上がってからは，ナニーの代わりにオーペアを雇うようになった。[4]オーペアもナニー同様住み込みだが，保育専門というわけではなく，子どもの世話などをしてもらえるのが週30時間までと決まっている。

朝起きてから学校に連れて行くまでの時間は，自分が娘と過ごすことにしている。帰りはオーペアが迎えに行き，午後3時から6時まで一緒にいてくれる。夫は朝早く出勤し，6時頃には帰宅する。また，小学校の授業がない水曜午後には休みを取って家にいるようにしているので，その日は夫が学校に迎えに行く。

　妻の終業時間は不定期だが，なるべく5時半には会社を出るようにしている。インタビュー当日のように，天気のいい日には4時半に退社して家族でボートに乗ったり，水曜午後に休みを取ってビーチに行ったりすることもある。したがって，週1日を定期的にオフにするというやり方ではないものの，取りたいときに休みが取れるような柔軟な働き方を心がけている。夫も妻も夜の接待は極力避け，毎週木曜には夫婦2人で外食をする。週末には仕事をしない。

　今の生活が「2つの世界のいいとこ取り」だというシビルは現状に満足していたが，同時に自分に対する周囲の評価が厳しいことも承知していた。

> 　私がフルタイムで働いていて，しかも子どもがいるとわかると，相手はきまってこういうわ。「ストレスが多くて大変じゃありませんか？　ちょっと痩せてるし，顔色も悪いみたいですよ」って。……私は働くことが好きだから，がんばって働き続けてきただけなのに，人は私が野心を持って働いていると思って眉をひそめるの。この社会では，野心を持つことは歓迎されないから。
>
> 　逆にワーク・ライフ・バランスを達成しようとがんばっている人には拍手喝采。週に半日，娘と一緒に家で過ごすうちの夫はご近所のヒーローよ。でも週5日働いてスポーツカーを乗り回している私のことを近所の人はよくいわないの。　　　　　　　　　（シビル＝妻，2005/9/5）

　女性たちの大半が子育てを理由にパートタイム勤務を選択する社会にあって，フルタイムで働き続ける母親たちが「見えにくい」状況に

置かれていることは,政府系の調査機関であるオランダ社会文化計画局(SCP)の調査報告からも明らかである。SCP が定期刊行している「社会文化レポート」の 2006 年版に,日頃光の当たることが少ないフルタイム就労の母親をテーマにした章がもうけられ,13 人の母親に対する個別インタビューの分析が掲載された。その母親たちが語るところによれば,近隣の人や子どもの保育所・学校の先生といった人たちに対して,自分がフルタイムで働いていることを明かすべきかどうか迷うという。週4日出勤し,1日は在宅勤務をしている場合などは,「週1日は家にいる」とだけ伝え,じっさいにはその日も働いていることをいわないようにする,働き方についてあまりくわしいことは教えず,子育てとうまく両立はできているとだけいう,あるいはフルタイムで働いているとしてもそれはあくまで経済的必要に迫られてのことだと強調する,など相手によって伝え方を工夫するのだそうだ [Keuzenkamp & Faulk 2006: 168]。

そうした「戦略」が必要なのは,「母親業とフルタイム就労を組み合わせること」に対する世間の風あたりが強いことに加え,じっさいそれを実践している女性があまりにも少ないためだろう。だが,当事者自身がさらに自らを「見えにくく」する努力をすることにより,フルタイムで働く母親の周縁化にいっそう拍車がかかるともいえる。

母親であることとフルタイムで働くことが両立しにくい,もしくは両立すべきではないという通念の存在は,女性のキャリア志向をどう考えるかという問題とも密接に結びついている。この文脈で多くのインタビュー相手が口にしたのは,上のシビルの話のなかにも出てきた「野心」という言葉だった。一般論として,男性は出世に対する野心を持つ場合が多いが,女性はそうではないとよくいわれる。とくに女性のなかには,「自分は(仕事は好きだが)野心的なタイプではない」と自ら述べる人が何人もいた。

私のインタビュー対象者のなかでもうひとり,一般企業でのフルタイム就労と母親業を両立させていた女性(表4-1,No.44)は,子ど

もの同級生の親や友人など自分の周りに重役級のポストに就く女性があまりに少ないことを嘆き，それがやはり野心の欠如によるものだと指摘した。

　　女の人も働くようにはなったけれど，たいていは週3日だけ，役所かどこかで働いている。もちろんそれも OK よ。仕事は仕事だし。でも本当にキャリアをめざそうとか，野心を持ってがんばろうとかってことになると，まだまだそういう女性は少ないわね。
　　キャリアを積めるかどうかは，結局どれだけ野心を持つかにかかっているの。もし本当に野心的で，本当にキャリア志向があれば，問題は何時間働くかということじゃない。成果が出せればいいのよ。

（ドーラ，2010/9/2）

こう語るドーラは同時に，フルタイムで働き続けること，上をめざしてがんばろうとすること自体がただちに「いい母親ではない」というレッテルに結びつくことを承知していた。だからこそ，「罪の意識を持たずに」野心を素直に表現し，自分の能力を発揮できるようにしなければ，より多くの女性が上のポジションに就くことはむずかしいというのである。

転職を重ねつつ重役への昇進を果たしてきたドーラ自身も，その過程では，通勤に時間がかかりすぎる会社への転職のオファーは条件がよくても断るなど，私生活とのバランスを念頭に置きながら選択をしてきた。2010年のインタビューの時点までは週5日勤務を続けてきたが，息子の音楽学校入学を機に，「4×9」方式で週1日は学校に迎えに行ける日を作り，息子に対するメンタルな面でのサポートを強化したいと考えてもいた。

シングルマザーの場合

「仕事とケアの両立に夫の関与は不可欠」という研究者もいたように（モニーク・クレマーとのインタビュー，2006/9/13），じっさいこれまで見てきた事例では，程度の差はあれ，夫が積極的に子育てを担っているケースが目立った。では，その夫という存在を欠いた家庭の場合は，仕事とケアの両立を図るうえで，どのような工夫をしているのだろうか。次の事例は，私たち夫婦の長年の友人で，家族ぐるみのつきあいをしてきたシングルマザーである。

事例5 アリシア（1961年生まれ，表4 - 1，No.23）

大学で東アジアの言語を専攻したアリシアが，卒業後最初に就いた職は外国人観光客相手の販売業だった。フルタイムの週40時間勤務で，日曜日も働いていたが，勤務先の倒産により失業した。半年間失業手当を受給した後，自分の出身大学で専門分野にかかわるプロジェクトに参加する機会を得，週38時間のフルタイム勤務となった。3年後，プロジェクトの契約更新のさいに週28時間のパートタイム契約に切り替え，同時にフリーランスで通訳・翻訳の仕事を始めた。このときは，3日出勤する週と4日出勤する週を交互にするというやり方で勤務時間を調整していた。しばらく翻訳と通訳に専念した時期もあったが，プロジェクト業務に再び戻った頃，妊娠した。産前産後休暇を経て復帰したときは，3日半の勤務に育児休暇を適用して，週2日勤務にした。

娘が1歳半になったとき，大学図書館に司書として転職した。本当は出勤が3日だけですむ週24時間契約にしたかったが，それでは勤務時間が足りないといわれ，結局それまでと同じ28時間になった。当時まだ同居していた夫は自由業で，時間的には余裕があったものの，生活時間が不規則だったため，子どもの世話に関してはあまりあてに

できなかったという。ただ保育所には週3日しか通わせていなかったので，週1日は夫が面倒を見ていた。

2002年には別の図書館からの誘いを受け，そちらに移った。転職のオファーはもともとフルタイムを想定したものだったが，その頃すでに夫とは別居しており，子育てをひとりで担う状況だったため，それまでと同じ28時間を週4日に振り分けた勤務にすることを認めてもらった。また，当時小学生になっていた娘を毎日学校に送り届けてから出勤しなければならないという理由で，始業時間をほかの人より少し遅らせる交渉もした。

週4日の出勤日は，娘の学校の時間割や学童保育に行かせるスケジュールに合わせ，日替わりで異なる勤務時間を組んでいた。月曜は娘が放課後を友だちの家で過ごすので，そこに17時に迎えに行けるよう勤務は16時までにする，火曜は15時半に小学校に迎えに行かなくてはならないため，14時半に退社，学童保育がある水曜・木曜は17時まで，という具合である。それでも実働時間は26時間半にしかならず，契約の28時間に満たない分は年次休暇から補塡する形を取った。

その後，2011年には前に勤めていた大学図書館の違う部署に再び転職し，通勤時間を大幅に短縮することができた。現在の勤務は週3日24時間で，水曜と金曜を休みにしている。ただし時短システムも適用中のため，給与計算上の労働時間は週あたり22.8時間分で，「働きすぎ」ている分は時短休暇として戻ってくる。

夫をあてにせず自分ひとりで子どもを育てながら働く女性の場合，保育所や学童保育の利用日数を許容範囲とされる週2，3日に抑えようとすれば，自分の労働時間を少なめに設定するほかない。この章の冒頭のエピソードに登場したエルマは，フルタイム勤務を続けざるをえない事情があり，娘を週5日保育園に通わせたが，周りから「子どもにひどいことをしている」と思われていることがひしひしと伝わってきたそうだ（エルマ，2005/8/23）。

別の可能性としては，自分の両親の協力を求めるというやり方もある。私がインタビューしたうち，もうひとりのシングルマザー，サビナ（表4‐1，No.46）はまさにその例で，母親の全面的協力を取り付けることによって何とか仕事と子育てを両立してきたといっていた。だがアリシアの場合は，実家の母が自分より早くシングルマザーになっていた妹の子の世話に追われていたこともあり，週末などに娘を預けることはあっても，日常的に頼ることはむずかしかった。そういう状況だからこそ，彼女はやや少ない就労時間を選択してきたのだろう。
　とはいえ，もともと28時間という契約労働時間は，子育てを念頭に置いて決めたのではなく，子どもを持つ前から，複数の仕事を掛け持ちするために決めた時間数だったということも留意する必要がある。

> 　私はもともと何かひとつのことを選ぶのが苦手なの。どんな仕事も，それだけをずっとやっているのは苦痛だった。だからちょっとこれをやって，ちょっとあれをやって，という感じでいつも2つの仕事を組み合わせてきたわけよ。そういうやり方を長年続けて，娘が生まれた後は，2つ目の仕事の代わりに子育てが入ってきたという感じ。
>
> （アリシア，2006/9/3）

そう語っていたアリシアは，娘が中学生になった時点で，学校への送り迎えなど物理的なケアに時間を割く必要がなくなった。そこで，週末以外の週2日の休みには，最近始めた家庭菜園での野菜作りや趣味の料理を生かしたブログの制作などに力を入れている。数年前から一緒に暮らし始めた現在のパートナーも，フルタイム勤務ながら年休などを使って毎週水曜午後に休みを取っていた時期があり，このときは2人が休日を合わせ，家のことをしたり，買い物をしたりと一緒に過ごす時間を意識的に確保していた。事例3の2人が若いときに実践していた方法と同じである。

専業主婦の場合

　最後に紹介するのは、女性の働き方としてパートタイムが当然視されている現代オランダにおいて、フルタイム就労の母親同様、影が薄い存在となりつつある専業主婦の事例である。この女性も大学院時代からの私の友人だが、彼女の自宅でお手製のケーキをごちそうになりながら、あるいは近所を散歩しながら、何度か話を聞く機会を持った。

事例6　アンネミーク（1963年生まれ、表4‐1、No.32）
　大学卒業後、若者の失業対策の一環として実施されていたインターン制度により、大学のプロジェクトに調査助手として参加した。だがまもなく妊娠し、夫の任地に引っ越したため、プロジェクトへの関与は継続できなくなった。転居先では自分の専門を生かせる仕事は見つからず、子どもも小さかったことから定職に就くことをあきらめた。しばらくは地元の自治体が立ち上げた開発教育にかかわるプロジェクトでボランティアを務めたが、予算不足からそのプロジェクトが頓挫した頃、第2子を妊娠した。

　専業主婦になってからは子どもたちの小学校でPTA活動を精力的に行い、また、小学校教員という仕事に興味を持ったので、教員養成コースに5年間通った。コースを修了すると、教員不足の折から就職はできそうだったが、経験不足のまま現場に出る決心がつかず、結局教員への転身は見送った。

　その後、離婚を機に再び職探しを始めたが、ちょうど思春期にさしかかった子どもたちに向き合う時間が確保できるようにと、週2日程度のパートタイム勤務を地元の派遣会社を通じて探したところ、その程度の時間数ではあなたの学歴に見合う職はないといわれた。そこで、前にボランティアをしていたことのある教育関係のNPOで週2日働き始め、子どもたちが2人とも高校に進んだ2011年から、勤務を週

3日に増やしたところである。

　このアンネミークの場合，必ずしも自ら望んで専業主婦の道を選んだわけではないが，離婚後収入の確保が必要になったときも，子どもの世話を優先して労働時間の少ない「小パート」を選ぼうとしたように，家事や育児を自分の重要な役割と位置づけてきたことはたしかである。家政学校（*huishoudschool*）で教育を受けた母を持つ彼女は，昔と違って家事が学校に行ってまで学ぶような，プロフェッショナルな営みとはみなされず，よき母，よき主婦であること，家がきれいに片付いていることももはや賞賛の対象ではないという事実に対し，疑問を抱いていた。

　数字のうえからいえば，「家にいる母親」（*thuisblijfmoeders*）とも呼ばれる専業主婦は，フルタイムで働く母親ほど少ないわけではない。が，その比率は年々縮小してきた。配偶者（同居中のパートナーもふくむ）と18歳未満の子を持つ15〜64歳の女性の労働力率は2001年に56％だったのに対し，2009年には71％になっている［Merens *et al.* 2010: 80］。学歴による差も大きく，シングルマザーもふくめた18歳未満の子の母親のうち，職業訓練中等教育（VMBO）修了者の労働力率が38％であるのに対し，大学卒業者は83％である［Merens *et al.* 2010: 81］。先に紹介した2002年のアンケート調査でも，末子が小学校に入った後であれば，パートタイム就労が望ましいと考える人が66％に上り，働かないほうがいいという回答はわずか3％にすぎなかった［Keuzenkamp & Faulk 2006: 166］。

　インタビュー対象者たちのなかでは，子育てとフルタイム勤務を両立する女性は身近にいないと答える人が多かったのと同様，専業主婦になった知り合いもいないという人が大半だった。その意味では，アンネミークはたしかに例外的存在だった。ただ，彼女もずっと家にいて家事と育児だけに専念していたわけではない。上述のように，地域や学校でのボランティア活動に常に従事してきた。さらに地元のコーラスグループに参加するほか，彼女の世代にしては非常に珍しく，教

会の活動にも力を入れている。

> 　私にとっては，生活のなかでたくさんのことをするのが大事なの。何かひとつだけに集中するんじゃなくて。ひとつのことしかしていないと，視野が狭くなってしまうでしょ。だからいつも何かしら自分のためにもやってきたつもり。　　　　　（アンネミーク，2007/9/11）

「ひとつのこと」だけに専念するのでは飽き足りないという言葉は，事例5のアリシアからも聞かれた。ほかにも，専業主婦として家にとどまる生活は自分にはできない，退屈すぎるから，という女性たちはたくさんいたが，アンネミークの場合は，主婦としての営みとボランティアや趣味，教会での奉仕などを組み合わせることで意識的に複数の活動に従事してきたことになる。

　有償労働という意味での仕事にも，家事・育児を中心とするケアにも入らないボランティア活動は，その実，オランダ社会において長く重要な位置を占めてきたといわれる。オランダは環境保護や人権擁護，消費者問題などの社会問題に取り組む各種 NPO から趣味やスポーツ，文化関係の組織にいたるまで，各種の団体の会員数もヨーロッパ有数の多さを誇る［SCP 2001: 177］。今の 40 代の親世代にあたる女性たちは，結婚し子どもを持つことがすなわち専業主婦になることを意味する時代を生きたが，家事や育児に多くの時間を割きながらも，さまざまなボランティア活動を続けてきた。

　だが近年は，仕事と家庭の両立に追われ，ボランティアまで手が回らない人が増えているという指摘をよく耳にする。アンネミークも，「（普通の仕事に就かずに）お金にならないボランティアをなぜするのか，いつも聞かれて答えに困った」という。インタビュー対象者であった 70 代の女性も，専業主婦をしながらさまざまなボランティア活動に従事してきたが，女性たちがパートタイム労働に就くことがあたりまえになった頃からボランティアのなり手が減り，地域主体の行事

などが立ち行かなくなって困っていると語っていた（ハネケ，2011/4/27）。

ワークヒストリーの多様性と共通性

　ここまで見てきたように，私がインタビューをさせてもらった人たちのワークヒストリーは多様であるが，同時に共通点も見られる。まず目につくのは，自分自身の意欲や関心の方向を見極めつつ，結婚や出産，あるいは子どもの就学などライフステージの進行に合わせて働き方を見直し，その都度ベストと思われる選択を重ねているという点である。また，本章に登場した人々はみな，稼ぐための仕事だけ，子育てだけ，といったようにただひとつのことに専念する生活ではなく，仕事と子育て，あるいは趣味，ボランティアなどさまざまなタイプの活動を意識的に織り込んだ日常を送っていることが興味深い。

　もちろん日本の私たちにとっても，何かひとつの領域に特化するというより，さまざまな要素から成り立つ生活を送るのがあたりまえであるはずなのだが，意識のうえでも現実にも，過剰に仕事に引きずられていたり，家事・育児以外のことが何もできないと感じていたりする人が少なくないのではないだろうか。その意味で，多様な要素を組み合わせた日常を大切にしながら，場合によってはせめぎ合う要素の間のバランスを自分なりに見直し，修正し続ける人々の姿は，私の目に新鮮に映った。

　そして「組み合わせ」「バランス」という言葉は，オランダ流ワーク・ライフ・バランスを考えるうえでのキーワードでもある。次章では，これらの言葉に改めて注目しつつ，人々の働き方にとりわけ大きな影響を及ぼしているケアの領域をめぐる問題を取り上げる。

Pauze パウゼ 3

コーヒーブレイク koffiepauze

　パウゼとは，英語でいうブレイク，つまり「休み時間」を指す言葉。

　最近は少なくなったようだが，かつてオランダの映画館では，映画が中盤にさしかかったところで突然スクリーンが暗転し，場内の照明がつくと同時にパウゼという文字が浮き上がるのが普通だった。そこでいったん休憩に入り，飲み物などを買って歓談せよということらしい。この休憩に入るタイミングがストーリーの進行とまったく連動していないため，緊張が続いていたり，感涙にむせぶような場面だったりしてもおかまいなしにブチッと切られてしまうのが，何とも理不尽な感じではあった。

　映画館のパウゼでは，ビールやジュース，チョコレートミルクなどを口にする人が多いが，職場の休憩時間と切っても切れない関係にあるのがコーヒーである。オランダの友人たちと仕事の話をしていると，職場で飲むコーヒーのことがよく話題に上る。図書館の司書をしていた人の場合，ポットに入れたコーヒーを持参していたが，あるとき上司からコーヒーポットを持ち込むことを禁止されたとひどく憤っていた。本を扱う仕事なのだから当然のような気もしたが，彼女によれば，飲みたいときにコーヒーも飲めない職場なんて最悪だという。

　私が一時所属していたライデン大学の研究所では，ちょっとしたキッチンにエスプレッソマシーンを完備しており，スタッフの人たちは，ここはコーヒーがおいしいよと満足げであった。

　建物の清掃に来る人たちも朝10時前には必ずコーヒーブレイクを取る。大学内の事務局に書類をもらいに行っても，たまたまブレイクの時間帯に重なると，担当者がゆっくりとコーヒーを飲み終えるまでおとなしく待っているしかなかった。

　仕事の合間にコーヒーで一息入れるのは，事務職の人たちだけではな

い。チーズ農家の女性に日課を尋ねたときも、早朝に搾乳した新鮮な牛乳を使ってチーズ作りにとりかかり、一段落したところで 10 時半頃にはコーヒーを飲んで休憩するといっていた。

その一方で、1 日 8 時間勤務となっている公務員の中には、本来割り当てられている午前と午後 15 分ずつ 2 回の休憩時間（午前中はコーヒーブレイク koffiepauze、午後はティーブレイク theepauze と呼ばれている）、それに 30 分のランチタイムをあえて使わない人もいる。昼食を取りながら仕事を続け、午後 4 時には勤務を切り上げてしまうのである。

また、パートタイム勤務をしている女性は、パートタイムとはいっても一定の成果を要求されるため、自分たちにはフルタイムの人たちのようにゆっくりコーヒーを飲んだりおしゃべりしたりする暇はない、職場ではいつも時間に追われているとぼやいていた。

つまり、コーヒーブレイクをきっちり取り、おいしいコーヒーを飲むことを重視する人たちと、ブレイクを入れるよりはさっさと仕事を終えてプライベートな時間を確保することを大事にする人たちの、二極化が進んでいるといえるかもしれない。

小学校の先生の休憩スペースでも、本格的なコーヒーが飲めるようになっている（2011年）

5

仕事と子育てを「組み合わせる」

小学校の運動会の一コマ（2002年）。運動会といっても，本格的な運動競技はなく，アトラクションが中心。このときは「サーカス」がテーマで，動物に扮した演技など，各学年工夫をこらした出し物をしていた。

なりたい親になるために

　第4章では，私のインタビュー対象者のなかから，子どもを持つ4組のカップルと2人の女性のワークヒストリーを紹介した。女性たちの大半は，完全なフルタイムでも，家事・育児専業でもなく，まともでやりがいのある職にパートタイムで就労すること，そして保育所を利用しつつも，親自身の手による子育ての時間を確保することを望ましいと考えていた。だが，それぞれの事例が示すように，その状態を実現する道のりは必ずしも平坦ではない。

　現状に不満を感じるたびに話し合いを繰り返し，自分たちにとってより望ましい働き方を模索してきたというカップルをもう1組，紹介しておこう。

事例7　アンヌマリー＝妻（1971年生まれ，表4-1，No.41）とローレンス＝夫（1969年生まれ，No.42）

　法廷弁護士として激務をこなしていたアンヌマリーは，第2子出産を控えた2006年初めに退職を決意した。1歳だった上の子の面倒を十分に見られない生活に耐えられなくなったからだという。このときは，母の死をきっかけとして，ちょうど精神的につらい時期でもあった。

　コンサルティング会社で週60～70時間働くのがあたりまえという生活を送っていた夫のほうは，一足早く転職を果たしていた。2003年に結婚した後，子どもの誕生を見据えてパートタイム勤務への切り替えを上司に掛け合ったが，この業界で週4日勤務はありえないとつっぱねられたために，友人の始めた小さなベンチャー企業に移り，柔軟な勤務形態を手に入れた。夫によれば，「自分がどんな父親でありたいかということと，当時の会社が許容してくれることの間に大きな齟齬があった」のだという。ベンチャー企業への転職は経済面でのリ

スクを伴うものではあったが,「経済的保障と幸せな家族生活のトレードオフを選択した」(ローレンス＝夫, 2008/3/13)。

転職後も, 仕事に費やす時間自体が大きく減ったわけではない。だが, 勤務時間の融通がきくため, 子どもを学校に送ってから出社し, 夕食の準備に間に合うよう3時か4時に退社しても, 子どもを寝かしつけてから仕事を自宅で再開すればよかった。このため, 忙しい妻よりも子どもと接する時間は長かった。

一方, 妻にとって,「毎晩, パジャマに着替えて寝る直前の息子の顔しか見られないような状態は, 私が思い描いていた母親のイメージとあまりにも違っていた」(アンヌマリー＝妻, 2008/3/13)。そこで退職にいたったわけだが, その後まもなく法律学の助手として大学に再就職し, 1日7時間半の週4日勤務が可能になった。毎日定時に職場を出られるので保育所の迎えに間に合うし, 月曜日を休みにして, 子どもと一日家で過ごすことができる。金曜日を休みにしている夫とともに, 夫婦が週末以外に週1日ずつ, 交代で子どもの世話をするやり方は, 第4章で紹介したいくつかの事例と同様である。残りの週3日は, 保育所に2人の子どもを通わせている。

　　子どもが保育所に行くのはいいことだと思っています。コミュニケーションの術を学んだり, 友だちを作ったりできますから。私自身, 人づきあいが苦手なところがあるので, 小さいときに保育所に入れてくれたらよかったのに, って母にいったくらいです。子どもの発達にはとてもいいと思いますよ。　　　　　　(アンヌマリー＝妻, 2008/3/13)

にもかかわらず, 子どもたちは週7日のうち, 週末をふくめた残り4日は親と一緒に家庭で過ごすべきだとアンヌマリーはいいきる。
「組み合わせが大事なんです。絶対そう思います」。
ここで彼女がいう「組み合わせ」とは, 保育所での公的保育と家庭での親による保育の併用を指す。この組み合わせという言葉は, ほか

の多くのインタビュー相手もさまざまな文脈で口にしていた。そればかりでなく，仕事と家庭生活の両立支援政策との関連で頻繁に用いられるキーワードでもある。

「組み合わせ」というキーワード

たとえば，働き手の希望に合わせた就労時間の変更を認める労働時間調整法が施行されたときの広報冊子には，「仕事と私生活を両立する（Combineren werk en privé）」というサブタイトルがついており，冒頭には次のような文章がある。

> 何もかも一度にやらないといけなくなるときってありませんか？ 仕事も残っているし，子どもに読み聞かせもしてやりたい，買い物もすませておかないと。来週には試験が控えている。（中略）
> 仕事と私生活の両立はときに困難。そんな経験をしているのはあなただけではありません。でも，できることがあります。（中略）政府は仕事とケアと自由時間の組み合わせがもっと容易になるような，新しい法的手段を用意しました。　　　　　　［SZW 2000: 1, 傍点筆者］

上の文中で「両立」「組み合わせ」と訳し分けたのは，同じコンビネーレン（*combineren*）というオランダ語である。文脈によっては，両立と訳したほうがわかりやすいが，もともとの意味である「組み合わせる」というニュアンスこそが重要だと思う。

この冊子を出した社会問題雇用省は，雇用政策や社会保障，移民問題などを所管するが，2007年までは男女平等政策も担当しており，女性の就労を後押しするためのキャンペーンを次々に展開してきた。省のウェブサイトに列挙されている所掌のひとつは「労働とケアの両立（*het combineren van arbeid en zorg*）」である。同じ部分が，英語版ではワーク・ライフ・バランス（work-life balance）と訳されている。

小学校低学年の子どもたちは親が送り迎えをすることになっている（2005年）

　公文書や各種の調査報告書，雑誌などで，ワーク・ライフ・バランスをオランダ語にほぼ直訳した表現をごくまれに見ることはある。だが，女性の就労拡大をきっかけに注目を集めるようになった，有償労働とそれ以外のタイプの活動をどのように両立するかという問題をめぐっては，バランス（*evenwicht* または *balans*）よりも，組み合わせ（*combineren*）という言葉が圧倒的に多く使われている。たとえば，第3章でふれたコンビネーション・シナリオは，男女それぞれが有償労働と無償労働を両方担えるような働き方を推進することで，偏った性別分業の是正を促す政策プログラムだったが，これもまた，組み合わせという発想が基本にある。

　ただ，ここで留意すべきは，組み合わせの対象となるのが有償労働と無償労働，あるいは仕事と家庭生活という側面に限らないということである。

　組み合わせることや両立することを意味するコンビネーレンという言葉は，さまざまな文脈で使われる。本章冒頭で紹介した事例7のアンヌマリーの言葉にあるように，子育ての範疇でも，どこで誰が子ど

5　仕事と子育てを「組み合わせる」

もの世話をするかについては，複数の方法を組み合わせることが望ましいと考えられている。この夫婦の場合は，子どもの病気など，いざというときにだけ親の手を借りていたが，日頃から，保育所や子どもの父母に加えて，祖父母が日替わりのケア・スケジュールに組み込まれているケースも多い。

　また，2種類の仕事を組み合わせる人もいる。第4章で紹介した事例5のアリシアは，子どもを持つ前に複数の仕事を掛け持ちしていたし，事例7のローレンスは，転職前から，忙しいコンサルタントの本業と並行して，友人の会社を手伝っていた。大学でのパートタイム勤務という現状に満足しているというアンヌマリーも，かつてはパートタイムを認めなかった法曹界が今では柔軟な働き方に対応しつつあるため，いずれ法律事務所での弁護士業務を2日，大学での業務を2日，といった組み合わせを試すこともありうると語っていた。私のインタビュー対象者のなかには，ほかにも，キャリア官僚でありながら週4日勤務を選択し，週1日は博士論文執筆のため文書館通いに充てていた男性がいる。

　別の女性，カーラ（表4-1，No.3）は，事務スタッフとして法律事務所で週2日働きながら，本来の専門を生かした一般市民向けの講座を主宰する生活を6，7年続けていた。いったんは二足のわらじを脱いで，市民講座の企画を手がける会社を起業したが，不況のあおりで大口顧客を失い，今度は販売業のアルバイトを始めた。生活それ自体は夫の収入だけでも成り立つはずだが，「主婦になろうと思ったことはないの？」と尋ねると，「一度もない」と即答した。

　　私は家にいるのが好きだし，家事も好き。結構保守的なタイプで，掃除をして家がきれいになっているのを見ると気持ちがいいの。
　　でも，働いていないと，自分のなかのほかの部分を伸ばすことができないし，いろんな人に会うこともできないでしょ。家にいることと働くことの間にバランスが必要なの。私にとって最高の組み合わせは，

講座の準備とかの仕事を家ですませて，あとは外に出て行ってクライアントに会うってことね。　　　　　　　　　　（カーラ，2005/8/25）

　つまり，彼女が組み合わせの対象として考えているのは，どちらも仕事がらみの，家にいる時間と外に出て人とかかわる時間である。
　このように，さまざまな要素をさまざまに組み合わせることから，オランダ人の日々の生活は成り立っている。仕事と組み合わせる要素は，子育てを始めとするケア活動だけではない。学業や趣味，あるいは博士論文執筆かもしれない。子育てにそれほど時間が取られなくなった後もパートタイム就労を続ける女性が多い事実は，ほかにも多様な組み合わせがありうることの証左ともいえる。
　だが，少なくとも私のインタビュー対象者の大半のように，子育てのさなかにある人々の場合は，ケアの方法の選択それ自体が働き方をも大きく左右する。単に仕事と子育ての両立ができればいいというよりも，どのように子どもを育てたいか，あるいは育てるべきかという点をめぐって，明確な意見を持っている人は多い。そこで次節以降では，子育てをサポートする制度の現状とそこにいたるまでの保育政策の変遷を明らかにするとともに，望ましいケアのあり方をめぐる規範や人々の受けとめ方を論じることにしたい。

変わる保育行政

　現代のオランダで，共働きの両親が就学前の子どもを預ける先としては，全日制の保育所（*kinderdagverblijf*）のほか，ホスト・ペアレント（*gastouderopvang*）[2]という選択肢がある。どちらを利用する場合も，保育料として支払った金額の一部が，収入に応じた保育手当として還付される。保育所は，国の設置基準などを遵守した登録団体だけが運営を認められており，生後6週間から子どもを預かる。一般的な開所時間は朝8時から夕方6時までである。他方，ホスト・ペアレントは，

自宅で複数の子どもを預かって世話をする個人のことを指す。これも登録制で,利用者は斡旋団体を通じて申し込む。

この2種類の保育に加え,小学生向けの学童保育も,国の保育手当や雇用主からの保育料補助の対象となる。これらは国レベルの保育行政が整備や管理の対象とする制度であり,統計上も「フォーマルな保育」として一括りにされることが多い。これに対し,「インフォーマルな保育」の範疇に入るのは,週2,3回,数時間程度にわたって,2歳から就学時までの子どもを預かってもらえるプレイグループ（*peuterspeelzaal*）や有償のベビーシッター（*betaalde oppas*），そして子どもの祖父母や近所の人,友人などによる無償のケアである。事例でも示したように,多くの家庭は異なる形態の保育を組み合わせて利用している。保育所に通う子どもでも,4割はそのほかの形態の保育を合わせて受けているという［Plantenga *et al.* 2004: 10］。

もともとオランダの保育行政は,ほかのヨーロッパ諸国に比べて大きく立ち遅れていた。第3章で見たように,既婚女性の大半が家庭に入ることがあたりまえとされていた第二次世界大戦後のオランダ社会では,子どもは母親の手で育てるものという通念が広く浸透していたからである。各種の社会保障給付を始めとする政策が前提としたのも,稼得者の夫と専業主婦の妻という,性別役割に基づく家族モデルであった［Bussemaker 1998a: 71］。そこには,大陸ヨーロッパ諸国に共通して見られる,家庭での養育重視のキリスト教的福祉観も,色濃く影響を及ぼしている［水島 2012: 89］。

1960年時点で,政府の補助対象となっていた保育所は,全国で39ヵ所しかなかったという。それは保護が必要な子どもやシングルマザーなど,特殊な事情を持つ利用者のためのもので,キリスト教の各宗派別に運営されていた［Bussemaker 1998a: 74］。

1960年代から70年代にかけては,女性解放運動の高まりとともに,女性が妻役割・母役割だけにとらわれず,社会に踏み出す一歩として保育所が必要だとする女性運動団体の主張と,子どもの社会的発達や

教育的観点からのみ保育所の利点を考えるべきとする立場がせめぎ合っていた。女性自身にとっての利害と保育所問題を結びつける発想は，母親の利己主義や責任放棄ととらえられ，非難される風潮だったという。とくにキリスト教民主主義者の間では，公的補助による保育所の拡充は，聖域であるべき家庭の自立性を損ない，安易に国家の介入を招くものだとする見方からの反対が根強かった。1974 年に政府の諮問を受けた「子どもセンターに関する政策分析ワーキンググループ」は，子ども自身の福祉の観点から，当時設立され始めていた幼児向けケア施設の拡充を評価してはいたが，フルタイムのケアではなく，あくまでもパートタイムでの利用が有効であるという意見を答申した［Bussemaker 1998a: 80］。

　女性の就労促進策の一環として，保育所問題が議論の俎上に載るようになるのは，1980 年代後半になってからである。膨らみすぎた社会保障費の財源を確保するためにも，女性の労働市場参加がオランダ経済にとって重要であり，そのためには保育所の確保が必要であるという認識が広がるなか，1990 年に出された新たな政策プログラムが転換点となった(5)。保育所の数はようやく増え始め，雇用主が，保育所内に自社の従業員の子どものための保育枠を確保したうえで，保育料の一部を負担するシステムも広がった。

　第3章で見たように，経済・社会状況の変化や雇用政策の新たな展開とともに，既婚女性の就労は1980 年代，90 年代を通じて急速に拡大した。この過程で，上記のような保育サービスの拡充も追い風となったはずだが，保育制度利用者がただちに多数派を形成したわけではない。

　2005 年時点で12 歳以下の子を持つ共働き家庭の 60％は，誰の手も借りず，親だけが子どもの養育に携わっていた。親以外の人が面倒を見る場合，もっとも多いのは，子の祖父母をふくむ親族や友人に無償で預かってもらうケース（21％）で，公的補助による保育（保育所，ホスト・ペアレント制度，学童保育のいずれか）を利用している人は14％

保育所の飾り付け (2011年)

にすぎなかった。末子が4歳未満の家庭では、約25％が公的保育を利用するのに対し、末子が4歳以上となると、10％まで減少する。これは、保育所に子どもを預けていた家庭でも、小学校入学後は学童保育を利用するケースが少ないためであろう。週あたりの利用日数でもっとも多いのは2日、次いで3日であった。利用日数が3日以下の利用者は全体の9割を占める [te Riele 2006]。

2000年代前半におけるフォーマルな保育制度の利用状況に関する報告書は、利用者が少ない理由として(1)施設数の不足、(2)保育料の高さ、(3)保育所に対する否定的見解、の3つを挙げている [Portegijs *et al.* 2006a]。これらは、オランダを訪れるたびに友人や知人、あるいはインタビュー相手から聞かされてきた愚痴の中身とぴったり一致する。

1990年に保育施設の収容可能人数の130％が待機児童となってい

た状況は,施設数の増加に伴い,次第に改善された。それでも,2003年時点で4割は待機中であり［CPB 2008: 2］,ライデンのどの施設も,長い順番待ちのリストができているといわれていた。これは施設の絶対数の不足ばかりでなく,同じ保育所のなかに保育料の支払い条件が異なる枠があることにも起因していた。具体的には,世帯収入に応じて保育料が異なる一般枠と雇用主からの保育料補助が確約されている会社契約枠,定額をフルで支払わなければならない個人契約枠の3種類があった。比較的所得が高く,安定した職についている親の場合は,会社契約の枠に入れなければ必要以上に高い保育料を払うことになるため,希望する枠に入るための順番待ちが必要だったのである。また,曜日単位で契約するシステムのため,希望者が多い曜日(とくに月曜,火曜,木曜)には空きが出にくいといった問題もあった。

　費用の高さもまた,多くの親が頭を抱えていた点である。保育料決定に関する上記のような複雑な制度を簡略化するため,2005年施行の保育法(Wet Kinderopvang)で保育料の支払いや補助金のあり方が一元化され,政府と雇用主,利用者の三者がほぼ3分の1ずつ保育料を負担する方式になった。利用者は,いったん満額で支払った保育料に対し,保育手当を還付金の形で年度末に税務署から受け取る。政府からの手当額は世帯収入に応じて決まるため,低所得者層にとっては従来よりも保育料が割安になった。また,保育の質に関する基準や管理方法を厳格化したほか,保育団体に対して競争原理を導入することにより,利用者サービスの向上を促した。

　その一方で,従来から公的保育の利用率が比較的高かった中・高所得者層にとっては,負担が増える結果となった。私のインタビュー対象者のなかでもっとも高額の保育料を払っていた世帯(表4-1, No. 7, 8)の場合,上の子2人が学童保育に週2日ずつ,末子が保育所に週4日通っており,2006年時点での保育料の月額は,額面で実に1520ユーロ(当時のレート換算で約22万円)に上った。この額に対し,2人の見込み収入に基づいて算定した政府からの手当が253ユーロ,

それぞれの雇い主が6分の1ずつ負担する補助が507ユーロとなるため、じっさいに保育料として支払うことになった額は760ユーロ（約11万円）である。これでも前年よりは国からの手当が大幅に増えたというが、毎月の保育料が世帯収入に占める割合は14％近い。

2005年から2010年にかけて保育施設はさらに増え、0～3歳児対象の保育所の収容可能人数は6割増しとなった[Brancheorganisatie Kinderopvang 2012]。中・高所得者層が支払う保育料に対する政府の補助金の比率を増やしたり、それまでは任意だった雇用主からの保育料補助も義務化したりといった改正を重ねたことで、利用者も増加した。[8] とくに、子の祖父母などの近親者が子どもを預かる場合でも、ホスト・ペアレントとしての登録を正式に行えば、保育手当の対象となるという新しい制度の認知が浸透したことから、ホスト・ペアレント制度の利用者が2006年から2007年にかけて倍増した。[9] さらに移民世帯の間でも、公的保育の利用が増えたことが注目される[E-Quality 2008: 2]。[10]

ところが、このような保育制度利用者の増大にもかかわらず、この間大きな変化が見られなかった点がある。それは子どもを預ける日数である。

「保育所は週3日が限度」の理由

図5-1は、週あたりの日数別に、公的保育利用世帯数の経年変化を示したものである。利用世帯の絶対数は年を追って増加しているが、週2日の利用がもっとも多い状態に変わりはない。保育所における子ども1人あたりの年間利用時間の平均は、2008年の1034時間から2010年の959時間にむしろ減少している[Brancheorganisatie Kinderopvang 2012]。

2005年の保育法施行以降の利用状況を調査した報告によれば、施行前よりも保育料の支払額が増えた、あるいは保育手当を受け取るた

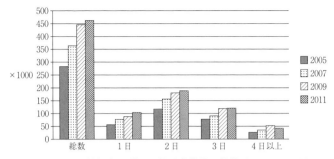

図 5-1　公的保育の利用日数別世帯数の推移（2005〜2011年）
出典：オランダ中央統計局オンラインデータ（StatLine）をもとに作成。

めの書類手続きが煩雑すぎるという理由で，子どもを保育所に通わせるのをやめたり，通う日数を減らしたという人々が存在する一方で，全体として見れば，保育料の多寡それ自体が保育所利用に関する決定を左右する度合いは少ない［Portegijs *et al.* 2006a: 49］。むしろ，子どもはできる限り親が自分の手で育てるべきだとする通念こそが，親たちに保育所などの利用をためらわせる主要な要因となっていた。子の祖父母など近親者によるインフォーマルな保育もふくめ，両親以外の人に預けてもかまわないのは週1，2日まで，という点で母親たちの意見はおおむね一致していたという［Portegijs *et al.* 2006a: 107］。

　夫婦がともにフルタイム勤務を続けている家庭でも，子どもを週5日保育所に通わせることを避け，多くは週3日の保育所とベビーシッターや近親者によるケアを組み合わせるやり方を選んでいる。それは，子どもが家にいられる時間と集団のなかで過ごす時間の両方が必要だという理由による。フルタイム勤務の母親たちを対象とした調査では，ごく少数の例外を除くと，回答者はおしなべて，週5日も子どもを家庭の外のケアに委ねることは，子どもにとって負担が大きすぎると考えていた［Keuzenkamp & Faulk 2006: 172］。

　この点については，私の調査対象者も基本的に同じ考えを持っていた。インタビュー当時，就学前あるいは小学生の子どもがいた21世

帯のうち，週3日より多く子どもを保育所に通わせていたケースは，前節で言及した1例だけである。そのケースでも，上2人の子どもは小学校に入るまで週3日しか保育所に通っていなかった。大学教員の夫と研究所勤めの妻がともにパートタイム契約で，週4日勤務だったためである。だが，その後夫がフルタイム勤務に切り替えて多忙になり，週末以外に家で過ごす日を持てるのは妻だけとなった。そこで3人目の子は，2歳になってから週4日，保育所に通い始めた。保育料があまりにも高くつくことを除けば，保育の内容に不安はなく，子どもにとってもまったく問題はないとこの2人は考えていた。

しかし，第4章で事例2として紹介したメリアムは，夫婦2人が育児休暇を使っての週4日勤務から，夫がフルタイムの通常勤務に戻ることによって，子どもが保育所や学童保育に行く日数が4日に増えることに大きな懸念を抱いていた。

では，3日と4日の違いはどこにあるのだろうか。それは，事例7のアンヌマリーの言葉にあるように，週3日の保育所通いならば，週末をふくめた残り4日を家で過ごすことができるという「比率」の問題であるように思われる。

メリアムやアンヌマリーをふくめ，インタビュー対象者のなかに，保育所や学童保育における保育の質それ自体を問題視していた人はおらず，むしろ，保育のプロから学べることが多い，あるいは子どもの社会化に役立つといった評価の声のほうが多かった。にもかかわらず，週4日，あるいは5日通わせるという選択をしない最大の理由は，親にとって子どもと一緒に過ごす時間が大切だから，というものだった。

たとえば，週4日までならまだいいが，週5日はいくらなんでも多すぎる，といった男性にそう感じる理由を尋ねると，次のような答えが返ってきた。

　　それは，私たちが子どもと一緒に過ごせる時間が少なくなりすぎるからです。それにたぶん，保育所ではしたいことが自由にできない

から，そういう時間も子どもには必要でしょう，おそらく。まあ，よくわかりませんが……。たぶん4日くらいなら，それほど悪くもないかな。でも，選べるのであれば，3日がいいと思っています。最大で4日でしょう。　　　　　　　　　　　　　　　　　　（ファリス，2006/8/31）

その妻も，「（週3日という）選択は，親が自分たちのためにした選択でもあるんです。子どもたちと一緒に，（週末以外の）1日とか半日過ごすことは私自身にとって大事だと思うからです。そうしなくていいよといわれても，私は変えたくありません」（ニンケ，2006/8/31）と答えた。この夫婦の知人で保育所を5日間利用している人は，フランス人がひとりだけだという。

週5日の保育所通いがほぼ「ありえない」選択であることは，ある自治体の委託調査で，調査対象となった0～4歳児の保育所利用者のうち，週5日のケースが1％に満たないという結果からも明らかである［van den Berg *et al.* 2011: 4］。こういう状況であれば，私のオランダ人の知人のなかでただひとり，かつて娘を週5日保育所に預けていたエルマ（表4-1，No.1）のいうように，周囲の人たちが「娘を心底，哀れんでいた。何てひどい母親だろうと思われているのがよくわかった」という反応をしたのも不思議はない。

ほかによく聞くのが，保育所の職員自身も，3日より多く子どもを連れてくることを勧めないという言葉である。

第4章で紹介したインタビュー対象者のひとり，サーシャ（事例3）は，夫の兄の妻が保育所に勤めており，子どもを預けるのは3日以内にしたほうがいいと妊娠中からアドバイスされていたというので，その人をサーシャに紹介してもらい，職場に訪ねてみた。サーシャの義姉にあたる女性，マリーケが勤務している保育所は，ライデン郊外の小さな町にある。1日あたりの保育人数の上限が14人までと規模が小さい。利用者のなかで一番多いのは，週2日か3日預けるタイプで，週4日来ている子は2人だけだという。その2人の男の子は，とても

疲れてしまうことが多く、4日の通所はやはり子どもにとって負担が大きいというのが、彼女の意見だった。

「何でそんなに疲れると思います？」と尋ねると、「のんびりできる時間がないからでしょう」。保育所では朝からプログラムが決まっており、次から次へといろいろなことをするため、何もしないでぼーっとしている時間がない。保育所に来るまでの間も、朝早く起きて、朝ごはんを急いで食べて、と忙しい。

「では、一番いいバランスはどれくらい？」という問いに対して返ってきたのは、次のような答えだった。

> 3日ね。2日でもいいけど、お母さんももう少したくさん働いたほうがいいでしょう？ 2日が保育所で、もう1日はおじいさんやおばあさんに面倒を見てもらう、というのもいいと思うわよ。
> 週末は誰かの誕生日とか、いろいろなパーティ（*feestjes*）があるでしょ。父親が家で子どもの相手をして、母親が食事に出かけたりもするかも。だから、平日に母親と子どもが一緒に過ごして、母親も買い物をしたり、家を片付けたりする時間があったほうがいいのよ。
>
> （マリーケ、2011/6/11）

平日が保育所通いでも、両親が家にいる週末はのんびりできるのに、と私は考えてしまうが、オランダ人たちの生活を見ていると、マリーケがいうように、土日はたしかにさまざまな行事が目白押しで、慌ただしくすぎているようにも見える。このマリーケ自身、主任保育者の職にありながら、勤務は週3日に抑えていた。自分の子どもが小さいときは、週2日しか保育所に通わせていなかったという。自分の勤務日で子どもが保育所に行かない日は、夫の母に預けた。

このように、既婚女性の就労促進政策とセットになった保育制度の充実により、保育所の利用自体は一般的になりつつあるものの、子どもを公的保育に全面的に委ねるという選択をする人は極端に少ないの

が現状である。その背景には，母親に限らず，両親がなるべく多くの時間を子どもと一緒に過ごすこと，そして子どもが自分の家でゆっくりできる時間を確保することが重要だという発想の根強さがある。

その一方で，子どものために母親がずっと家にいるべきだという規範は急速に薄れた。預け方は問題になるにせよ，母親が子どもを預けて働くというライフスタイル自体は，広く肯定されているのである。保育制度の限定的な利用と母親の就労を両立させる鍵は，法律と個別の労働協約が保障する柔軟なワークスタイルにあるが，もうひとつ重要なのは，周囲の人の協力である。

これまで紹介してきた事例や上のマリーケの例にもあるように，子どもがいる共働き家庭の大半は，日替わりのケア・スケジュールを組んでいる。子どもが保育所または学童保育に通う曜日，母または父が家にいる曜日に加えて，祖父や祖母が世話をしてくれる曜日も組み込んでいる例が多い。ほかにも仲のいい独身の友人に頼むとか，姉妹が互いの子どもを預かりあうとか，さまざまなパターンがあるなかで，子どもにとっての曾祖母が86歳になるまで毎週通ってきていたという例もあって驚いた。つまり，子どもに対するケアも，個別の状況に応じて，多様な方法を組み合わせることから成り立っているのである。

ランチタイム問題

しかし，どの家庭でもケア・スケジュールを大きく見直す必要が出てくるのは，子どもが小学校に上がるときである。この点は日本の状況とも似ている。

オランダの義務教育は，法律上は5歳から18歳までであるが，すでにふれたように，ほとんどの子どもは4歳の誕生日を迎えると同時に小学校に入学する。といっても下の2学年は，本格的な勉強よりも，絵を描いたり，体操したり，従来の幼稚園に相当する内容が主体となる。始業時間と終業時間は1年生から8年生までほとんど変わらず，

小学校の授業がない水曜の午後や休暇中には、街なかで子どもたちのための大小さまざまなイベントが催される（2011年）。このときは、キモノ姿の女性が登場する野外劇が行われていた。

朝9時前後に始まって、午後3時前後に終わる。

　共働き家庭の子どもたちは、放課後に学童保育（*naschoolse opvang*）を利用することができる。もともと学童保育は、就学前児童を対象とする保育所などと同じ団体が運営している場合が多い。学校の敷地内にはないため、終業時にスタッフが各学校まで子どもたちを迎えに行く形を取っている。夏休みなど長期休暇中は、学童保育で1日子どもを預かってくれるが、これも曜日ごとの申し込み制で、別料金となる。学童保育に行くと、仲のいい友だちと自由に遊べない、放課後は水泳やピアノなど習い事に通わせたい、といった理由から、就学前の保育所よりも学童保育の利用日数をさらに減らす親は少なくない。

また，ほとんどの学校は水曜が半日授業となっている。そのため，毎週水曜の午後には，子ども向けの映画上映があったり，地域の公園でお祭りがあったりとイベントが盛りだくさんである。水泳や体操，ピアノなど習い事に通う子どもも多い。そこで，母親たちの多くは水曜日を休みにして，午後は子どもと一緒にそうしたイベントに参加したり，習い事への送り迎えをしたりしている。

　こうして，働く親たち，とくに母親たちは勤務時間数を減らしたり，勤務日を調整したりするほか，ほかの親とも協力体制を組んで，何とか小学校の時間割に合わせたケア・スケジュールを確保しようとする。さらに6週間の夏休みに加え，頻繁にある1，2週間の短期休暇にも備えなければならない。だが，母親たちをとりわけ悩ませてきたのは，毎日のランチタイムをどう過ごさせるか，という問題である。

　基本的に，オランダの小学校には給食がない。「学校とは勉強を習う場であり，生活の場でも，働く親のために子どもを預かる場でもない」という理由からだという。そこで，1時間あまりの昼休みの間に，生徒たちは自宅に戻って昼食を取り，午後の授業に間に合うように戻ってくるのが原則とされている。しかし低学年の子どもたちは親が送り迎えする必要があるため，登校時と下校時，加えて昼食のための往復を数えれば，親たちは日に4回も自宅と学校を行き来することになる。昼食時に帰宅できない共働き家庭の子どもたちは，学校に「居残り（*overblijven*）」して，家から持ってきたサンドイッチを食べる。この時間帯は，公式には学校は「閉まっている」ため，親たちのなかから無償ボランティアか，もしくは非常に安い報酬で監視役を募る。

　このランチタイムの過ごし方が親にとって悩みの種となるのは，クラスの約半数が家に帰って昼食を取る現状では，居残り組の子どもたち家に帰りたがる傾向が強いためである。インタビュー対象者のアリシア（事例5）は，娘が友だちの家に一緒に帰らせてもらう約束をするなど，何とかして居残りを避けようとしているのを見て不憫がり，「いっそ全員居残りするシステムならいいのに」と何度もいっていた。

私が話を聞いた女性たちの多くは,「父親をふくめ,家族がみな一緒にお昼を食べていた昔の農家ならともかく,今の時代,どうして昼食を家で食べないといけないのかわからない」と口をそろえる。キャリア女性向けの雑誌でもこの問題が取り上げられていた。

部外者である私から見れば,家に帰ろうと学校に残ろうと,子どもたちが取る昼食の中身に大きな差があるわけではない。大人から子どもまで,オランダ人の圧倒的多数は,薄くスライスしたパンにハムやチーズをはさんだだけの,シンプルなサンドイッチでお昼をすませるからである(パウゼ1参照)。では,自分の子どもが連日居残りすることに対して母親たちが心を痛め,交代で複数の子どもを連れ帰るなどの工夫をしようとするのはなぜだろうか。

紅茶ポットと理想の母親像

これは,かつて理想とされた母親像が影響力を持ち続けていることとも関連している。さまざまな人たちと話をするなかで,とくに女性たちの口に上ることが多かったのは,「紅茶ポットの傍らで待つ母」という決まり文句である。既婚女性のほぼ全員が専業主婦であるか,内職程度にしか働いていなかった時代,母親たちは子どもが下校する時間に合わせ,お茶とクッキーの用意をして待っていたらしい。たとえば1954年に刊行された家政マニュアルには,5人の子を持つ女性の詳細な日課が例として示されているが,ここにも学校から戻った子どもたちとお茶を飲む時間がきちんと入っていた [Wilke 1998]。私と同年代の,1960年代生まれの友人たちも,学校から帰ると,お母さんが紅茶を淹れて待っていてくれたという記憶を共通して持っている。もちろん,その頃は昼食を家で取るのも当然のことだった。

働く女性が増えた今,同じことを自分の子どもにしてやれる人は多くない。紅茶とクッキーの傍らで子どもの帰りを待つ母,というのも,過去の遺物としてノスタルジックなトーンを交えて語られるにすぎな

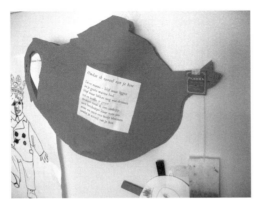
紅茶ポットの形をした「母の日」の工作（2006年）

い。しかし今もなお，女性にとっての仕事と子育ての葛藤の問題を取り上げた新聞や雑誌の記事の見出しには，「紅茶ポット（theepot）」という言葉が頻繁に登場し，紋切り型とはいえ，これが理想の母親らしさを指し示す代名詞であり続けている。たとえば年に1度の「母の日」に，子どもたちが小学校から持ち帰る工作が，色紙で作った紅茶ポットに本物のティーバッグをくっつけたものであったりする。

わざわざ家で子どもに昼食を食べさせるというシステムがいかに非現実的で，かつ時代錯誤であるかを主張する母親たちが，同時に一抹の罪悪感を覚えているように見えるのは，「紅茶ポット」に象徴される母親像，つまり子どもと過ごす時間を最大限に確保するような母親の姿を理想化する意識を拭い去れずにいるからではないだろうか。これまで述べてきたように，子どもに対するケアの提供は，もはや母親だけでなく，子の父親や祖父母など，さまざまな人に開かれた役割となっているにもかかわらず，である。

こうした風潮はしばしば「母性主義（moederschapscultuur，直訳は母性文化）」という言葉でも表現される。母親の就労を全面的に否定する意見は影をひそめたとはいえ，子どもの養育に関して一義的責任を

負うのはやはり母親であるとする母性主義が，いまだに広く浸透している。だからこそ，母親の就労には時間的制約がつきまとうのだという説明が，新聞・雑誌メディアを始め，調査報告書や研究論文，あるいは政治家の発言にも繰り返し出てくる[13]。

このような母性重視の発想をむしろ尊重し，学校の時間割に合わせた働き方こそが女性にふさわしいという意見もある[14]。しかしその一方で，旧態依然とした制度を維持してきたように見える小学校にも，変化の波が押し寄せつつある。

拡大学校の誕生

実をいえば，一部の生徒だけが学校に居残りする制度に代わる選択肢は，1980年代から存在している。「継続的時間割（*continurooster*）」と呼ばれるもので，このシステムを採用した場合は，従来より短くした昼休みの間に生徒全員が弁当を食べ，そのまま午後の授業に入る。私が最初にオランダに長期滞在した2002年時点でも，ライデン市内のいくつかの小学校は，すでにこのやり方を取っていた。そのほかの学校も，保護者アンケートを取るなどして，継続的時間割に移行するかどうかの議論を重ねていたが，保護者の間で意見が分かれることが多く，なかなか導入に踏み切れない状況だった。専業主婦の母親は，従来どおり家で子どもに昼食を取らせたいと望む人がいまだに多い。また働く親にとっても，昼休みが短縮されると，その分だけ下校時間が繰り上がることになり，今度は放課後の迎えが間に合わないといった問題が出る。

だがその後，継続的時間割を採用する学校の数は増え続けている。私が話を聞いたライデン市内の公立の小学校では，選択の余地を残すという趣旨から，継続的時間割は採用しない方針だったが，現実に「居残り」する生徒の数が増えてきたため，ボランティアの親たちに任せず，教師が昼食時間に付き添うやり方に変えた（インタビュー，

拡大学校の外観（2011年）

2011/7/22）。この学校の案内冊子でも，「居残り」生徒が居心地よく過ごせるような配慮をしていることを強調している。

さらに，近年になって起きた大きな変化は，拡大学校（*brede school*, 直訳は「広い学校」）という，まったく新しいタイプの学校が全国に広がりつつあることである。その発端は，自由民主人民党（VVD）と労働党（PvdA）という異なる政党に属する政治家2人の共同動議が2005年の国会で採択されたことにある。この動議を受け，政府はすべての小学校に対し，保護者の要望があれば，朝7時半から夕方6時半までの間，学校の敷地内に子どもがいられるように，授業時間外の保育措置を講じる義務を負わせるという決定をした。

前述のように，オランダにも学童保育はあるが，学校の敷地外で複数の学校の生徒を集めて保育するやり方が一般的である。だが，小学校自体が始業前や放課後，あるいは昼休みに子どもに対する保育サー

5　仕事と子育てを「組み合わせる」　*117*

ビスを提供することになれば，生徒が移動する必要がなくなる。働く親は，自分の勤務時間に合わせて早めに学校に子どもを送っていき，そのまま安心して夕方まで預けることが可能になる。

他方，学校関係者からは，「学童保育に行くとしても，週3日が限度」「学校の一日だけでも十分長い。高学年はともかく，低学年の生徒にとっては（そんなに長く学校にとどまることは）負担が大きすぎるのでは」という声が上がっていた。(*NRC Handelsblad* 紙，2006/5/22)。

もちろん設備やスタッフの問題もあり，既存の学校にとって，当初設定されていた2007年8月という期限までに新しい体制に移行することは困難だった。そこで大半は，これまで学童保育の実績がある保育団体と個別に契約を結び，保育事業を委託するという体裁を取ったために，現実には従来と大きく変わらないやり方が続いている。だが，学童保育のほうも受け入れ時間を朝7時から夕方7時までとしたり，昼の休憩時間も「日中保育」という形でプロの保育者が入ったりすることで，学校全体としては継続時間割に移行したりといった変化が次々に起きている。

こうした，これまでにない形の教育と保育の連携をより具体的に実現したのが，上述の拡大学校である。拡大学校の敷地内には，小学校と学童保育施設，さらには0〜4歳児向けの保育所やスポーツクラブ，音楽教室，クリニック，集会所なども併設され，子どもとその保護者ばかりでなく，地域住民がさまざまな目的で集うような，コミュニティセンター的役割を果たすことが期待されている。このタイプの学校は1990年代半ばから作られ始めていたが，2005年の新しい規定がはずみとなって，各地に設置されるようになった。とくに2007年以降の増加が著しい。規模や併設される施設の種類はまちまちだが，初等教育レベルの拡大学校は，2011年に約1600校を数えている [Oberon 2012: 11][15]。

ライデン内の新興住宅地に2008年にオープンした拡大学校の場合，斬新なデザインの建物内にある公立小学校の生徒たちは，同じ敷地内

の学童保育や音楽教室，スポーツ教室を利用することができる。ほかにも地域の再開発と連動した，より大規模なプロジェクトとして，公立，プロテスタント系，カトリック系という3つの小学校に加えて全日制保育所，学童保育所，プレイグループ，図書館，体育館，公民館，さらにケア付き賃貸住宅までもが併設された複合施設の建設が進んでいる。〈16〉

　このような試みを積極的に後押しする政府の思惑は，やはり女性の就労拡大にある。それも，働く女性の数を増やすばかりでなく，すでに働いている女性たちに現状よりも長く働いてもらうことが重要視されている。そこで，安心して子どもを預けられる施設が学校に併設され，より長い時間利用できるようになれば，短時間のパートタイムに甘んじている女性たちが就労時間を延長するだろうというのが，教育とケアの統合を進める政府側が立てた見通しである。

　拡大学校の設置や学童保育所の開所時間延長，音楽教室やスポーツクラブとの連携といった新たな動き自体は，働く親たちに歓迎されている。放課後の習い事への送り迎えに忙殺され，親というより運転手みたいとこぼしていた友人は，学童保育の一環に各種の習い事が組み込まれるようになって助かったと話していた。〈17〉ところが，そうした変化は今のところ，保育の利用日数を増やす方向には結びついていない。

　上のような政策意図を受けて実施された調査において，パートタイム就労中の母親を対象に，どんな条件が整えば今よりも長く働いてもいいと思うかを複数回答で尋ねたところ，回答者の41％は，条件にかかわらず就労時間を延長する意志はないと答えた。次いで多かった回答は，学校の授業時間内に収まるなど，私生活のニーズに合わせた就労時間の設定が可能であれば，現状より長く働いてもいいというものだった。反対に，保育の時間延長や保育料の値下げなど，公的保育の条件がよくなればもっと長く働きたいと答えた人は，3，4％にすぎない［Portegijs *et al.* 2006a: 27］。

　オランダ人社会学者のモニーク・クレマーは，日本でもよく言及さ

れる福祉レジーム論を批判しつつ、子育て期の人々、とりわけ女性たちが仕事とケアを両立する方法を具体的に模索する過程でその選択に大きな影響を及ぼすのは、税の控除額や保育料がいくらになるかといった費用便益の計算ではないと主張する。そうではなく、アーリー・ホックシールドがいうような「ケアの理想像 (an ideal of care)」[Hochshild 1995] に照らしたうえで、適切と考えられるケアが実現できるかどうかの判断が、女性を就労に踏み切らせるというのである。クレマーによれば、そのケアの理想像とは、誰が、どこで、といったケアの担い手と場所に関する「倫理的なイメージ」であり、それは文化的に形成されるものである。とはいえ、時代を超えた不変の理念型というわけではなく、あくまでその時々の時点で広範な支持を得ているイメージであり、交渉や変化の余地もある [Kremer 2007: 71]。

オランダの場合は、家庭のなかで両親が共同で育児をするというやり方が「文化的に形づくられたケアの理想 (a cultural ideal of care)」であるとクレマーはいう [Kremer 2007: 199ff]。第3章で紹介したコンビネーション・シナリオで、両親双方のパートタイム就労とセットで提示されたのがこの方法であり、このとき社会経済審議会 (SER) が、子どもの世話を保育所に全面的に委ねる別案を採用しなかった理由も、まさしく「オランダの文化になじまない」からというものだった [SER 1996: 16]。

このように両親がともに就労し、そしてともにケアにかかわるという発想は、男女平等政策の一環として出てきたものであるが、ケアの面に関する限り、眼目は「家庭での」ケアという点にあるのではないかと私は考えている。核家族世帯における男性＝有償労働、女性＝無償労働という性別分業モデルを転換しようとするとき、妻の就労によってできるケア提供の欠落部分を公的保育によって埋めずに、家庭内でのケアという理想を極力維持しようとすれば、夫の参入が不可欠となる。

ただ、次の章でも改めて検討するように、両親による共同ケアとい

う理想は，一部の高学歴カップルを除けば全面的に実践されることなく，あくまでも理想にとどまっている。むしろ多くの人々にとって実行可能でかつ重要視されているケアの要素は，子どもたちが家庭内で過ごす時間をなるべく多く確保する，というものである。これが，公的保育の利用日数の少なさを生み出す要因ともなっていることは，これまでの議論からも明らかだろう。両親以外に，子どもの祖父母や親族，場合によっては近所の人までが日替わりのケア・スケジュールに組み込まれている現状が，何とか家庭内，もしくは家庭に近い環境での子育てを優先したいという思いの表れと見ることができる。

　子どもの養育は一義的に両親の責任であり，できる限り家庭内で行いたい。公的保育を利用したとしても，必ずそれ以外のいくつかの方法と組み合わせてケア・スケジュールを組むことが望ましい。このようなケアの理想像が思い描かれるなかで，もともとパートタイム就労を選択している母親たちの場合，親の働き方に合わせた保育を望むより，望ましいと考えられるケアがどの程度提供できるかという実情に合わせた働き方を選択する志向が強い。個人のニーズに合わせた柔軟な働き方が可能なうえ，保育制度も一定の充実が図られた結果，全体としてみれば，自分が望ましいと考える仕事とケアの組み合わせ方をすでに実現している度合いが高いといえるのかもしれない。そして状況の変化に応じた調整が必要になれば，そこで立ち止まって，より望ましい組み合わせのあり方を追求するのがオランダ流のようである。

　だが問題は，率先して必要な調整を行う役割が女性のほうに偏りがちだという点にある。母親たちの根強いパートタイム志向を支える要因としてよく引き合いに出される「母性主義」にしても，専業主婦によるフルタイムの子育てを賞揚するというよりも，ケア・ニーズを適切に満たす責任の所在が母親にあるということを明示しているようにも思える。いいかえれば，それは女性のパートタイム勤務を正当化すると同時に，男性のフルタイム勤務の見直しを妨げる結果にもなっている。

そこで次章では，ジェンダーの視点から，異なる世代の女性にとって，そして男性にとっての働くことを見つめてみたい。

Pauze パウゼ 4

オフィス kantoor

　私がじっさいに訪ねたことのあるオフィスは数が限られているが、企業や中央省庁の場合、どこも広々としたスペースと明るい雰囲気が印象に残った。すべての会議室が全面ガラス張りのところもある。

　オフィスのレイアウトや家具などの配置に関しては、働く人の身体に負担がかからないように、デスクと椅子の高さ、照明の位置や窓の仕様にいたるまで細かく定めた労働環境条件法（Arbowet）があり、事業者は労働監督局による厳しい監視を受けることになっている。

　ただ、オフィスの使い方は次第に様変わりしつつあるようだ。

　ある大手銀行は、2002年の新オフィスへの移転にあたり、個人用デスクを全面的になくし、1300人の社員に対して、1000人分のワークスペースをもうける形に変えた。その時々のプロジェクトに応じて、複数の部署にまたがる人がチームを作る働き方が増えたためだという（*NRC Handelsblad* 紙、2002/6/20）。社員が各々に支給されたノートパソコンを持って、その都度適当な場所に移動するといったワークスタイルは、ほかの企業にも広がっている。

　第8章で紹介するように、オランダでは「新しい働き方」というスローガンのもとに、在宅勤務の導入を促進しているが、会社のなかにいる間も、時間と場所に縛られない働き方が常態化しつつあることになる。こうした変化は、企業にとってはコスト削減につながるというメリットがある。労働環境条件法では、1人あたり最低4メートル四方のワークスペースを確保しなければならないという規定があるが、一定数の従業員が交代で在宅勤務に就けば、全従業員のための固定スペースをもうけておく必要がなくなるからだ。

　その一方で、勤務時間や勤務場所があまりにバラバラになることで、職場の一体感が失われ、先輩社員から若手への知識の継承も滞るといっ

た問題点が指摘されている。

　同時に,そもそも特定の会社に属さない起業家(zzp'ers)の数も増えている。彼らにとっては,日本でも都市部を中心に広がりつつあるシェアオフィスが,仕事の拠点であると同時に,ネットワーク作りの場ともなっている。ライデンの郊外にオープンしたばかりのAREA071では,ひと月499ユーロ(プラス消費税)のスターター用パッケージを契約すると,専用のデスクスペースと鍵のかかるキャビネットを借りることができる。インターネットやコピー機などへのアクセスはもちろん,飲み物や昼食も提供される。ワークスペース以外に,広いダイニングフロアがあり,ここでコーヒーを飲んだり,業者に届けてもらうサンドイッチを食べたりしながら,利用者が情報交換をするそうだ。事業のスタート支援として,ロゴの作り方やマーケティングの方法,税務の知識などのセミナーも開催している。

　2007年にユトレヒトの駅構内でスタートしたこの業界の先駆者,Seats2meetは,全国60ヵ所に直営または提携のオフィスや会議室を持ち,日単位,月単位で専用デスクスペースを貸し出す以外に,大きなテーブルに向き合って座る形の「席貸し」をインターネット予約により行っている。そこは,自分の仕事をするためのスペースというより,異なる業種の異なる発想を持った人々が出会い,新しいプロジェクトにつながるような意見交換の場としての機能が重視されている。

オランダ全国に増えつつあるシェアオフィスのダイニングスペース(2013年)

6

母が働くとき，夫が子育てするとき

ぴかぴかに磨き上げ，鉢植えなどできれいに飾られた窓辺は，オランダの主婦の誇りだった（2011年）。今も昼夜を問わずカーテンを引かない家は多いが，若い世代を中心に，ブラインドを下ろした窓も目立つようになっている。

働く母がいなかった時代

　これまでの章で紹介してきたインタビュー対象者の多くは1960年代生まれだったが，インタビューのなかでしばしば，親世代との対比に話が及ぶことがあった。幼い子どもを持つ女性の戸外就労がほとんど考えられなかった時代に娘を生んだ母親たちの多くは，仕事を辞め，家庭に入った。そして第5章でふれたように，子どもたちの側には，母が紅茶ポットの傍らで学校帰りの自分を出迎えてくれたという記憶が色濃く残っている。

　そのうち1960年代に子育てをした女性たちにもじかに話を聞いてみたいと思うようになり，何人かに自分の母親を紹介してもらった。この章では，世代による経験や価値観の差に注目しつつ，さらに男性たちの働き方をよりくわしく見ていくことにより，ジェンダーの視点から，働くことをめぐる問題を改めて検討していこうと思う。

　まず，本人の年齢も子どもを生んだ時期もほぼ同じでありながら，職業生活をめぐっては対照的な選択をした2人の女性の事例を取り上げることにしたい。

事例8　ミース（1937年生まれ，表4-1，No.33）
　ミースは高校卒業後，看護師と助産師の教育を受け，看護師として6年勤務したのちに結婚した。結婚後も仕事は続けていたが，妊娠してから体調が思わしくなかったため，いったん退職した。1965年，1966年と続けて生まれた娘たちが2歳と3歳になったときに，再就職を決意した。

　　赤ん坊のときは2人ともしょっちゅう病気になって。それがようやく元気になった頃，思ったんです。私は母親だ，だけど私は女でもある，私は私自身でありたいとね。誰かの妻ではなく，私自身でありた

かった。 （ミース，2007/9/17）

　看護師を募集している病院はすぐに見つかったが，彼女が既婚者で，しかも子どもがいることは問題だった。それでも，ミースを雇うことにしたその病院は，娘たちのために急ごしらえの託児スペースを用意してくれた。朝8時から午後2時までの勤務だったが，自宅から遠い職場だったため，毎朝タクシーを頼んで，子連れで通勤していた。その後，夜勤中心の勤務を経て，午前中だけのシフトですむ病院に移った。すでに小学校に通っていた子どもたちが帰ってくる放課後は，家にいることができた。だが問題は，学校の長い休みの間，子どもたちをどうするかということだった。

　　（学校の休暇中は）本当に大変でした。誰も世話をしてくれる人がいなかったんです。私の両親も，5人の姉たちも，そもそも私が働くべきではないと思っていましたから。子どもがいるのに働くなんて，いいお母さんじゃないといわれました。それでも働きたいのなら，休み中の子どもの世話も自分で何とかしなさい，と。
　　　　　　　　　　　　　　　　　　　　　　（ミース，2007/9/17）

　当時，ミースと夫が暮らしていたオランダ南部地域はカトリックの影響が色濃く，既婚女性の就労をよしとしない空気がとりわけ強かった。なぜそこまでしてミースが働きたいのか，周りは誰も理解できず，夫の稼ぎが十分ではないのかと何度も聞かれたそうだ。

　　でも，働きたかった理由はそんなことではないんです。（経済的なことでいえば）毎日のタクシー代とか子どものおむつの洗濯代で私のお給料は消えていましたからね。
　　ただ，初めてのお給料でスカーフを買いました。そのスカーフはずっと私の宝物でしたよ。自分のお金で買ったんですもの！　もうひと

つの宝物は，私名義の銀行口座です。当時は，女が自分の口座を開くなんて，妙なことだったんです。昔は，妙だと思われてしまうことがなんてたくさんあったのかしらね。　　　　　　　　（ミース，2007/9/17）

　周囲の人の理解は得られなかったが，夫は妻の意志を尊重し，サポートもした。遠く離れた大都市で台頭しつつあったフェミニズムの動きをラジオや新聞を通じて知り，その波が自分たちの地域にも及ぶことを2人して待ち望んでいたという。
　定年退職後は，夫婦ともにさまざまなボランティア活動に従事してきた。2007年のインタビュー当時は，夫が難民センターと自然保護組織で週1回ずつボランティアを務め，そのほか夫婦で外国人移住者にオランダ語会話を教える仕事もしていた。さらに近所の人とブリッジを楽しんだり，妻の趣味である陶芸教室に通ったりする生活の合間に，不定期で孫たちの世話も引き受けていた。

事例9　ハネケ（1939年生まれ，表4-1，No. 45）
　もうひとりの女性，ハネケは医学を志していたが，家庭が貧しかったことと母親が病気がちだったことから大学進学をあきらめ，高校卒業後は家事手伝いをしながら薬局に勤めた。1963年に結婚したとき，仕事は辞めた。もし希望どおり医者になっていたとしたら，結婚後も仕事を続けたと思いますか？　という質問に対して，彼女はこう答えた。

　それは問題だったでしょうね。（女性は結婚後）勉強や仕事を辞めるか，子どもを持たない決意をするかのどっちかしかありませんでしたから。当時，両立は不可能でした。今は普通のことですけどね。
　今も（結婚したら）フルタイムは無理ですけど，パートタイムで働けるでしょ。私の娘たちは週に3日か4日働いて，残りの日は子どもと過ごしています。娘たちが羨ましいわ。とてもいい組み合わせですもの。もちろん忙しいことは忙しいけれど。　　　（ハネケ，2011/4/27）

彼女自身，結婚後しばらくしてから再就職を考え，夫に相談したが，一家を養うのは自分の役目だときっぱりいわれ，かなわなかったという。3人の娘がある程度大きくなってからも，夫の答えは同じだった。

　インタビューの数年前に一度訪ねたことのあったハネケの家は，すみずみまで掃除が行き届き，一分の隙もなく整理整頓されていた。娘の友人である私たち一家に，手の込んだ料理もふるまってくれた。

1950年代に刊行された，主婦向け家事マニュアル［Sarels van Rijn 1957: 38］。掃除用具の使い方を懇切丁寧に紹介している。

そんな様子から完璧な主婦像を思い描いていた私は，ハネケが働きたいと考えていたこと自体に驚いたが，それをいうと，「私は根っからの主婦ではないんです（not the housewife by heart）」という答えが返ってきた。「（家事は）義務としてやってきただけよ。すべきこととして。好きでやっているわけじゃないの」と。

　掃除をするだけの毎日にうんざりしていたというハネケは，子どもたちが学校に通うようになると，その学校で授業補助などのボランティアを始めた。高校図書館でも無償ボランティアとして働いた。そのうち刺繍やパッチワーク，アクリル絵画など多彩な趣味に打ち込むようにもなった。

6　母が働くとき，夫が子育てするとき

かつてパッチワークの凝った作品を1枚だけ売ったことがある。娘には，一番出来のいい作品を売ってしまったのねといわれたそうだが，「そのお金がどんなにうれしかったか。だって私のお金よ！ 自分で稼いだんですもの」と語る彼女は，事例8のミースが再就職後の初任給で買ったスカーフに言及したときと同じように，本当に誇らしげだった。

　夫の海外赴任先に同行した4年間は，家事使用人がいたために家のなかですることがなく，より本格的なボランティア活動に従事した。現地のハンセン病患者の女性たちに刺繍や編み物を教える仕事で，「人の役に立つことができた4年間」だった。

　その一方で，学校から帰ってくる子どもを母親が家で出迎えるべきかどうかという件について，彼女の意見ははっきりしていた。

　　子どもたちが帰ってくると，一緒にお茶やレモネードを飲んで，クッキーを食べて，学校での出来事についておしゃべりしたものです。ほんの15分くらいでしたけど，子どもたちが宿題を始めたり，遊びに行ったりする前のその時間は，貴重でした。今のように女性が働けるようになったのは大事なことですが，子どもたちがそういう時間を失ったのは残念なのではないかしら。時代遅れの考え方かもしれませんけどね。
　　　　　　　　　　　　　　　　　　　　　　　（ハネケ，2011/4/27）

　その意味で，彼女の娘たちがやっているように，週3日働いて，残りの4日は家族のために時間を取っておくというやり方は理想的だという。家族を大事にしつつ，家の外に出て人に会い，経験を積むことができるからだ。「日がな一日家を掃除しているよりいいわ。掃除だけしてあとは趣味で満足するには，趣味がいくつあっても足りませんよ」。

　身内のなかで孤立しながらも夫の理解を得て再就職し，その後も就労の意志を貫いたミースとは対照的に，夫の反対により仕事に就くことのできなかったハネケは，ボランティア活動と趣味に打ち込んでき

た。だがこの2人の娘たちは，いずれもあたりまえのように仕事と家庭生活とを両立させている。ミースの娘のニンケ（表4 - 1，No. 21）は，夫とともに週1日ずつ子どもの世話をするやり方で，財務コンサルタントの仕事をこなしていた。ハネケの一番上の娘イザベラ（表4 - 1，No. 27）は，家族で長年海外にいたが，帰国後はフリーランスで通訳や翻訳の仕事をしている。

　私がハネケにインタビューをさせてもらったのは，娘のイザベラが家を空けることになった1週間，夫婦で娘の家にやってきて孫たちと一緒に留守を預かっているときのことだった。自身の子育て期には孤立無援だったミースも，学校の休みに孫を預かるなどして，娘たちの子育てを応援してきた。ミースの選択に反対し続け，援助の手をさしのべようとはしなかった姉たちでさえ，自分たちの娘が就労と育児を両立することについては理解を示しているという。それを語るミースは，穏やかな口調に今なお無念の思いをにじませていた。

　ほかのインタビュー対象者たちの親世代には，その時代の通念に従って結婚退職した後，子どもたちが手を離れるタイミングを計って，再び仕事にチャレンジした母たちもいる。

　法律家だったジュリアナ（表4 - 1，No. 25）の母は，結婚後専業主婦となったが，子どもたちが独立してから自分の法律事務所を立ち上げ，定年まで勤めた。大学卒業後一度も就職しないまま結婚し，50歳前後になってから学校の先生になったファリス（表4 - 1，No. 22）の母は，それまで働かなかったことを悔いていたらしい。息子のファリスは，自分たちが夫婦で協力しながら仕事と家庭生活を両立している様子を見て，母は少しばかり妬いているのではないかと思うという感想を漏らしていた。

　結婚と同時に専業主婦になることが当然視されていた時代の母たちもまた，それぞれに葛藤を経験し，性別分業規範が揺らぎ始めた頃から，自分にとってのより望ましいワーク・ライフ・バランスを模索してきたのである。そして今は，子どもたちの世代が手にした新たな選

択肢，つまり夫婦が協力しながら就労と家庭生活を両立させるというライフスタイルの実現にエールを送り，必要に応じてケア・スケジュールに参画することで，その選択を支える側に回っている。

　一方，専業主婦の夫たちは，明確な性別分業のもとで，自分の子どもの生育過程にかかわることがほとんどなかった。1960年代生まれのインタビュー対象者たちは，子ども時代に家事や子育てにかかわる父の姿を見たことがないと口々に語っていた。「卵ひとつ茹でたことがない」父もいれば，「うちのお父さんは神様と同じね。いることはわかっているけど，姿が見えない」と娘たちに評されていた父もいる。だがそうした父たちもまた，今では妻とともに孫のケア・スケジュールに組み込まれ，嬉々として孫の世話に携わっている。子育ての喜びを味わう機会の少なかった夫が，孫の成長する姿を楽しむことができるようになってよかったと喜ぶ妻たちもいた。

　では，現代の父親はどうなのだろうか。少なくとも第4章で紹介した事例に登場する夫たちは，妻とまったく同じ度合いかどうかは別にしても，いずれも積極的に子育てに取り組んできた。かつては専業主婦として家事と育児に専念していた女性たちが結婚・出産後も働き続ける生活を選ぶようになったとき，パートナーの男性たちにとっての職業生活と家庭生活の間のバランスもまた，変わってきたといえるだろうか。

男性たちは変わったか

　一家の稼ぎ手として仕事中心の生活を送ることがあたりまえだった男性の息子たちは，じっさい，父親たちには考えられないほどの熱心さで育児に関与するようになっている。「孫育て」にかかわる祖父母たちのための情報を満載した雑誌『オーク！』に掲載されている体験談や投書を読む限り，親世代はややとまどいながらも，父となった息子たちがごく普通にベビーカーを押して歩き，赤ん坊のおむつを替え，

家事をこなす姿を肯定的にとらえているようである。

　　昔は男がベビーカーを押して歩いたりしていようものなら，軟弱なやつだと思われたもんさ。もうそんなこと気にしなくなったけどな。今は，妻と家事を分担するのもあたりまえだ。何しろ，子どもは親2人のもんだしな。娘夫婦を見ていると，そう思うよ。今の父親は，昔より意識が高いさ。　　　　　　　　　　　　　　（*Ook!*誌，No.5, 2005）

　これは60歳男性のコメントである。夫婦間の役割分業のあり方は，たしかに時代とともに変わってきた。その変化が，オランダで5年ごとに行われてきた生活時間調査の結果にも如実に表れている(1)。
　表6‐1と表6‐2は，18歳未満の子を持つ男女が家事と育児とにそれぞれ割く週あたり平均時間数の変化を示したものである。まず，男性が家事に費やす時間が増加したことと，その一方で，女性の家事時間が週8時間も減少したことが注目される(2)。とはいえ，男女の比率でいえば，女性の家事負担は依然として大きい。また，女性の家事時間が減少した分を補うほど男性の家事時間が増えたわけではないため，全体として，子どもを持つオランダ人が家事に割く時間は減っていることになる。
　他方，育児時間は男女ともに増加した。有職女性も，1980年に比べると2倍の時間を育児に費やしている。比率はやはり，女性7に対して男性3くらいだが，育児のなかでも，食事や着替えといった身体的な世話ではなく，本の読み聞かせや外遊び，散歩という形で子どもの相手をする時間に注目すると，母親の3.7時間に対し，父親が2.4時間となり，男女差はかなり少なくなる［Bucx 2011: 106］(3)。
　かつてのような男性稼ぎ手モデルが通用しなくなってから，男性が仕事，女性が家事・育児といった夫婦間の役割分業をよしとしない風潮は高まっている。18歳未満の子を持つ男女の場合，「男女は家事を平等に分担すべきである」という意見を持つ人は女性の8割，男性の

表6-1 家事時間の経年変化

(18歳未満の子どものいる世帯,1980〜2005年)

	1980	1985	1990	1995	2000	2005
全体	19.1	20.0	18.9	18.8	17.7	16.8
女性	32.0	31.3	29.4	27.7	24.9	24.1
有職女性	24.2	23.5	24.1	21.0	21.3	20.4
主婦	33.1	33.5	32.3	31.5	28.9	29.0
男性	5.2	6.6	6.3	7.3	8.3	8.3

出典:Bucx 2011: 113,表5.6をもとに作成。
注:「家事」には食事の準備,後片付け,掃除,衣服の手入れ(洗濯,アイロンかけ,繕い),買い物がふくまれる。

表6-2 育児時間の経年変化

(18歳未満の子どものいる世帯,1980〜2005年)

	1980	1985	1990	1995	2000	2005
全体	6.2	6.9	7.2	8.0	8.9	10.1
女性	9.1	10.0	10.4	11.3	11.9	13.9
有職女性	5.8	7.4	6.3	8.7	8.5	11.5
主婦	10.0	10.8	11.8	12.7	14.7	16.0
男性	3.3	3.6	3.8	4.3	5.4	6.3

出典:Bucx 2011: 104-105,表5.1をもとに作成。
注:「育児」には子どもの身の回りの世話,遊び相手,読み聞かせ,宿題の手伝い,その他の家族の看護がふくまれる。

7割に上る[Bucx 2011: 117]〈4〉。

　では,現実になかなか男性の家事分担割合が増えないのはなぜだろうか。有力な理由としては,出産後,妻のほうが率先してパートタイム勤務に切り替えて就労時間を抑え,家庭生活を優先することにより,結果として夫婦間の分業が固定化してしまう傾向が指摘されている[Maassen van den Brink 1997; Bucx 2011: 119]。つまり,共同生活を始

めた時点ではほぼ対等に仕事と家事をこなす関係を築いていても、子どもの誕生とともに妻が就労と家事・育児のバランスを後者のほうに傾ける方向に舵を切る一方で、夫は積極的な就労時間の調整をしないか、あるいはしばらくしてそれを元の状態に戻すため、両者の時間の使い方の差が広がっていくことになる。

　ただオランダの場合、上で述べたように「家事を平等に分担すべき」という発想そのものが重視されていながらも、現実にそれが実現していないことについては、男女ともにそこまで問題視していないという指摘もある［Bucx 2011: 119］。私の調査対象者のなかでも、夫が家事をあまりしないとこぼす女性は何人かいたが、あえてその状態を改善する働きかけをしてはいないようだった〈5〉。その代わりに通いの家政婦を雇用したり、半加工食品を利用したりするなどして、外注による家事の省力化を図っていた。

　また、男性が積極的に育児にかかわるようになったとはいえ、子どもたちに対するケア・スケジュールの調整や誰かの誕生日にお祝いのカードやプレゼントを用意するといった役目を担うのは、依然として女性であることが多い。たとえば、朝、子どもを保育所に連れて行くのは夫の役割でも、前の晩に着ていく洋服や持ち物をすべてそろえておくのは妻だったり、1週間のあいだ、家族の誰がいつどこにいるかを完全に把握しているのは妻だけで、夫はいわれたとおりに子どもの送り迎えをしたり、用意されたプレゼントを持って行くだけといった具合である。じっさいに費やす時間の差以上に、段取り（*organiseren*）の責任を負うか否かという点にこそ、男女の違いがあるという声もあった〈6〉。

　では、男性側の意識の変化はどういうところに表れているのだろうか。次節では、男性の働き方に改めて注目しつつ、男性の視点からオランダ流ワーク・ライフ・バランスの現在を見つめてみたい。

男性にとっての「働くことと生きること」

「パートタイム王者」オランダでは，女性ばかりでなく，男性のパートタイム就労率も OECD 諸国のなかでもっとも高い。ただ，じっさいにパートタイム勤務に就いている男性の多くは，キャリアのスタート段階にある若年層や定年を間近に控えた高齢者である。何度もふれているように，子育て期の女性の大多数はパートタイムを選択するが，その夫たちにとっての主流の働き方は，やはりフルタイムなのである。勤務時間の短縮を希望する男性は増えてきたが，2000年の労働時間調整法施行後も，希望と現実の間のギャップは縮まっていない [Fouarge & Baaijens 2004; van Beek *et al.* 2010: 11]。

ただし第3章で指摘したように，オランダでは，勤務形態をパートタイムに切り替えずとも，育児休暇の取得や勤務時間の弾力化によって，家で子どもと過ごす時間を捻出することができる。じっさい，図6-1にあるように，フルタイム契約で働いている24〜64歳の有配偶男性のうち，週5日定時の勤務に就いている人は68％にすぎない。恒常的に週40時間以上の勤務をこなしている人も10％いるが，フルタイムであっても週4日以内に勤務日を抑えたり，週末もふくめて勤務時間が分散した働き方をしたりしている人がかなりの数に上ることがわかる。

公務員などに比べると，民間企業ではそもそもパートタイム勤務や育児休暇の取得がむずかしいといわれることが多いが，「4×9戦略」を実践している人は，大手企業の男性社員の間でも珍しくない。もちろん，所定労働時間36時間を9時間で割れば週4日ですむ，というような計算式が成り立つのは，日本のように連日の残業が常態化していないオランダならではの現象だろう。ただ，そうはいっても人より少なく出勤する以上，出勤日には9時間以上働く羽目になることも多くなる。このため，保育所への迎えなど退社時間を気にしなくてはな

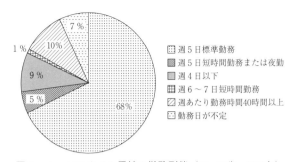

図6-1 フルタイム男性の勤務形態（24〜64歳，2009年）
出典：Keuzenkamp *et al.* 2009: 208

らない立場の人は使いにくい手でもある。

もちろん非定型的な働き方をしている男性たちがみな，積極的に家事や子育てを引き受けているとは限らないが，契約上はフルタイムを維持しつつも，これだけ多様な働き方が男性の間に広がっていることそれ自体が興味深いといえる。

第4章ではパートタイム勤務を実践している男性（事例1）や育児休暇（事例2），「4×9戦略」（事例3）などを使って勤務日を減らしていた男性の例を紹介したが，インタビュー調査のなかから，もう少し男性たちの声を拾ってみることにしよう。

事例10 マールテン（1948年生まれ，表4-1，No.18）

私のインタビュー対象者のなかでは比較的年長にあたるマールテンは，1976年に学生結婚をし，1978年に大学院を修了してからはフリーランスで美術関係の仕事をしていた。1979年に上の娘が生まれ，妻が産後休暇明けに大学図書館でのフルタイム勤務に復帰したのちは，妻よりも時間の自由がきく彼が，赤ん坊の世話を一手に引き受けていたという。

妻が外で働いて，私が子どもの面倒を見るという当時の役割分担は

6　母が働くとき，夫が子育てするとき　*137*

気に入っていました。2人で子育てするより，自分ひとりのほうがやりやすかったですし。
(マールテン，2006/8/17)

　彼は自宅で子どもが寝ている時間に仕事をこなしたが，外でクライアントに会う必要があるときなどは，子どもをベビーカーに乗せて連れて行った。泊まりがけの仕事が入ったときは，木曜の夜から出かけることにし，妻が金曜に休みを取るか，どちらかの親に来てもらうなどして切り抜けた。娘を保育所に通わせなかったのは，「子どもと一緒にいられる時間が本当に楽しかったから」だそうだ。

　小さい子どもの目線で世界を，大人が当然視してきた物事を理解しようとすることは，実にすばらしい経験でしたよ。男女を問わず，いやとりわけ母親たちのなかには，子どもをお荷物扱いする人もいましたが，私は子どもが厄介だと思ったことはただの一度もないですね。
　子どもたちは純粋に喜びを与えてくれました。まだ話したり歩いたりできるようになるずっと前から，子どもたちと一緒にいることが楽しくて仕方がなかった。
(マールテン，2006/8/17)

　1981年に下の娘も生まれ，マールテンが博物館でのパートタイム職を得た頃から妻も週3日のパートタイム勤務に切り替え，夫婦交代で子どもたちの世話をするようになった。2人ともが勤務する水曜には，子どもたちの祖母に世話を頼んだ。
　当時は公正な条件のもとでのパートタイム勤務が広がりつつある頃で，彼自身，もともとはフルタイムでの雇用を打診されたのに対し，あえて週20時間のパートタイム契約を選択した。妻のほうは，フルタイムという「男性的な働き方」に嫌気がさしたのと，娘たちといい関係を築いている夫に「やきもちを焼き」，自分も娘たちと過ごす時間を確保したいというのが動機だったと彼はいう。だが，夫婦の教育方針はすれ違うばかりで，結局娘たちが10代になる前に，2人は離

婚した。

その後，博物館での勤務を週4日に増やしつつも，しばらくはフリーランスの仕事と両立したが，現在は主任学芸員としてフルタイム勤務に就いている。「パートタイムで働いていても，昇進には響かなかったということでしょうか」と尋ねると，「そのとおり」という答えが返ってきた。

> パートタイムで働いていても，まともに仕事に取り組むことはできますし，キャリアも築けます。そこが日本とオランダの最大の違いかもしれませんね。
> 　私の場合，もともとフリーランスで働きながら子育てができたことは，例外的に運がよかったといえるかもしれません。でも今の時代，かなり多くの仕事が自宅でできるようになっていますよね。じっさいには家にいようが会社にいようが，たいした違いではなくなりつつあるんです。トンネルの先に光が見えたって感じですね。
> 　　　　　　　　　　　　　　　　　　　　（マールテン，2006/8/17）

事例11　ベルト（1949年生まれ，表4‒1，No. 29）

事例10のマールテンと同年代のベルトは，民間航空会社のパイロットだったが，会社の規定に従って58歳で定年退職した。職場結婚した妻との間に双子がいる。彼より一回り以上若い妻は，今も同じ航空会社の客室乗務員として働いている。

この会社では，パイロットでも80％または67％という働き方ができるため，彼は現役時代，80％の契約を結んでいた。客室乗務員の場合はさらに50％という選択肢があり，妻は妊娠後，50％の契約に切り替えた。100％より少ない勤務形態でも長時間のフライトに乗務することは変わらないが，頻度が減るため，フライトの間の休みを通常より長く取ることができる。

私が80％の働き方にしたのは48歳のときで，まだ今の妻とは結婚していませんでした。ですから（勤務時間の変更は）子育てのためではなく，もっと自分の時間がほしかったためです。それに年を取ってくると，若いときより時差がつらくなりますからね。そこで健康を保つためにも，勤務時間を減らすことにしました。

　子どもたちが生まれたときは，80％にしておいてよかったと思いましたよ。長い時間を子どもと一緒に過ごせますから。

(ベルト，2007/9/5)

　1998年に双子が生まれた後，ベルトと妻は互いの乗務スケジュールを調整することで，なるべくどちらかが家にいられるようにし，交代で赤ん坊の面倒を見ていた。2人同時にフライトが入ってしまったときは，近くに住む妻の母が泊まりに来てくれることになっていた。子どもたちは保育所には行かず，週2回のプレイグループに小学校入学前の半年間通っただけだった。

　私たちのように交代で家にいる働き方ができるのなら，保育所や学童保育に入れるより（家で世話をしたほうが）子どもにとってはいいと思いますよ。手放したくなかったんです。小学校に通うようになれば，（親にとって）昼間の時間は空くわけですから，何でもできますし。

(ベルト，2007/9/5)

　ベルトの父は，家のことを何もしない人だった。彼と同世代の友人たちも，積極的に育児にかかわろうとはしていなかった。彼より若い，妻の世代の男性たちは，違和感なく子育てにかかわっているように見えるという。ベルト自身はもともと子ども好きなので，もっと若いときに子どもを持ったとしても，周りの友人たちよりは多くの時間を子育てに割いただろうと思っている。

　退職後は，子どもたちの世話や家事中心の生活を送っている。今も

時々手伝いに来る妻の母によれば，ベルトは料理も得意で，家のなかのことは何でもこなしているという。話を聞かせてもらったのが退職まもない時期だったため，本人は，「今後は趣味として絵を習いたいが，ほかには何をしていいかわからない。学校時代から飛行機を飛ばすことしかしていないから」と語っていた。

事例 12　マライン（1972 年生まれ，表 4 – 1，No.36）

　上の 2 つの事例の男性たちに比べて 20 歳以上年下のマラインは，働きながら職業訓練教育課程を卒業し，その後何度か転職を繰り返してきた。一番長く働いたという飲料会社では，早朝勤務・昼間勤務・夜間勤務を 2 日ずつ 6 日間続け，夜勤明けから 4 日休んで再びシフトに入るという 3 交代勤務をこなしていた。ちょうど 2 人の子が生まれた頃だったが，妻も週 3 日働いていたので，自分が家にいる日は子どもの面倒を見た。ただし，毎週決まった曜日に休みが取れるわけではないため，夫の母が必要に応じて子どもの世話をしに来てくれた。

　飲料会社には 6 年いたが，会社の業績悪化に伴う早期退職者の募集に応じ，2006 年から知人の経営する建築資材会社に転職した。

　　給料は前の会社のほうがよかったよ。（今回の早期退職者募集は）自分みたいな若いやつを念頭に置いたものではなかったけど，僕は経営陣のやり方に嫌気がさしてきてたから，辞めることにしたんだ。
　　きつい仕事がいやなわけじゃない。今だって仕事はきついからね。ただ，今は自分が何かを作っている満足感がある。前の会社ではもうそういう気持ちが持てなかった。自分が生み出す製品が最終的にどういうものか，見えなくなっていたから。　　（マライン，2007/9/12）

　今の会社では週 40 時間の「規則的な」勤務をしているが，月曜から木曜まで 1 日 8.5 時間働き，金曜は仕事を 3 時に切り上げる。製造ラインでの立ち仕事であるため，労働基準監督局の監視も厳しく，基

本的に残業や休日出勤はない。

パートタイムで働くことは「できるはず」だが,じっさいには誰もしていない。経営者は自分たちより上の世代で,まだ古い考えの持ち主なので,週3日勤務にしてくれといいだそうものなら,退職を促されるのがおちだという。建設関係の会社は夏にまとめて1ヵ月,一斉休業をする習慣があるため,それ以外の時期に個人的理由で休暇を申請することもかなりむずかしい。[9]

今回の転職にあたっては,これまで以上に母に子どもの世話を頼めるかどうかをまず確認した。マラインが通常のフルタイム勤務に切り替わる一方,妻の週3日勤務は減らせないため,その3日間は全面的に母に頼る必要が出てくるからだ。

事例10,11の2人と同世代にあたるマラインの母(1947年生まれ)は,もともと専業主婦だったが,2人の息子が小学校高学年になった頃から,近所の家の掃除を引き受けるようになった。ちょうど1980年代初めの,既婚女性の就労がようやく増え始めた時期にあたる。

世話好きでじっとしていることが嫌いな母は,トラック運転手をしていた夫の反対を押し切って働き始めたのだという。10年ほど前からは水泳指導員の資格を取り,子どもたちに水泳を教える仕事もしている。そうした仕事と並行して,孫たちの世話も引き受けているのである。インタビュー時は小学生になっていた上の子は,就学前に週2回,半日だけプレイグループに通っていたが,保育所に行ったことはない。小学校入学後も,昼食は毎日自宅か,祖母の家に戻って食べている。保育所を利用しない最大の理由は,待機児童が多く,すんなりとは入れないうえに保育費用が高いことだという。男性が家事や育児にかかわることについては,マラインは次のように語った。

> もし女の人がずっと家にいるのなら,彼女が家事をする。でも女の人が働き始めたら,僕たちも家事をしないと。一緒にね。それが普通だと思うよ。うちの近所もみんなそうしてる。うちのすぐ隣だけは古

くさい考えのやつで，僕が洗濯物を干してると，垣根越しに見て笑うけどね。何やってんだ，そんなの女のやることだろ，って。

　たしかに男のほうが家事をする量は少ないかもしれない。だけど，やってはいるんだ。……僕のほうが子どもと過ごせる時間も少ない。でも僕の子どもでもあることに変わりはない。近所には，離婚して子どもを引き取った父親もいるよ。母親のほうがたくさん時間があるのは，女はパートタイムで，男はフルタイムで働くことが多いからなんだ。

　仕事は人生で一番大事なものってわけじゃない。だからもしうちの妻がフルタイムで働くことになったら，僕がパートタイムになって子どもの相手をするさ。問題ないよ。　　　　　（マライン，2007/9/12）

この最後の言葉について，居合わせた妻は「それ，本気？」と疑わしげだったが，マライン自身は，「家のことを一切しなかった父の世代とは違う。自分は今の世代なのだから，当然時代の流れに合わせられる。家事も育児もまったく抵抗がない」といいきっていた。このことに関連して彼が言及したのは，1998年にSIREという公共団体がテレビで流していたキャンペーン広告である。ふだんは仕事一辺倒で子どもと触れ合うことのない父親が，日曜だけは家族と食卓を囲み，日曜日用の特別な肉料理を切り分ける家長の役割を果たす。その姿を見る男の子が，「日曜になると肉を切りにやってくるあの男は誰だろう？」といぶかしがるという内容だった。

日本ではちょうど1999年に，当時の厚生省が少子化対策キャンペーンの一環として「育児をしない男を，父とは呼ばない」というキャッチコピーのポスターを作り，話題を呼んだが，オランダでのこのキャンペーンもインパクトが強かったらしく，広告を鮮明に覚えている人は今も多い。オランダの場合，90年代末ともなれば，そこまで影の薄い父親はもはやそれほど多数派ではなかったはずだが，これを見た男性たちはそれぞれに身につまされるとマラインはいう。[10]

自転車に乗り始めたばかりの子どもを連れた父親（2007年）

　事例10〜12で紹介した男性たちは，まったく異なる職種ながら，それぞれに非定型的な勤務形態を経験している。それは家庭生活，とりわけ子育てとの両立を初めから考慮したうえでの選択とは限らない。だが3人とも，そういう働き方をうまく活用しつつ，子育てにも積極的にかかわってきた様子が伺えた。そこにはまた，世代による違いも読み取れる。

　1940年代後半生まれのマールテンとベルトは，自分たちがその世代としては例外的に子煩悩な存在であることを自覚している。一方，彼らの子ども世代に相当するマラインは，父親の世代ではあたりまえだった性別分業のあり方が時代とともに変わってきたことを踏まえ，男性も家事や育児を分担するのが当然という受けとめ方をするようになっている。つまり，休みの日に積極的に子どもの相手をし，場合によっては妻に代わって主たる養育者になってもかまわないと考えるのは，彼の世代の男性としては珍しくないことだと認識しているのである。転職にさいしても，子どものケアに支障がないかどうかをまずたしかめたというエピソードは，仕事がすべてに優先するわけではない

という彼の見方を示している。

　いずれにしろ，この3人の語りからは，この半世紀の間に人々のライフスタイルが突然変化したのではなく，男性にとっても女性にとっても，あたりまえとされる働き方や家庭生活への関与の仕方が少しずつ変わっていくなかで，周囲の人とは違う選択をあえてしたり，周りの歩調に合わせたりという決断を一人ひとりがしてきた事実が浮かび上がる。

フルタイム規範への挑戦

　働き方を見直すことで仕事とケアの両立に成功している男性たちを紹介し，その成功の秘訣を探るとともに，ほかの多くの男性にとっての阻害要因を明らかにしようとする政府レポート「働く父たち（Werkende vaders）」では，労働時間調整法や労働とケア法といった法律に定められた権利をじっさいに行使する男性が，女性に比べるとずっと少ないことを問題視している［van Beek *et al.* 2010］。阻害要因としては職場の同僚や上司の無理解，勤務時間短縮や休暇取得による減収，昇進への悪影響などが挙げられているが，インタビューからも明らかなように，業界による温度差も大きい。

　たとえば事例10のマールテンが就いているような美術館・博物館関係の仕事では，予算の制約があって人を十分に雇えないため，男女問わずパートタイム職が多い。マールテンの場合は，就職当初，本来フルタイムのオファーだったものをあえてパートタイム契約にしたそうだが，現在の彼の同僚は男性でも大半がパートタイムで，ほかの仕事と掛け持ちしている人がかなりいる。もともと女性が多い教育・福祉関係の職や小売業でも，パートタイムでありながら責任ある職を任されていることは珍しくない。

　一方，事例11のベルトは，同じ会社のなかでも職種が違えば，勤務形態とキャリア展開の相関に差があると述べていた。航空会社の場

合，パイロットや客室乗務員は 100％より少ない契約を結んでいても，昇進の妨げとなることはない。彼自身も 80％の勤務で機長を務めていた。だが地上業務であれば，パートタイムで働きつつ管理職をめざすことは，性別にかかわらずむずかしいという。

事例 12 のマラインが働く建設業も比較的保守性が強いセクターのひとつである。とくに規模の小さい会社の場合は，彼自身もいうようにパートタイム勤務という選択肢はほとんどない。

このほか「柔軟な働き方」を実践しやすい職業の筆頭に来るのが公務員であるのに対し，コンサルタントや法廷弁護士などは，女性であっても労働時間の弾力化やパートタイム勤務などが受け入れられにくいといわれる。多国籍企業や製造業，建設業なども，とくに男性の場合はフルタイム勤務が前提となる。このような業界や職種による職場慣行や通念などの違いは「文化」という言葉でしばしば表現される。家庭生活を大事にしたい父親がなかなかその希望を実行に移せない理由のひとつに「男性的な会社文化（*masculiene bedrijfscultuur*）」がある，というように [de Bel 2010: 53]。

ただし，そうした「文化」にも変化の兆しは見える。上でふれた政府レポートには 26 人の父親たちの実例が紹介されているが，それぞれの職場でパイオニア的存在である彼らの実践を通じて，従来の常識が問われ，わずかずつながら変容を余儀なくされるプロセスが示されている。

たとえば金属部品工場で組立工として働く 40 歳の男性は，2001 年に子どもが生まれたため，週 3 日勤務を希望した。仕事とケアの両立支援などまったく想定外の「男性文化（*mannencultuur*）」が席巻していたという職場で男性従業員がパートタイム勤務を申し出たことは，上司にとっては青天の霹靂だった。だがちょうど労働時間調整法が施行されたところでもあり，申し出はしぶしぶ受け入れられた。それ以来，彼は職場の仲間にからかわれたりしながらも，週 3 日勤務を続けている。「妻よりも家事は得意です。僕はすごく家庭的（*huismuisje*）

なんでね」という彼もフルタイムで働く妻も，現状には満足している。「(パートタイムで働くことは)経済的にはもちろん損失ですが，それが問題だと思ったことはありません。食べていければいいんですから」[van Beek *et al.* 2010: 31]。

これらの事例をもとに，政府レポートは男性従業員が仕事とケアの両立を成功させる秘訣として，パートタイム勤務のほかに，勤務時間の柔軟化（出社・退社時間の調整，1日あたりの勤務時間を延長することによる週4日勤務への圧縮，逆に勤務日を6, 7日に分散することによる1日あたりの勤務時間短縮など）や在宅勤務，育児休暇をはじめとする各種休暇の取得など，多様な手段があることを示し，状況に応じてベストの選択をすることを勧めている。男性のパートタイム勤務に消極的な姿勢を見せる企業でも，勤務時間の調整や在宅勤務は認めることも多いという［van Beek *et al.* 2010: 85］。マールテンの言葉にもあったように，時間や空間に縛られない働き方がひとつのトレンドとなりつつあるからである。

同時に，このレポートに登場する男性たちに共通して見られる特徴は，子どもの養育やしつけ（*opvoeding*）を妻任せにするのではなく，自分自身も十分かかわる時間を持ちたいという気持ちが強いことである。それゆえ彼らは，職場の慣行に反してでも上司や同僚の理解を得ようとしたり，場合によっては転職や起業も辞さなかった。上記の組立工の場合も，妻はフルタイム勤務であるため，自分が少なく働くことで，子どもを保育所や学童保育に任せっぱなしにせず，親自身が養育にきちんとかかわれることを重要視していた。

この点に関連してレポートが指摘するもうひとつのポイントは，男性の決断に対する妻の役割である。妻が自分のキャリアを重視し，家事や育児を抱え込まずに夫とともに担おうとする姿勢が強いほど，夫も積極的に両立を図ろうとする可能性が高くなるというのである。たとえば「2人で一緒に子どもを持ったのだから，子どもを育てるのも一緒にすべきだし，世話も同じように分担すべきですよね」（57歳の

公務員，妻は広告会社ディレクター），「2人が同等に子育てを担うことで，対等な関係を維持していると思えることが大事だったんです。昔みたいに（子どもの）母親が何もかもやって，夫は外で働くだけ，というスタイルではなくて」(44歳のジャーナリスト，妻は医師) という言葉にもそれは表れている [van Beek *et al.* 2010: 54, 62]。これは，私のインタビュー対象者のなかで，夫婦がほぼ同等に家事・育児を担っている場合に見られた意見でもある。〈11〉

進まないといわれる夫の家事分担についても，妻が大パートもしくはフルタイムで勤務している世帯では，ほかのタイプの世帯に比べて夫の家事関与が格段に増えるという統計結果も出ている [van Duyvendak & Stavenuiter 2004: 59; de Bel 2010: 52]。

つまり，働きながらも家庭生活，とりわけ子どもの養育に十分にかかわりたいという本人の意志や職場環境に加えて，妻との関係や妻が理想とするワーク・ライフ・バランスのあり方が，夫たちの両立実践にも影響を及ぼしていることになる。このことは裏を返せば，少数の例外を除く大半の女性たちにとってパートタイム就労が「規範化」している現状が，間接的とはいえ，男性のフルタイム志向を下支えしてきたという事実を示してもいる。

こうしたオランダ人女性の根強いパートタイム選好は，第5章で取り上げたような理想の母親像や固定的な学校の時間割とも密接なかかわりを持つ。だが，これもすでに述べたように，オランダ政府は既婚女性のさらなる就労拡大を重要な課題ととらえており，教育と保育の統合というこれまでにない新しい政策をスタートさせた。そのほか，パートタイムであってもより長時間の就労を促すキャンペーンを展開したり，男女平等政策の一環として，企業における女性役員の比率を高める目標も設定するといった新たな試みにも着手してきた。

そこで次章では，多様な立場に立つ女性たちの考え方も紹介しながら，「働くこと」と「生きること」をめぐる変化のプロセスをさらに追ってみよう。

Pauze パウゼ 5

カフェ café

　オランダに初めて長く滞在することになったとき、最初に抱いた疑問のひとつは、平日でも朝からカフェでくつろいでいる人がこんなに多いのはなぜ？ というものだった。しかも年金暮らしのお年寄りや自由時間のありそうな学生に限ったことではなく、実にさまざまなタイプの人を見かける。

　考えられる答えの筆頭は、勤務形態が人によってまちまちで、有職者であってもその日がたまたま休みの人が相当数いるということだ。たとえば子どものいないカップルも、平日の同じ曜日に休みを入れたりしているので、木曜日や金曜日にそろって買い物がてら、カフェでのんびりしていても不思議ではない。

　さらに、時短休暇として取得する振替休日（第3章参照）は、特段の理由なしに、当日になってから取ることもできるため、何日も雨が続いた後に急に晴れ上がったりすると、午後だけ休みにして街に繰り出す人がどっと増えるのである。

　平日の午前中は、子連れ客の姿が目につく。上の子を小学校に送った帰りらしいお母さんが小さい子を連れてカフェに入り、コーヒーを飲んでいることもあれば、赤ん坊を抱き、もうひとり小さい子どもに何か食べさせながら携帯を操作しているお父さんがいたりもする。そういうカフェには、新聞や雑誌がいくつも置いてあって、長居もしやすい。

　夕方になると、仕事帰りに職場の同僚と立ち寄ってビールを飲んだり、友人同士で待ち合わせて食事を取ったりする人が多い。たいていのカフェは、手ごろな値段の食事メニューも用意しているからである。

　2011年に数ヵ月を過ごしたアパートは、こぢんまりした居心地のいいカフェと同じ建物の上階にあった。カフェは15人も入れば満席という程度の規模だったが、気候のいい季節には、周囲の路上に丸テーブルと椅子をずらりと並べ、カプチーノや

定番のアップルタルト,お昼のサンドイッチを目当てに来る客で賑わう。パソコンに向かう学生や,分厚い本を広げている常連もいる。

夏のある金曜の朝,カフェが開店してまもない10時すぎに子連れでやってきた30代くらいの男性は,新聞をゆっくり読んでから,携帯メールをチェックしつつ,カプチーノをお代わり。ジュースをもらった4,5歳の男の子が,そこらへんを歩き回って適当に時間をつぶしている。店にいる猫をかまいたくなったのか,中に座ろうよというが,お父さんは,外のほうが気持ちがいいよと取り合わない。

何とはなしに観察していると,晴れた日には必ず外の席から埋まっていく。しかも朝からよく晴れている日とそうでない日とでは,お客の入りが格段に違う。そう指摘してみると,アルバイトの学生からは,「そうなのよ。私たちオランダ人は,お日さまを崇拝してるもの」という答えが返ってきた。その言葉どおり,太陽の動きとともに日陰のスペースができると,日の当たるところをめざしてテーブルと椅子ごと,お客たちもせっせと移動する姿がヒマワリのようで,どことなくユーモラスだった。

「パパの日」に子連れでカフェにやってきたお父さん(2011年)

7

なぜ，パートタイムなのか

月刊誌『オプザイ』の表紙で，「料理上手の主婦」に扮したフェミニストの論客ヘレーン・メース。彼女はこの雑誌で読者からの相談に応じている（*Opzij* 誌，2010年2月号）。『オプザイ』はフェミニズムを基調とする女性向けオピニオン雑誌で，書店や駅構内のキオスクでは平積みで売られている。

パートタイム・フェミニズム？

　オランダの全国紙や雑誌に連載を持っていたコラムニスト，ヘレーン・メースが『パートタイム・フェミニズムよ，さらば！』と題する本を出版したのは，2007 年のことである。この本で展開された主張は多くのメディアで紹介され，論議を呼んだ。

　メースによれば，フルタイムの夫とパートタイムの妻という組み合わせが共稼ぎ世帯の大半を占めるオランダの現状は，伝統的な性別分業モデルを「フェミニズムでちょっと薄めた」程度の変化にすぎない。とりわけ彼女が批判的なのは，高学歴を手にしながらパートタイム勤務や専業主婦の地位に甘んじる女性たちの存在である。「まともなキャリアをめざさない"パートタイム・フェミニスト"たちは，自分だけでなく，自分の娘やさらにその娘をふくむ次世代の女性すべての地位まで貶めている」とメースは主張する［Mees 2007: 7］。

　歯切れのいい挑戦的な口調に加え，ニューヨーク在住の経済コンサルタントという肩書も影響してか，まもなくメースには「野心的なパワーフェミニスト」という呼び名がついて回るようになった。著作の紹介記事や本人へのインタビューが掲載された新聞の読者投稿欄には，子育て経験のないエリート女性からの直言に苛立つ反応も目立つ。

　だが，上のような主張は，決してメースひとりのものではない。たとえば 2006 年 3 月には，労働党の副代表を務めていたシャロン・ダイクスマが，経営者団体の雑誌インタビューのなかで，高等教育を受けたのち専業主婦になることを選んだ女性たちを指して，「人的資本の浪費（*kapitaalvernietiging*）」と批判した。そのときの「（主婦になることは）お金のかかる教育を社会的支援によって享受したにもかかわらず，そこで得た知識をみすみす溝に捨てるようなもの。そういう人たちは教育にかかった費用の一部を返金すべきです」という発言が当初，高学歴の専業主婦に罰金を科すべきという内容で報道されたこともあ

り，大いに物議をかもした。その後本人は，当時労働党が検討していた新制度のもとでは国からの奨学金を所得額に応じて返済することになるため，無収入の主婦になった場合でも，世帯収入に応じて配偶者が支払うべきだというのが発言の趣旨だったと弁解した。しかし，この件ではキリスト教保守派の政治家がこぞって「働く女性にしか価値がないというのか」「母親業を人的資本の浪費と呼ぶなんて愚かしい」「まるで家族の世話をしたり，ボランティアをすることが社会貢献にならないかのようだ」といった反応を示したばかりでなく，女子の就学意欲をそぐ逆効果をもたらすのではないかといった声も聞かれた。

 オランダの新聞はそれぞれ個性が際立っており，主要な全国ニュースを除けば，各紙に掲載される記事が横並びになることは比較的珍しい。ところが，このダイクスマの「人的資本の浪費」発言は，各紙がいっせいに報じただけでなく，その後もコラムや読者投稿欄などで何週にもわたって反応が寄せられ続けたことが興味深かった。

 そもそも私がこの件を知ったのは，ある学術機関の資料室で応対してくれた司書との立ち話を通じてである。シングルマザーとして苦労しながら娘を育てたという50代半ばのその女性は，ずっとフルタイム勤務を続けてきた。そういう経歴にもかかわらず，ダイクスマについては強い口調で，「この国では，女性たちは自分たちのしたいことをするのよ。高学歴でも低学歴でも関係ないわ。政府にこうしなさいといわれるなんてまっぴらよ」といいきったのが印象に残っている。

 こうした論争のほかにも，新聞紙上では時折，各界で活躍する女性から一般の女性たちに向けて，野心を持って出世を志してほしいというメッセージが出されることがある。それに対しては必ずといっていいほど，自分は子どもを自分の手で育てるという決断をしたからこそ，仕事を辞めたり就労時間を減らしたりしたのであって，その選択に対して人からとやかくいわれる筋合いはない，といった反論が紙面に登場する。メースやダイクスマの主張に対するさまざまな反論のうち，ひとつの核をなしていたのも，こうした「選択の自由（*keuzevrijheid*）」

にかかわる意見であった。

　この2人よりやや若い世代に属するジャーナリストのマリーケ・ステリンハも,『ガラスの天井という神話』と題した著書のなかで, オランダ人女性の今の働き方はそれぞれの自覚的な選択の結果であると強調している [Stellinga 2009]。ステリンハによれば, メースに代表されるようなフェミニストや, あるいは政府の男女平等政策の立案者は, 他国と比べた場合の管理職に占める女性比率の低さや, 男女の賃金格差を問題視し, オランダ人女性にもっと就労時間を増やし, 出世意欲を持つよう促すが, 実のところ, 女性たち自身は出世も長時間労働も望んでいない。自分たちが働きたい時間だけ働きに出, 残りの時間は家庭生活やそのほか自分自身が価値を置く活動に費やしているのだから, その結果として得られる職業上の地位や経済的報酬に差があったとしても, それは納得ずくというほかない。女性の出世を阻む「ガラスの天井」や女性を家庭に押しとどめる社会的圧力が存在するわけではないというのである。

　さて, メースが主張するように, 大半の女性がパートタイム勤務を選び, 出世欲を持たない状況は「選択の自由という幻想」の産物にすぎないのか [Mees 2007: 95], それともステリンハが反駁するように, 「女性が男性とまったく同じ選択をしなければ, 自由な選択をしたとは認めてもらえない」[Stellinga 2009: 56-57] のがまちがいなのか。

　第3章でも述べたように, パートタイムとフルタイムの間の均等処遇が基本的に保障されているオランダの場合は, 非自発的なパートタイム就労者が少ないうえ, 個人のライフステージや家庭の事情に応じて就労時間を変更することも制度的に可能である。だとすれば, 多数の, とりわけ子育て期にある女性がパートタイムで働いている現状は一人ひとりの選択の結果にすぎない, とするステリンハの言い分はもっともかもしれない。そもそも第6章で紹介した女性たちのように, 既婚女性の就労がタブー視されていた時代を生きた母親たちに比べれば, たとえ週に2日か3日であっても, 家庭の外に出て職業に従事す

ることは，それ自体が自分たちの母親には与えられなかった選択の自由を行使していることにもなる。そういう指摘は私が会った女性たちからもよく聞いた。

　だがその一方で，子どもを長時間保育所に預け，フルタイムで働くような母親に対する世間の風あたりがいまだに強いことは，第4章や5章で見たとおりである。同時に，完全な専業主婦も数のうえでは少数派であり，とりわけ高学歴女性の場合は，ダイクスマにいわれるまでもなく，高等教育を受けたことに対する責任を自覚し，仕事を通じての社会参加をある種の義務としてとらえている人も少なくない。専業主婦の立場にある女性たちの声を集めた本やブログには，家庭のために仕事を辞めるという決断が積極的選択であり，ひとつのキャリア追求の形であることが述べられている［Bont & Limberger 2004］が，その内容は，現代の専業主婦が社会的に理解を得られにくい存在であることをかえって浮き彫りにしているように見える。

　だからこそ，あるインタビュー対象者が語ったように，「パートタイムで働くのが一番無難。そうすればあらゆる面で文句のつけようのない女性になれるから。教育があって，子ども思いで，仕事を持つお母さんに」ということになるのだろう。

　こうして見ると，女性のパートタイム就労が規範化した現代のオランダにおいて，職業生活と家庭生活を両立しようとする女性がパートタイム就労以外の働き方を「選択」することが自由にできるのかどうかについては，一考を要するように思う。この点については，章の後半で改めて取り上げる。

　いずれにしろ，メースに代表されるフェミニズムの論客やダイクスマなどの女性政治家が女性の働き方や社会的位置づけをめぐって主張してきた内容は，EU政策の動向や経済・社会状況を反映した政府の男女平等政策の方向性と基本的に一致するものである。その背景には，労働力不足を解消し，社会保障制度の破たんを招かないために，女性労働力のさらなる拡大が急務となっているという事情がある。つまり，

形を変えて繰り返される論争の焦点は，個人の選択という問題と社会的要請とのせめぎ合いにあるととらえることもできる。

男女平等政策の展開

　社会のさまざまな分野における男女平等を進め，女性の参加拡大を促すための政策は，日本では男女共同参画という名称のもとに立案・実施されてきたが，オランダでは「解放」を意味するエマンシパツィー（*emancipatie*）という用語が一貫して使われている。<small>(6)</small>

　女性の地位向上にかかわる国家レベルでの女性政策の歴史は，1975年にさかのぼる。この年に第1回世界女性会議で採択された世界行動計画を受け，国内本部機構（ナショナル・マシーナリー）として「解放委員会」が設置された。この委員会には女性運動団体の代表が多数ふくまれ，その後も女性政策の策定にあたっては，フェミニズムの思想と実践を背景に持つ人材が積極的に登用されたという［Outshoorn 1998: 110-113］。ただ，1960年代から活発化していたオランダの女性運動は，政治的な立場や掲げる目標にもさまざまな違いを抱えており，第5章でも論じたように，女性の就労を支える保育所の整備をめぐる論議も一筋縄では行かなかった［Bussemaker 1998a: 80; Kremer 2007: 173］。

　しかし，就労による経済的自立の達成が女性政策の中心に据えられたことを契機として，1990年以降は，私的領域に対する国家介入という受けとめられ方が根強かった公的保育を推進する方向に舵が切られた。そればかりでなく，コンビネーション・シナリオの提示という形で，男女それぞれが仕事とケアの領域に相互乗り入れすることが奨励され，この発想がさまざまな社会政策の要と位置づけられたのも1990年代後半のことである。この頃から，パートタイム労働や柔軟な労働時間，店舗営業時間の規制緩和，さらには家庭内での性別分業の見直しなど，長年にわたってフェミニストたちが要求していた事項

が次々に政策課題として挙がるようになった［Bussemaker 1998a: 86-87; Outshoorn 1998: 121］。

　第3章で概観したとおり，こうした政策展開と，労働市場の変容や女性たち自身の就労意欲の高まりなどがあいまって，既婚女性をふくむ女性の労働力率が飛躍的に上昇した。だが2000年代半ば頃からは，パートタイム，それも少ない時間数のパートタイム契約で働く女性の多さが，新たな問題として議論の俎上に載せられた。女性の労働力率に関しては，EUのリスボン戦略で設定された数値目標を軽々とクリアしたものの，それをフルタイム換算した労働量では，ヨーロッパ平均を大きく下回っているからである。

　このため，2000年〜2010年の「解放政策長期計画（Meerjarenbeleidsplan Emancipatie）」中間評価（2005年）では，労働時間調整法（2000年），労働とケア法（2001年），保育法（2005年）などに代表されるこの間の法整備を評価しつつも，女性の労働力率と労働時間のさらなる増大が，国の経済全体にとって重要であることが改めて強調された。(7) とくに労働量の拡大を促す観点から，すでにパートタイムで働いている女性に対して，就労時間を少しでも増やす働きかけを行うための「タスクフォース・パートタイムプラス（Taskforce DeeltijdPlus）」を2008年に発足させた。

　このほか，2000年以降の男女平等政策の中核的課題として一貫して取り上げられてきたのは，女性の経済的自立達成度の向上，男女賃金格差の是正，および政治分野，行政分野などでの政策・方針決定過程に参加する女性比率の増大である。

　男女平等政策の所管が社会問題雇用省から教育文化科学省に移ったのちに出された2008年〜2011年の政策プランでは，民族マイノリティの女性や少女を対象とする政策や性暴力防止も課題となっている。しかし政策の最初の柱は，依然として女性の労働参加拡大であり，「経済的自立こそが女性解放の種々の課題の基礎となる」こと，(8) そのためには同一労働同一賃金の原則や昇進機会の平等が重要であること

が述べられている [TK 2007/2008: 20]。

とはいえ,種々の世論調査の結果などから,女性の就労時間拡大を促す最大の鍵は,就労と家庭責任との両立を可能にする点にあることがわかっている。そのため,税制改革により共働きのインセンティヴを高めるばかりでなく,保育の質の向上,育児休暇の延長,拡大学校の増加といった「仕事とケアの組み合わせ」をより容易にするための方策が列挙された。さらに,女性に負担がかかっている家事の一部外注化を進めるため,家事サービス業の拡充なども盛り込まれた。

意志決定レベルの役職に就く女性を増やすための方策としては,「トップをめざす才能憲章 (Charter Talent naar de top)」と名付けた取り組みが 2008 年に始まった。これは人材の多様化,とりわけ女性の積極的登用を進める意欲のある企業の自発的参加を基礎とするもので,参加企業は女性役員の比率を高めるためにそれぞれ数値目標を掲げ,毎年その達成状況を報告する。その報告内容を独立の委員会が分析し,各企業の取り組みに見られる問題点や成功の秘訣をレポートにまとめることになっている。これまでの参加企業は 199 社に上った [Merens 2012] が,オランダを代表するトップ企業からの参加が少ないことが問題視されていた (*de Volkskrant* 紙, 2011/5/26)。

しかし,2011 年 6 月に国会を通過した経営と監査法 (Wet Bestuur en Toezicht) により,従業員 250 人以上の企業すべてにおいて,経営陣(取締役および監査役)の女性比率と男性比率を両方 30％以上とするよう求められることになった。2013 年 1 月から施行されたこの法律に罰則規定はないが,2016 年までに数値目標を達成できない場合は,年次報告でその理由を説明する必要が生じる。

ちなみに上記の憲章への参加企業の場合,2011 年時点で上級管理職に占める女性割合の平均は 18.5％であった。ただし,企業別あるいは産業別の格差が大きく,憲章発足後,女性比率が多少なりとも増えた企業は半分強にとどまっている [Merens 2012]。最新の「解放モニター 2012 年版」の報告によれば,大企業の女性役員は 2000 年以降

漸増しているものの、目立った増加とはいえない。ただし、トップ250社について見ると、役員クラスのすぐ下の役職段階にある女性は平均で17％、2段階下は27％と、女性管理職は層として厚みを増している。問題は、この「トップに次ぐ」地位にいる女性たちが、必ずしももっと上をめざしたいと考えていない点にあるのではないかと、「解放モニター」は分析している。それ以上昇進すれば、「いつもオフィスにいる」ことを余儀なくされる可能性が高まるからである［Merens *et al.* 2012: 130］。いいかえればこれは、「パートタイムでも」より上位の役職に就ける状況が生まれない限り、女性役員が飛躍的に増えることがないだろうという読みでもある。

オランダの女性たちが専業主婦として家にとどまり、家事と育児に専念するのではなく、またフルタイムで仕事に邁進するのでもなく、ここまで「パートタイムで」働きたいと考えるのはなぜなのか。これは女性のさらなる就労拡大を進めようとしてきたオランダ政府にとっても最大の問いである。これまでも何度かふれてはきたが、ここで再度、女性たちの間にこれほど根強いパートタイム選好が存在する理由を整理してみたい。

パートタイムで働く理由

第4章から6章にかけて紹介した私自身のインタビュー調査の対象者は、多くが高学歴でホワイトカラーの、とりわけ専門職に就いており、パートタイムであっても比較的長い就労時間を選択していた。一方、多くの統計調査から明らかになっているのは、低学歴の女性ほど短いパートタイム勤務に就く傾向が高いということである。

そこで、やや古いが、低学歴女性を対象とした2000年のインタビュー調査［Knijn & van Wel 2001］の結果から、小パート（19時間以下）もしくは中パート（20〜27時間）の勤務に従事している女性が、どのような理由で現状の働き方を選んだのかを見てみることにしよう。

まず働く理由としては，家計補助を挙げている人が多い。そうした補助収入は，子どもの教育，住宅の購入やリフォーム，より贅沢なバケーションに充てるほか，子ども用のブランド衣料，そのほか「(夫の収入だけでは手の届かない) もっと素敵で，もっといいもの (*leukere en luxere dingen*)」[Knijn & van Wel 2001: 145] を買うためのものである。一方，保育料の支払いが必要になったり，収入によっては夫の所得税控除が減額されたりするため，妻の就労がかえって高くつくと考える夫もいる。それでも手元にいくらか残ればいいと，夫の反対を押し切ってパートタイム勤務に出る女性たちには，経済的理由以外の大きな理由もある。それは「ただの主婦ではいたくない」ということだった。

　このインタビューでは，専業主婦でいることを「何もしていない (*niets doen*)」「家で座っているだけ (*thuiszitten*)」あるいは「退屈 (*verveling*)」と形容する母親たちが非常に多かったという [Knijn & van Wel 2001: 155]。子どもが成長して手を離れたためにそう感じる人もいるが，小さい子どもがいても，「家に一日いるのは私に向かない。掃除機に話しかけそうになった」(子ども3人，20時間勤務)，「私には自分自身の生活が必要。一日中家にいるなんて考えられない。すごく退屈してしまう」(子ども6人，25時間勤務) といった声が上がっている。週3日働いている2人の子の母親は，「私にとっては，子どもが何よりも大切」といいつつ，「でも誰だって週に24時間くらい働けるでしょ。(子どもの送り迎えを理由に) 学校に入り浸りで，どうでもいいことをしゃべっているお母さんたちを見ると，週2日でも働いてみたらといいたくなる」と語る。

　一般に低学歴女性の間では，保育所などのフォーマルな保育に子どもを委ねることへの抵抗が大きく，「自分たちの手で」子どもを育てることに価値を置く伝統的な考え方が今も根強いといわれる。そうであったとしても，子育てだけに専念する専業主婦の姿は，2000年の時点ですでに否定的なニュアンスで受けとめられていたことがわかる。

　むろん母親たちの就労動機には，経済的必要や専業主婦でいること

への抵抗感といった消極的理由ばかりでなく，「視野が広がる」「社会的接触が大事」「自分の成長のため」といった積極的なものもふくまれる。にもかかわらず，今後フルタイムで働く意志を持っている女性はひとりもいなかった。その一方で，経済的理由で働き始めた人のなかでも，家計補助の必要がなくなったら仕事を辞めたいという声は皆無だったという［Knijn & van Wel 2001: 162］。[13]

つまり，仕事だけ，あるいは家事・育児だけといった何かひとつのことに専念する生き方ではなく，「家庭責任をきちんと果たしながらも社会の一員として働く」というスタイルこそが，比較的短いパートタイム勤務に従事する女性たちの間でも望ましいと考えられているわけである。これは，第4章で紹介した事例から導き出した結論とも一致する。そして重要なのは，このような理想のスタイルの枠内で，一人ひとりが自分に合った選択を試みているということである。たとえば週に何日なら子どもの世話を頼める人がいるか，あるいは保育所に預けてもかまわないか，どの程度なら家事に支障をきたさないか，といった家庭内の要因と，どんな仕事に価値や面白さを見いだすか，そういう仕事は週何時間程度の勤務を条件としているか，といったいくつかの条件をすり合わせつつ，具体的な就労時間やワークスタイルが決定される。

私自身がインタビューした女性たちの場合は，フルタイムに準ずる時間数（28時間以上），あるいは日数（週4日）を，仕事の質との兼ね合いで意識的に選んでいる人が少なくなかった。「フルタイムで働くことも専業主婦になることも絶対にいや」というアーニャ（表4‐1, No.15）は，2人目の娘が生まれてからの3年間，仕事を辞めて家にいたこともある。子どもの小学校入学を機に再就職し，インタビュー当時は中央省庁の法規部門で働いていた。週27時間勤務のパートタイムだが，1日6時間の勤務を4日こなし，残りの3時間は在宅勤務扱いにしている。

この働き方が気に入っているの。女の人の多くは取るに足らないような仕事を（パートタイムで）しているけど，私はちゃんとした仕事を持っているから。

　　でも，家にいて，お掃除したりするのも好き。（自分が住んでいるような）大きな家は，手入れが必要だからね。それに買い物をしたり本を読んだりする時間があるほうがいいし。　　　（アーニャ，2007/9/12）

　出勤日数が週4日の場合と週3日の場合とでは，仕事の中身や周囲の接し方も変わってくる。第4章の事例2のメリアムが悩んでいたように，同じパートタイムでも，週4日から3日に減らすと，降格を余儀なくされる場合もある。もともとパートタイム勤務があたりまえのように行われているNPOセクターの場合でも，「週3日と週4日では感じが全然違います。3日のときは，パートタイムでしかないという感覚がありましたけど，4日になるとフルタイムとまったく変わりません」（バウチェ，2008/3/14）という。いずれにしろ，パートタイムの枠内での就労時間の違いは，個人を取り巻く経済状況だけでなく，それぞれが持つ子育て観，仕事観に左右されているといえる。さらに子育て期の女性に関しては，夫をふくむ周囲の人の協力の度合いも，働き方の決断に大きな影響を及ぼす。(14)

　しかし，オランダ人女性がパートタイムで働く理由は，今や子育てだけではない。2006年の数字だが，働く女性のうち，40代以上で18歳未満の子どもがいない人の73％，30代以下で子どもを持たない人の38％が，パートタイム勤務に従事している［Portegijs et al. 2008: 17］。つまり，世話を必要とする子どもがいなくても，パートタイムを選択する女性が少なからず存在するのである。では，子育て以外の理由とは何だろうか。

　就労と家庭責任の折り合いをつけるために，フルタイム勤務からパートタイムに切り替えたり，パートタイムで再就職したりした人々が，子育てから解放された後に改めてフルタイム勤務を選択するかどうか

という問題は，オランダで長らく論議の的となっていた。人件費の関係でもともとパートタイムに限定された職を別にすれば，パートタイム就労者がフルタイム契約に戻ることは法律でも認められている。だが，世代ごとのパートタイム就労率などを検討した中央計画局（CPB）のレポートによれば，出産などを機にフルタイムからパートタイムに移行した女性たちが，ライフステージのさらなる進行に伴って再びフルタイムに戻ってくる気配はまったくなかった。それどころか，若い世代の女性たちは，独身でもパートタイム勤務を選択する例が増えつつあるという［Bosch *et al.* 2008］。

それはなぜか――「仕事以外のこともしたいから」というのが多くの場合の回答である。

「人生には，仕事以上に大事なものがある」

たとえば第4章で紹介した事例1の夫婦は，NPOセクターでともにパートタイム勤務に就いていたが，かつては2人ともフルタイム勤務の経験がある。子育てとの両立という意味ではパートタイム労働が理想的であったとしても，将来子どもが手を離れた頃にフルタイムの働き方に戻る可能性はないかとそれぞれに尋ねたところ，2人とも，答えはノーだった。

> （子育てがなくなっても）週4日しか働かないことで退屈したりはしないと思います。4日だけ働くのは普通だし，オンとオフのバランスが気に入っていますから。たしかに昔は週40時間のフルタイムだったけれど，その頃はまだ若かったですし。
> 　私にとって仕事をしていることは大事です。キャリアを築く必要はないけれど，挑戦しがいがあることをいつもしていたいんです。
> 　でもほかのこともしたい。仕事以外の，ほかのこともしたいと思う気持ちははっきりしています。たとえば旅行するとか，（将来，大人

になって遠くにいる）子どもたちを訪ねるとかね。でも，働かずにずっと家にいるのは絶対イヤです。　　　　　　（バウチェ＝妻, 2008/3/14）

　フルタイムの仕事からエネルギーがもらえるような状態だったら，それも悪くないかもしれない。でも私は，友だちと過ごすとか，庭仕事とか，趣味とか，何でもいいけどそういうことをする時間と仕事を組み合わせるほうがいいですね。
　私たちの世代で高学歴の人間は，事情さえ許せば，非物質的な価値を人生に求めるものですからね。　　　　　　（ベナマル＝夫, 2008/3/14）

弁護士から大学の助手に転職した事例 7 のアンヌマリーに同じ質問をしたときは，こんな答えが返ってきた。

　子どもが生まれる前から，フルタイムで働くのはいやでした。自分自身のために充実した時間（quality time）を持つことも大事だと思います。だから，子どもたちがもう私を必要としなくなったら，今度は（平日の休みの日が）一日自分のために使えるようになるわ。
　　　　　　　　　　　　　　　　　　　（アンヌマリー, 2008/3/18）

このように，子どもが手を離れたときこそ自分が好きなことをするための時間が手に入るのだから，わざわざフルタイム勤務に戻るつもりはないという考えの持ち主は，私が会ったなかでも，パートタイムで働く女性たちの多数派を占めていた。社会文化計画局（SCP）によるインタビュー調査で，子育て中ではないにもかかわらずパートタイム勤務を選択している女性が，その理由として挙げたベスト 3 は，「自分のため」「趣味のため」「友人たちと過ごすため」の自由時間を確保したいというものだった［Portegijs *et al.* 2008: 92］。ただし，事例 1 のベナマルのように，男性でもパートタイムの働き方を評価する人がいる事実にも注目する必要がある。

この問題をめぐってとくに印象深かったのは，インタビュー対象者とは別に，就労と子育ての両立を研究対象とする何人かの専門家から話を聞いたときにも，まったく同じ反応が返ってきたことである。

　たとえば，SCPの一員として，このテーマに関する調査研究をいくつも手がけてきた女性研究者を自宅に訪問したときには，彼女自身が大学院を出てからずっとパートタイム勤務をしてきたというので，その理由を尋ねた。すると彼女は，「人生には，仕事以上に大事なものがあると思っているからです。ほかのこともしたいから，フルタイムで働くことは，これまでもこれからもないと思いますよ」と即答した。研究員として週4日勤務していた大学からSCPに転職したときは，本来はフルタイム勤務を想定した職だったにもかかわらず，わざわざ週3日の契約にしてもらったという。その当時すでに2人の子どもたちは小学校に通っていたため，子育てが勤務日を減らす理由ではなかった。じっさいのところ，報告書の締め切り前など，忙しいときは3日以上働いてはいるが，何かあれば出勤しないといえる権利が自分にある，ということを大事にしている。研究職は頭を使う仕事なので，まったく違うタイプの，クリエイティヴな作業がしたいと思い，陶芸に打ち込んでいるとのことだった（ウィル・ポルテハイスとのインタビュー，2006/9/12）。

　たまたまその翌日会うことになった人は，別の政府系研究機関に勤める女性で，オランダ特有のケア観念に関する大著を出版したばかりだった。当時，時短休暇制度と育児休暇制度を併用し，週3日24時間という勤務形態を取っていた。オフの日にあたる平日の昼間，5ヵ月の娘を乗せたベビーカーを押しながら私と一緒に歩いていた彼女は，「私たちオランダ人にとって，仕事は決して生活の中心ではないの。それを大事にすべきだわ。男性も女性もパートタイムで働けたほうがいいけれど，それは必ずしも子育てと両立するためではなくて，ほかのこととの組み合わせでもいいのよ」と静かに，だがきっぱりといった（モニーク・クレマーとのインタビュー，2006/9/13）。

運河沿いの舗道で夕食（2011年）

研究以外の職務が多い大学勤めの身とはいえ，同じ研究者として同じような研究テーマに携わってきた私は，週3日という時間の使い方でこれだけの成果が出せることにも驚いたが，達成感のありそうな研究職に就いていても，仕事は仕事にすぎない，という物言いを新鮮に感じた。「人生には仕事以上に大事なものがある」という言い回しとそれに近い内容は，実はこの2人以外にも，多くの人が口にしていた。

双子を育てながら起業し，週2日のペースから少しずつ仕事を増やしてきたエルマは，「この仕事は趣味みたいなものだから，ついやりすぎてしまう」といいつつも，週末はきちんと休む，子どもの学校休みに合わせて休暇を取るときは仕事関係のメールは見ないなど，一定の区切りをつける努力を常にしていた。そして「仕事は人生の一部だけれど，人生にはほかにも大事なものがある」という（エルマ，2008/3/14）。

もっとも，有償労働を神聖視しない仕事観は，女性ばかりのものでもない。上で紹介した事例1のベナマルのほか，第6章に登場した事例12のマラインは，自分がフルタイム，妻は週3日のパートタイムという典型的な「1.5稼ぎ」タイプで，自分なりのこだわりを持って仕事に取り組んでいたが，やはり「仕事は人生で一番大事なものではない」という言葉をすらっと口にしていた。

もともと，オランダ人は総じて仕事よりも私生活，とくに家族や友

人との関係を優先する傾向が強いことが，国際比較調査でも指摘されている［SCP 2001, van Hoof *et al.* 2002］。

たとえば，「ヨーロッパ価値観調査（European Values Study）」では，「仕事」「家族」「友人・知人」「余暇時間」「政治」「宗教」の5つの項目について，それぞれ自分の生活のなかでの重要度を「非常に重要」から「重要ではない」までの4点評価で尋ねている。オランダで「非常に重要」と回答した人の割合がもっとも高かったのは，順に「家族（80％）」「友人・知人（59％）」「余暇時間（52％）」「仕事（48％）」「宗教（18％）」「政治（10％）」であった［Halman 2001］。家族を重要と考える人が多い国はほかにもたくさんあるが，オランダは仕事の重要度が相対的に低く，友人・知人や余暇時間の重要度が相対的に高いという特徴を示している［van Hoof *et al.* 2002］。

表7-1 雇用者が生活のなかで重要視する要素

生活を楽しむこと	85％
家庭生活	74％
友人・親族	69％
身体的健康	65％
収入	54％
自由時間	37％
自己啓発	26％
社会的コミットメント	22％
責任の遂行	19％
精神的成長	14％
地位や権威	6％
権力・影響力	3％
その他	3％

出典：Randstad Nederland 2005: 9
注：回答者数＝3202人

オランダ人の私生活優先傾向は，表7-1に示した大手人材派遣会社の調査（2005年）からも明らかである。雇用者として働くオランダ人に自分の生活で重要と考える要素を選んでもらったところ，「生活を楽しむこと」「家庭生活」「友人・親族」といった私生活にまつわる項目が上位に並び，「収入」は5位となっている。

だがこのように男女を問わず，生活のなかに占める仕事の位置が絶対的なものではないとすれば，なぜとりわけ女性のほうにパートタイム選好が強い状態が続いているのだろうか。

上でも見たように，フルタイムを忌避し，パートタイムを選択する理由として女性たちが挙げる理由はさまざまであり，一概にこうだと結論づけることはむずかしい。だが，ひとつはっきりしているのは，

コンビネーション・シナリオが想定したような，女性は有償労働へ，男性は無償労働へという「相互乗り入れ」が，理念上は広く受け入れられている一方で，男性は有償労働，女性は無償労働により多くの時間を割くという，現実の偏りに関しては，期待されたほど大きく是正されていないということである。すでに論じたように，子育てだけでなく，家事や介護といったケア領域の義務を主として女性が担うという家庭内の性別分業に目立った変化が見られないまま，男性＝フルタイム，女性＝パートタイムという就労パターンのジェンダー差がむしろ固定化する傾向にある。

主流化するパートタイム就労と選択の自由

仮に男性自身が家事や育児に積極的にかかわる意志を持っていても，じっさいにパートタイム勤務を申し出るのがむずかしい職場も多いことは，前章でふれたとおりである。上で紹介した低学歴女性対象のインタビュー調査でも，夫の勤務に関しては，「フルタイム以外の選択肢がありえない」と語る妻が多かった。しかし，この点については，上述の研究者が次のような指摘をしていた。

> 男性の場合は，パートタイムで働きたいと考えたとしても，「うちの職場では無理だろう」「パートタイムでは昇進が見込めない」といった理由で，交渉を早々にあきらめてしまうことが多いようです。
> でも，女性が同じことをいったらどうなるでしょうか。「掛け合ってみたけど，駄目だったの。だから子どものこと，お願いね」と相手に子育てを任せてしまうことはできないでしょう？ 女性だったら，転職してでも，パートタイム勤務を勝ち取るはずです。
> ところが男性は，無理だよとか駄目だったとかいって，フルタイムを続ける。たしかに経済面でも昇進面でも，パートタイムでは不利になることがあります。それを男性は望まないんです。

(ウィル・ポルテハイスとのインタビュー，2006/8/29)

　つまり，男性＝フルタイム，女性＝パートタイムという「1.5稼ぎ」タイプの世帯があまりに自明の存在となっている現状では，男性のほうは無理をしてまでパートタイム勤務に切り替える必要を感じないということだろう。また，第4章のいくつかの事例にもあったとおり，子どもが小さいうちは育児休暇や勤務日数を圧縮する「4×9戦略」を使うことによって育児に時間を割いたとしても，子どもの小学校入学や卒業といった節目に，夫のほうがキャリア重視の路線に戻るという選択も見られる。

　しかし，妻の側は，育児に代表されるような「仕事以外」の要因と仕事を組み合わせる必要が出てくれば，ごく「自然に」，あるいは職場を変えてでも，パートタイム勤務を選択する。夫をふくむ家族や友人たちも，そして彼女たち自身も，それを当然視しているからである。その後，子どもの成長に伴って余裕ができた分の時間は自分のために使うことを優先し，キャリア・アップを望まないというスタイルについても，周囲から疑問を投げかけられることはない。逆に，子どもがいるのにフルタイム勤務を続けたり，高学歴でも専業主婦になったりという選択に対しては，社会的プレッシャーがかかる。裏を返せば，女性と男性の働き方にはそれだけ異なる規範，いわゆるダブルスタンダードが適用されていることになる。その意味では，本章の冒頭で紹介したメースの主張，つまり主流を占める「1.5稼ぎタイプ」は伝統的な性別分業モデルを「フェミニズムでちょっと薄めた」にすぎないという批判は，あながち的外れでもない。

　オランダ女性のパートタイム選好の理由を多角的に分析したSCPのレポートは，こうした状態の持続を「悪循環」と呼んでいる。「パートタイムで働く妻は，フルタイムで働く夫より長い時間家にいる→したがって，家事や育児の負担がより重くなるのは仕方がない→家事や育児の負担を抱えている以上，フルタイム勤務やより長時間のパー

トタイム勤務はできない」というのが悪循環の構図である［Portegijs *et al.* 2008: 132-133］[15]。

このレポートが刊行された 2008 年は，すでに言及した「タスクフォース・パートタイムプラス」という政府の特命チームが発足し，女性の就労時間拡大のための具体策を練るという目的を掲げて，調査やメディア・キャンペーンに着手した時期である。しかし，このタスクフォースも，女性の圧倒的多数がパートタイム勤務を望んでいるという前提そのものを崩す試みはしていない［Taskforce DeeltijdPlus 2010］。取り組みの主眼はむしろ，12 時間未満の，とくに短いパートタイムに従事している女性たちをメインターゲットとして，現状より就労時間を増やしてはどうかという働きかけをすることにあった。ところが，2006 年から 2011 年の間に，女性の週あたり平均就労時間は 0.6 時間しか増えていない［Merens *et al.* 2012: 59］。経済学者ヤネケ・プランテンハが評したように，オランダ人女性は「政策に逆らう（*beleidsresistent*）」のである［Plantenga 2006］。

その最大の理由は，この章の初めに述べたような，「選択の自由」という意識にあるのではないだろうか。「政府にこうしなさいといわれるなんてまっぴら」という前述の司書の言葉は，私の知人たちも時折口にしていた。2006 年の総選挙で，各党がこぞって公的保育の無償化あるいは保育料の大幅な引き下げを公約に掲げたことがあるが，そのときも一般女性たちの反応は，「保育所がタダになったからといって，子どもを預けっぱなしにしたりはしないし，今より長く働いたりする気もない」「私たちはスウェーデン人じゃない」（*de Volkskrant* 紙，2006/9/9）[16]というものだった。

つまり，女性たち自身は，パートタイム就労の継続を悪循環の結果とは考えていないのである。自分たちの母親世代が経験してきたような，結婚と同時に専業主婦になるしかないという「強制された選択」から自由になり，率先してパートタイム勤務に就くようになった今の 50 代以下の女性たちは，そのことによって，仕事とケアを組み合わ

せるという新しい理想像を体現することになった。その夫たちは，夫婦による共同のケアという理想そのものは受け入れたものの，現実に働き方を大きく変えてまでその理想を実現するにはいたらなかった［Kremer 2007］。したがって，夫やそのほかのケア要員による貢献が十分に確保できない場合には，妻が自分の就労時間を少なく抑えることで，ケア・スケジュールの空白を埋めることになる。

このように，ケア・ニーズの充足可能性を織り込んだ女性の就労パターンがパートタイムに偏ったことにより，子育て期の女性にとってはパートタイムこそが標準の働き方となった。その後さらに，ケア・ニーズに直面していない女性たちもふくめて，パートタイム就労が，ますます女性にとってのあたりまえの選択となってきたのである。

その結果，現代オランダにおけるパートタイム就労は，子育ての制約を強く受けた働き方というよりも，ある個人の生活が常に仕事と仕事以外の何かの組み合わせから成り立つ状況をたやすく実現してくれるしかけという側面が強くなった。だからこそ，女性たちは「獲得した権利」としてのパートタイムを手放そうとはしない。むしろその枠内で，それぞれの価値観（何日まで保育所に預けるか，どういう仕事に就きたいか，パートナーとの分業をどこまで受け入れるか，など）に従って，具体的な時間数を決定しようとするのである。むろん公的保育の質や料金，税制上の優遇措置など，社会政策と直接かかわる要素も考慮の対象には入っているはずだが，それ以上に，子育てであれ，趣味であれ，自己啓発のための活動であれ，自分が「仕事以外に」大事だと考える要素に費やす時間をどれだけ確保できるかが重要なポイントとなる。すなわち，女性たちの眼前にあるのは，フルタイムかパートタイムかという二者択一ではなく，もっと多様な選択肢であるといえる。

「新しい働き方」へ

この章の冒頭で取り上げたように，オランダ国内では女性たちが手

にした「選択の自由」をめぐって，女性たち自身の間にも意見の対立がある。すでに紹介したヘレーン・メースやマリーケ・ステリンハのほかにも，『心の狭いブルジョア主婦，万歳』[Jurgens 2007]，『オランダの女はうつ病にならない』[de Bruin 2007]，『甘やかされたお姫様たち』[Drayer 2010] など，30代から50代にかけての女性ジャーナリストたちが次々に著作を発表し，オランダ女性の生き方の是非をさまざまに論じてきた。そのなかでやや異色なのが，ロース・ワウタースによる『キャリア女とパパの日』[Wouters 2011] である。この本では，「新しい働き方（*Het Nieuwe Werken*）」というコンセプトのもとに，決まった就業時間と就業場所に縛られない，真に柔軟な働き方が一般企業でも可能になれば，女性も男性も，自らが望むワーク・ライフ・バランスを実現しつつ，キャリアを築くことができると謳っている。

　実のところ，就労形態の柔軟性をより高めるという方向性は，政府の調査機関や諮問機関からも支持を得ている。SCPのレポートでは，男性の無償労働への参画をいっそう促すような働きかけを行うほか，共働き世帯に対する税の優遇措置の導入，さらに勤務時間の柔軟化やテレワークの奨励により，働く時間と場所を私生活のニーズに応じて選択しやすくすることなどを提案していた [Portegijs *et al.* 2008: 133-134]。タスクフォース・パートタイムプラスはさらに踏み込んで，画一的な生活スタイルを前提に組み立てられている現行の社会的基盤（税制，勤務時間などをふくむ労働条件，社会サービス，学校の授業時間割や休暇スケジュールなど）の大胆な見直しを呼びかけている [Taskforce DeeltijdPlus 2010]。これらの点は，オランダ政府が2000年代から取り組んできた時間政策の推進とも絡んでくる。

　次章では，こうした背景のもとに進行しつつある時間と空間の柔軟化の度合いと，それがオランダ社会にもたらす変化の意味について考察したい。

Pauze パウゼ 6

誕生パーティ verjaardagsfeestje

　オランダ人家庭のトイレの壁には，書き込みのたくさん入った月別カレンダーがかかっていることが多い。カレンダーとはいえ，毎年取り替えるものではなく，曜日の入っていない日付の横にいろいろな人の名前と生年が記してある。これは家族や親戚，友人などの誕生日を記録しておくための「誕生日カレンダー（*verjaardagskalender*）」なのである。たまたまこのカレンダーを家に常備していなかったという知人は，大事な誕生日を続けざまに忘れる失態を犯したため，あわてて買いに走ったそうだ。誕生日を祝うことは，オランダの社会生活において重要なイベントのひとつである。

　大人の場合，誕生日には本人がケーキを用意してふるまうことになっている。職場でも，その日誕生日を迎える人が大きなケーキを持ち込んで，昼休みにみんなで食べたり，休憩室にご自由にどうぞと置いておいたりする。

　週末になると，自分の子ども，子どものいとこや友だち，自分の親やきょうだいなど，誰かしらの誕生パーティが頻繁に開かれる。小学校入学前の小さい子どもの誕生日は，祖父母を始めとする親戚や親の親しい友人などが集まるだけですませるが，子どもが小学生になると，家族・親族中心のパーティに加えて，子ども自身の友だちを招いてのパーティを別の日に開く。子ども向けのパーティは，さまざまな趣向が凝らされるのが通例のため，子育て雑誌などには，誕生パーティ用のごちそうや部屋の飾りつけのヒントなどがよく紹介されている。

　ある友人の場合，8月から9月にかけてほぼ2週間おきに息子，妻，娘の誕生日が来るため，その時期は大忙しだという。たとえば8月24日生まれの息子については，誕生日当日は外食をするなど家族だけでシンプルにお祝いする。その前後の週末には，息子の同級生を呼んで，

「海賊」「騎士」など年替わりのモチーフを設定したパーティを開く。ある年のモチーフは「バットマン」で、子どもたちは父親が手作りしたバットマン・バッジをつけて宝探しゲームをした。バースデーケーキも、バットマンのいでたちをした息子の似顔絵をケーキ屋さんに持ち込み、そのイラスト通りのデコレーションをしてもらうという凝りようだった。そこまでやる彼自身、最近は親たちが競い合う風潮もあるとかで、ちょっと加熱気味だと指摘する。

子どもが大きくなってくると誕生日の祝い方も変わり、テーマパークなどに連れ立って出かけたり、寝袋持参でお泊りパーティをしたりもする。私が参加したなかでもっとも大がかりだったのは、町のアイスリンクを1日貸切りにしてもらい、子どもの同級生とその親や近所の人たち、友人たちを大勢招いて、みんなでスケートをするというスタイルだった。

高齢になった親の誕生日には、成人した子どもたちに加え、孫たちも勢ぞろいする。夫婦と未成年の子どもたちという、核家族中心の生活を送っているように見えるオランダ人だが、このように、誕生日を理由に親族一同が集まる機会はかなり頻繁にある。

週3日のパートタイムで働いている女性にその理由を尋ねたとき、「週末はしょっちゅうパーティ（*feestjes*）があって忙しいから」、週末以外に休みの日が必要なのだといわれたことがあるが、誕生パーティが開かれる頻度を考えると、たしかにそういう面もありそうである。

ただ、冒頭に紹介した誕生日カレンダーは、若い世代の間ではあまり使われなくなっている。スマートフォンやFacebookで誕生日データが管理できるようになったからだそうだ。

トイレに常備される誕生日カレンダーには、誕生日だけでなく、家族や知人の結婚記念日なども記されている（2013年）

お父さんお手製のイラストを使ったバースデーケーキを囲んで（2006年）

8

オランダ社会の変化のゆくえ

自宅にオフィスを構える起業家の女性（2013年）。広くはないが、明るく、仕事に集中しやすいスペースになっている。夜、寝る前にここでメールをチェックするのが彼女の日課。

日曜日が変わった

　ある新聞記事を読んだのがきっかけで，ゼーラント州のイェルセケという町を訪ねたことがある。ムール貝やカキの養殖で有名な場所だが，同時に敬虔なプロテスタントの信者が多いことでも知られる。私の興味を引いた記事には，2011年当時話題になっていた，店舗営業時間の規制緩和をめぐって，教会に行くべき日曜日に商店が営業するなどとんでもないことだという，町の人の意見が載っていた。

　じっさいに行ってみると，人口6000人あまりの町に5つも教会があり，日曜日の礼拝が終わる時間には，よそゆきのきちんとした服に身を包み，帽子をかぶった祖父母世代，親世代と子どもたちが和やかに通りを行き交っていた。もちろん，通りに並ぶ店はすべて閉まっている。全国チェーンのスーパーマーケットさえも，である。

　一方，私が滞在することの多いライデンでは，今ではほとんどの店舗が，日曜もあたりまえのように営業している。この地域が店舗営業時間法の特例対象となっているためである。街なかに点在している大手スーパーは，週末もふくめ，連日夜遅くまで開いている。

　イェルセケで閑散とした，だが教会の存在が中心となる日曜日を体験してみると，週を通じての生活時間のリズムがいかに変わってきたかを改めて思い知らされた。ライデンの日曜営業が始まった頃，若い友人が，家族連れで賑わうデパートを横目で見ながら，「日曜日が日曜日らしかった頃が懐かしい気がする」と漏らしたことがあったが，その気持ちが少しわかるような気もする。

　1980年代末にオランダを短期で訪ねていた頃は，どの店も日曜日はおろか，月曜日も午後1時まで閉まっているのがあたりまえだった。そのため，必要な買い物は土曜のうちにすませておく必要があったのを思い出す。土曜日には運河沿いに定期市が立ち，街の中心部は買い物客でごったがえすが，翌日には通りという通りが嘘のように静まり

週2回立つ市場での買い物はライデン市民の楽しみ（2011年）

かえるのを見て，いささか不思議な感覚におちいったものである。だが，その当時すでに，日曜日の礼拝に必ず出席するという人の数は多くなかった。

　少なくとも1950年代半ば頃までのオランダの人々の日常は，家庭，教会，職場という3つの場を中心に，規則正しい時間秩序のもとに組織されていたという［van den Broek *et al.* 1999: 9］。さらに，大多数の家族は，夫＝稼ぎ手，妻＝専業主婦という役割分担モデルを踏襲していたため，平日は夫が仕事に出，妻は家で家事と育児に専念し，日曜は家族そろって教会に通うのが，どの家庭にも共通して見られる姿であった。「すみずみまで掃除が行き届き，きちんと片付いた家で家族は身なりを整えて日曜を迎える「オランダの理想」」を実現すべく，家事のやり方も定型化した週間スケジュールに沿っていた［Wilzen-Bruins 1962: 25］。つまり，社会全体が一定の生活リズムを共有してい

8　オランダ社会の変化のゆくえ　　*177*

たのである。[2]

　ところが，現代のオランダ社会は大きく姿を変えたといわれる[SER 2011: 13]。この章では，これまでの章で扱ってきた既婚女性の就労増大，パートタイム労働の広がり，柔軟な勤務時間や保育政策の変化など，オランダ社会におけるワーク・ライフ・バランスのありように深く結びついている要素が，時間と空間の組織にどのような影響をもたらしてきたかという点に注目したいと思う。そこには，それぞれの時代の政府が立案してきた社会政策も重要な意味を持っている。だがそれ以上に，自らの生活についてこうありたいと願うオランダの人々自身の気持ちが，色濃く反映されているように見える。

生活時間の変化

　オランダの社会文化計画局（SCP）は，1975年から2005年まで，5年ごとに大規模な生活時間調査を実施してきた。毎回，10月のある1週間について，15分刻みの活動記録をつけてもらうという方式を取っている。2005年調査以降は，国際比較を可能にするという観点からヨーロッパ統計局による別の調査手法を採用したため，経年変化がたどれるのは1975年から2005年までの30年間である。

　この30年にわたる7回分の調査結果を分析したSCPの報告書を手がかりに，オランダ社会の変化の軌跡をたどってみよう。

　生活時間調査の分析では，1日の生活時間を，必需行動（睡眠，食事など日常的に必要不可欠な行動），拘束行動（有償労働，家事，育児などのケア，学業など，義務性・拘束性の高い行動），自由行動（レジャーや休息などの自由時間）という3つの大分類に分ける方法が用いられる。

　20～64歳人口について見ると，この30年間の変化としてまず目につくのは，拘束行動に費やす時間が一貫して増えてきたという点である[Breedveld *et al.* 2006: 13-16]。拘束行動時間の総計は，1975年から2005年にかけて，週あたり5.2時間増加した。逆に自由行動に割く

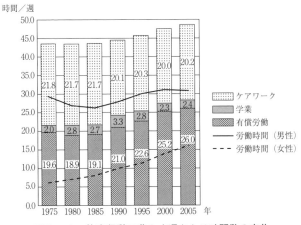

図 8 - 1　拘束行動に費やす週あたり時間数の変化
（20〜64歳，1975〜2005年）

出典：Breedveld *et al.* 2006: 13をもとに作成。

時間は減少した。他方，必需行動の時間，つまり睡眠，食事，身づくろいなどに費やす時間は，この間ほとんど変わっていない。したがって，生活時間に占める「しなければならないこと」の割合が増えたのに対し，自由に使える時間が相対的に減っていることになる。

　図8‐1が示すように，生活のなかの拘束行動，つまり「しなければならないこと」のうち，とくに増えたのは労働時間である。とはいえ，就労者の週あたり実働時間に大きな変化は見られないことや，上記のように必需行動時間にも差はないことを踏まえると，睡眠時間を削って長時間働く人が増えたというわけではない。これは，より多くの女性が就労することによってもたらされた変化である。とくに1990年代以降の増加が目立つ。

　男女別に見ると，20〜64歳女性の平均労働時間は，1975年に6.1時間だったのが2005年には16時間となった。一方，男性のほうは1980年代の不況期にいったん減った後，90年代以降に上昇に転じた

が，1975年からの増え幅は1.8時間にとどまっている。

　女性の就労拡大は，社会全体の個人化，柔軟化そして世俗化といった変化と軌を一にした動きである。教会勢力が次第に影響力を失うとともに「脱-柱状化（ontzuiling）」が進み，一人ひとりが自分の希望に合わせたライフコースを選ぶことが容易になった。この過程で，パートタイム中心ではあるものの，既婚女性の就業が珍しくなくなっていく。同時に単身世帯の比率も増加し，夫婦間の性別分業を基盤とする家族のあり方が，社会の主流から外れるようになっていった。

　こうした変化を振り返るとき，時間の使い方に影響を及ぼした要因として必ず言及されるのは，1996年に施行された2つの法律である。

　まず1996年1月施行の改正労働時間法（Arbeidstijdenwet）では，労働時間の規制緩和が進められ，年間39日までは日曜出勤が可能になったほか，事業所ごとに必要に応じて労働時間の調整ができることになった。また，6月施行の店舗営業時間法（Winkeltijdenwet）では，これまで厳しく制限されていた商業施設の営業時間が拡大され，月曜から土曜までは朝6時から夜10時までの開店が認められたほか，例外規定により，年間12日までは基礎自治体の裁量で日曜営業も許可されることになった［van den Broek & Breedveld 2004: 4］。こうした規制緩和を進めたのは，戦後初めてキリスト教系の政党抜きで成立した，労働党と自由党の連立政権である。キリスト教勢力からは，商店主や従業員の労働超過を招くという理由で反対が表明されたというが，これらの法律は，日曜という，本来は教会の礼拝に出席するだけの安息日だったはずの曜日の性格の変更を決定づけるものでもあった。

　したがって，この2種類の法改正は，夫が生計を支え，妻が家庭を守るというライフスタイルがもはや「標準」とはいえなくなりつつあった時代に，「標準的な生活時間」からの逸脱を認め，より柔軟な時間の使い方を公に奨励する役割を果たしたといえる。

　その頃から，「24時間経済」という言い回しがメディアでもよく紹介されるようになり，国際競争力を維持していくうえで，平日の9時

から 5 時までという定型的な働き方だけでは通用しない時代が来たという認識が広がり始めた［van den Broek *et al*. 1999］（*Algemeen Dagblad* 紙, 2000/5/5）。まず，昼間の時間が自由になる専業主婦の数が減れば，平日の夕方以降や週末に買い物ができる状態が必要となる。だが夕方以降や週末に店舗を営業するということは，その時間帯に勤務に就く人が求められるということでもある。つまり，24 時間いつでもどこかで働いている人がいることが前提になるような社会の到来が予測されるなか，ある種象徴的な意味を持ったのが，労働時間と店舗営業時間に対する規制緩和策であった。

　では，オランダ人の生活リズムは，1990 年代半ば以降も，大きく変化し続けたのだろうか。

　1 週間にわたって人々がいつ，どこでどんな行動に時間を費やしているかというパターンを比べたとき，1995 年までの時点で明らかになっていたのは，日曜日がすでに安息日としての性格を失いつつあるということだった［van den Broek *et al*. 1999］。だが，それは「24 時間経済」が浸透した結果として，人々が自分の意志に反して日曜に働かざるをえなくなったことを意味するわけではない。

　日曜に働く人の数は 1970 年代に比べて増えたが，それはほとんどの場合，自営業者や企業の幹部など，勤務時間の裁量がきく人か，あるいはアルバイトに従事する高校生や大学生であった。一般の人々にとっての日曜は，まだ労働日とはなっていない。

　結局，法律上の規制緩和が人々の生活リズムにもたらした直接的影響は，さほど大きくなかったようだ。平日の夕方や日曜日に買い物をする人は，たしかに増加傾向にあるが，買い物の大半を平日の日中や土曜日にすませるという従来の買い物パターンを覆すにはいたっていない［Breedveld *et al*. 2006: 40］。睡眠時間や食事時間の分布を見ても，同じ時間に食事を取る人の割合は減少傾向にあり，ばらつきが以前よりも大きくなりつつあるものの，たとえば平日の昼食を 12 時半前後に，そして夕食を 18 時前後に取る人がもっとも多いという状態は，

1980年から2005年にかけて変わっていない[Breedveld *et al.* 2006: 37]。

勤務時間が平日の9時から5時に集中する状況にも、大きな変化は見られない。平日の夕方や夜、週末の就労者の割合は、1975年から1990年にかけて漸増したが、1990年から2005年にかけては一貫して減っている。ただし、平日の夕方や週末に家事やケアに従事する人は、1990年以降増え続けている[Breedveld *et al.* 2006: 39]。つまり、全体として時間の使い方がまったくバラバラになったというよりも、過去との連続性がある程度保たれる一方で、男女ともに、平日の昼間は主として有償労働に従事し、それ以外の時間帯や週末に家事や育児などの無償労働をこなす人が多くなったという新しい傾向が読み取れる。

「人生のラッシュアワー」を生き抜く

その背後で進行してきたもうひとつの現象は、日常において複数の「任務(タスク)を組み合わせる人(*taakcombineerders*)」の増加である[van den Broek & Breedveld 2004: 18; Breedveld *et al.* 2006: 22]。日本でも既婚女性の就労拡大は、「仕事と家庭の両立」という状況をもたらすことになるが、オランダの場合、これは女性だけの問題ではなく、男性もふくめたより多くのオランダ人にとって、生活が忙しくなったことを意味する。

図8-2からわかるように、職場での有償労働と家庭での家事・育児を「組み合わせる人＝両立者」の割合は、1990年代から男女ともに増え続けている。とくに14歳未満の子を持つ親の場合は、男性も女性もそれぞれ56％が両立者に相当し、週あたり平均57.5時間を「しなければいけないこと」、つまり拘束行動に費やしている[Breedveld *et al.* 2006: 24]。20〜64歳男女の拘束行動時間の平均(48.6時間)に比べると、8.9時間も多い。

このように、子どもを持つ共働き夫婦がもっとも忙しく、時間に追われる生活をしていることから、子どもに手がかかる期間を「人生の

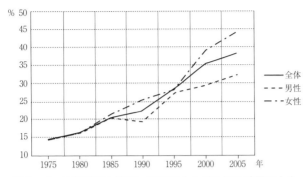

図8−2　有償労働と家事・育児にそれぞれ週12時間以上を費やしている男女の割合（20〜64歳，1975〜2005年）
出典：Breedveld *et al.* 2006: 23

ラッシュアワー（*spitsuur van het leven*）」と呼ぶ研究者もいる［Knulst & van Beek 1990］。

「人生のラッシュアワー」にあたる人々が経験する忙しさの背景にあるのは，働く女性が増え，共働き家庭が一般化した一方で，従来から持続してきた価値観，つまり家庭内での子どもの世話を重視するという考え方のもとに，子育てにかける時間が減少するどころか，むしろ増えているという事実である。

表8−1は，17歳以下の子どもと同居している男女が，広い意味での育児（身体的な世話や看病のほか，本の読み聞かせや一緒に遊ぶなど）に費やす時間の経年変化を示したものである。男性よりは女性のほうが，また就労している母親よりは専業主婦の母親のほうがより多くの時間を費やしているが，どのカテゴリーも，育児時間は1980年から一貫して増加している。学歴による差はほとんどない。高学歴の母親ほど平均就労時間が長いことを考えれば，この点も注目に値する。

また，育児のなかでも，とくに子どもと一緒に遊んだり，本を読み聞かせたりといった情緒的なかかわりに注目すると，高学歴の親ほど費やす時間数が多いという指摘がある［Cloïn & Schols 2011: 107］。1

表8-1　週あたり平均育児時間の経年変化
(17歳以下の子と同居する親，1980～2005年)

	1980	1985	1990	1995	2000	2005
全体	6.2	6.9	7.2	8.0	8.9	10.1
女性	9.1	10.0	10.4	11.3	11.9	13.9
男性	3.3	3.6	3.8	4.3	5.4	6.3
低学歴	6.2	6.2	6.7	6.9	7.8	9.3
中学歴	6.9	8.8	7.8	9.2	9.3	10.0
高学歴	6.7	7.2	7.6	7.9	9.6	10.6
就労女性	5.8	7.4	6.3	8.7	8.5	11.5
就労男性	2.8	3.0	3.3	3.9	5.0	5.8
専業主婦	10.0	10.8	11.8	12.7	14.7	16.0

出典：Cloïn & Schols 2011: 104-105

週間のうち家族で一緒に夕食を取る日数は，父親も母親もほぼ5日となっている。フルタイムで働く男女の場合もこれは変わらない［Cloïn & Schols 2011: 108］。

つまり，家庭内の性別分業が薄れ，女性が働くことがあたりまえになってからも，子どもと過ごす時間を確保する傾向はむしろ強まっていること，とりわけ子どもと積極的にかかわる時間が重視されていることがわかる。

ワーク・ライフ・ストレスかエンリッチメントか

1960年代後半からの社会変化を背景に，人々の生活パターンは男性が仕事，女性が家事・育児という性別に基づく編成から，男性も女性も，仕事も家庭もという相互乗り入れが一般化した。男女の時間の使い方はまったく同じにはなっていないが，自分の生活のなかで，収入を得るための仕事とそれ以外の活動のバランスを取ることを重視する人が増えていることはたしかだろう。

では，こうした現状について，当事者たちはどのように感じているのだろうか。2009年の調査によると，「仕事と私生活の間に全体としていいバランスが取れている」と考えている人は，男女ともに6割を超えており，しかもシングルマザーを除けば，女性のほうが高い満足度を示している［Cloïn & Schols 2011: 120-121］。

　また，第2章でふれた「ワーク・ファミリー・エンリッチメント」に相当する状態，つまり，職場での仕事と家庭での仕事の両方に従事することが好循環をもたらしていると考える人の割合も，男性より女性のほうが多い。とくに自分と夫が同じ働き方，つまり両方ともフルタイムかパートタイムで働いているカップルの女性の満足度が高いことは，まさに「2つの世界のいいとこ取り」の結果であるといえるだろう。さらに，両方がフルタイムの場合は，男性の家事分担率もほかのケースより格段に増えるため［Duyvendak & Stavenuiter 2004: 59］，妻の負担感が相対的に少ないとも考えられる。これは，私のインタビュー事例からもいえることである。

　その一方で，「有償労働とケア労働の両立はしんどい」と考える人も男女ともに3割近く存在する。とくに3歳以下の子を持つ父親とシングルマザーの間でそう考える人の比率が高い［Cloïn & Schols 2011: 120-121］。前節で述べたように，男女を問わず，多くの人にとって複数の任務を組み合わせることが日常生活の前提となりつつある社会において，職種や職位によっては希望どおりの働き方を選択しにくい男性や，家庭責任を分担する相手を欠いたシングルマザーのほうが，ストレスを感じやすい状況に置かれていると考えられる。

　しかし，子どもを持つ男女全体を通して見ると，仕事と仕事以外の活動の両立をめぐるストレス（ワーク・ライフ・ストレス）の大きさに影響する要因としては，性別ではなく，子どもの年齢（3歳以下の親がとくにストレスを感じやすい）と，雇い主や周囲の理解が重要であるという結果が示された。また，時間数の多寡にかかわらず，パートタイム勤務者のほうがフルタイム勤務者よりストレスを感じにくいよう

だ。だがその一方で，フルタイム勤務者のほうが，仕事と家庭生活の両立がエンリッチメントをもたらしていると感じる割合が高いことも明らかになっている［Cloïn & Schols 2011: 122］。

とはいえ，現実はなかなか厳しいようだ。あるテレビ局が 2011 年 6 月に放映した「子どもとキャリアの狭間で」という特別番組では，4 組の共働き夫婦の日常を取材したビデオクリップを司会者と取材対象者全員で見ながら，本音トークを展開していたが，画面に映し出されたのは，まさに「ラッシュアワー」と呼べそうな，せわしない生活風景だった(10)。

家族全員の週間スケジュールが記されたリビングルームの黒板，朝の食卓でノートパソコンに向かいながら，娘たちに食事のマナーを注意する妻，ベビーシッターが子どもたちを学童保育に迎えに行っている間にスーパーで買い物をする夫，子どもを寝かしつけてからスカイプで会議を始める妻。そうしたお互いの生活の様子を見ながら，「バランスを取るのがむずかしい」「ふだんは何とかなっていても，子どもの病気とか職場での急用とか，何か突発的なことがあるとバランスが崩れてしまう」といった発言が相次ぐ。「今の状態は（さわると壊れてしまう）トランプの城のよう」「毎日がジェットコースターに乗っているみたい」というコメントにもみながうなずいていた。

この番組に登場したのは，夫婦とも高学歴で，ジャーナリストや歯科医など，フルタイムか，週 28 時間以上の大パートタイムの働き方をしているケースばかりである。ビデオクリップでは，夫も積極的に家庭内の役割を果たしている様子が見てとれた。その意味では，上で紹介した調査結果などに照らしても，総じて満足度が高いカテゴリーに入るはずなのだが，毎日の生活は常に追われる状態にあることがわかる。

時間と場所に縛られない働き方へ

　生計を立てるための有償労働に加えて，家族のケアに代表されるような複数の活動を日常的に「組み合わせる」必要が増大するなか，労働形態の柔軟化は，時間ばかりでなく，場所をめぐっても進行しつつある。第 7 章でもふれた「新しい働き方（Het Nieuwe Werken）」というコンセプトに基づく実践である。これは，職場の上司による管理・監督を最小限にとどめ，いつ，どこで，どのように働くかということについての働き手自身の裁量を拡大することを意味する言葉だが，じっさいには，在宅勤務と同義で使われることも多い。

　「新しい働き方」が時代のキーワードとして頻繁にメディアで取り上げられるようになったのは，2010 年頃である。在宅勤務者が増えれば，交通渋滞が緩和され，環境への負荷が低減されたり，オフィススペースの縮小が可能になることで，経費節減の効果が大きかったりといった利点が強調され，さまざまな企業の実例も合わせて紹介されるようになった。[11]

　たとえば，オランダ IBM は「時間と場所に拘束されない勤務」のオプションを導入する代わりに，職場内保育所を廃止したという。[12] 勤務時間が自由になる分，職場から遠い保育所であっても，送り迎えが可能になるという理由からだ。担当者いわく，「午後 3 時から 4 時の間に，オフィスを出ていく社員がたくさんいます。小学校に迎えに行く人たちです。子どもを寝かしつけた後に，またパソコンの前に座っているはずですけどね」。全社員がすでにノートパソコンとスマートフォンを支給されているため，いつでもどこでも仕事をすることが可能になっている（de Volkskrant 紙，2011/8/9）。[13]

　この例にもあるように，仕事と私生活の両立がしやすくなる，というのも「新しい働き方」を推進する側の売り文句である。一般に，企業の上級管理職の地位に就いていたり，自ら起業をしたりで長時間働

いている女性たちは，働く時間の長さよりも，勤務時間についての自己裁量の大きさを重視する。子どもを持つキャリア女性向けの雑誌，『ロフ』の特集記事「フルタイム勤務でも，いい母親でいられる」では，そういう声がいくつも紹介されている（*Lof* 誌，2011年3/4月号）。

たとえばINGという大手銀行勤務の40歳の女性は，フルタイム勤務で，週40〜50時間働いている。だが，よほど重要な会議が入らない限り，水曜の午後は必ず自宅で，小学生の子ども2人と過ごす。同じくフルタイム勤務の夫も，彼女以上に柔軟な働き方が可能だという。週に2回は妻が朝8時までに出社し，子どもは夫が学校に連れて行くことになっている。同僚は彼女よりも長時間働いているが，会社は「時間数ではなく，成果を見てくれる」し，携帯電話で常に連絡が取れるようになっているため，問題はないのだそうだ。

別の52歳の女性は，コンサルティング会社や銀行勤務を経て，独立した。長時間働くことに抵抗はなかったが，「柔軟性のない勤務と長い通勤時間」がネックだった。起業したことの最大の利点は，時間が自由になることで，「大事なときに息子たちと一緒にいられる」点だという。[14]

「新しい働き方」はむろん女性だけのものではない。私の友人の男性のなかにも，情報技術を最大限に活用し，「時間と場所に縛られない働き方」を地で行くような人がいる。そのうちのひとりで，何年も前に仲間とともに事業を起こしたエドガー（表4-1, No.4）は，オフィスを自宅とは別に構えているが，スマートフォンとノートパソコンを使えばどこでも仕事ができるといい，じっさい業務の大半は家で片付けている。

たとえば，毎朝6時に起きて，子どもが目を覚ますまでの45分間に，スカイプで外国の取引先とのやりとりをすませてしまう。もともと出張の多い仕事だったが，自分が家を空けると，同じく自営で仕事をしている妻に育児のしわ寄せが行くことになるため，なるべく影響が少ない日数とタイミングを計って出張を入れるようにしている。

私が夕食に招かれた日は、寝るまでにあとメールを2通送れば、今日の仕事は終わりだといっていた。その翌日は、朝9時半に近所でひとり暮らしをしている母のところに手伝いに行き、その後、他都市に出張するが、午後は息子のホッケーの練習があるのでそれまでに戻ってくる予定だった。

　彼がパソコンやスマートフォン上でスケジュール管理をしているカレンダーアプリを見せてもらうと、夫婦両方の仕事関係

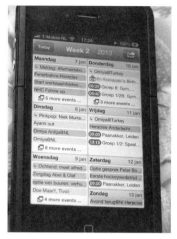

スケジュール管理用のカレンダーアプリ（2013年）

の予定からプライベートの行事、子どもたちの習い事や学校のスケジュール、家族や友人の誕生日まで、きれいに色分けされてぎっしりと書き込まれていた。妻の端末からも情報が入力でき、ただちに同期されるので、仕事上の急な予定変更もお互いが常に把握できるようになっている。これで言った、言わないのトラブルが防げると彼は胸を張るが、妻のほうはデジタルなスケジュール管理が苦手らしく、入力をすぐに忘れてしまうのだそうだ。

曖昧になる境界

　とはいえ、「新しい働き方」もいいことづくめではない。
　自分の会社を立ち上げ、自宅をオフィスとしているエルマ（表4-1、No.1）によれば、そういうものと覚悟して自宅での仕事を始めた自分と違って、きわめて普通に会社勤めをしたいと思っている人でも、なかなかそうはいかなくなっているのだという。

たとえば，彼女の夫ルドルフの職場では，常に上司からの連絡を受けられるように，携帯電話を支給している。ただ，職場全体で私用電話があまりにも増えたために，このままの事態が続けば，携帯を取り上げると上司が宣告した。そのとき，多くの同僚は反対の声を上げたが，ルドルフだけは，それで上司からの連絡を受けなくてもすむのなら，喜んで返上するといったのだという。結局返上することはなかったが，それ以来彼はプライベートの携帯も持ち，家に帰った時点で職場の携帯のほうは電源を切ってしまうようになった。これは，新しい技術とそれに伴う管理強化に対する彼なりの対処の仕方ということらしい。

その夫から仕事中毒とからかわれているエルマは，「働き方がフレキシブルになったら，それこそ段取りを上手にして，自分の生活をきちんと組み立てるようにしておかないと，仕事に生活を乗っ取られて，四六時中仕事ばかりしていることになりかねない」ともいう（エルマ，2011/7/29）。

仕事と私生活の両立を望むオランダの人々にとって，パートタイム勤務をふくむ労働時間の柔軟化は，個々人の生活上のニーズに沿った「組み合わせ」を実現するうえでの最大の武器となった。それに加えて，たとえば第4章の事例4で紹介したシビルのヘッドハント業のように，携帯電話の普及に象徴される情報技術の進歩から直接の恩恵を受けた人たちもいる。しかし，近年新たに広がりつつある仕事空間の柔軟化は，「いつでもどこでも仕事ができる」分，「いつでもどこでも仕事をしなければならない」状態を作り出してもいる。つまり，仕事と私生活の境界を曖昧にし，さらには「完全な休息」の喪失をもたらしているようにも見える。

この章の最初に述べたように，多くのオランダ人にとって，日曜日はもはや安息日としての特別な意味を持つ曜日ではなくなった。そして，水曜日に出勤せずに子どもの世話をしたり，金曜日の午後から時短休暇を取ってビーチに出かけたり，逆に日曜日のスーパーで働く人

がいたりと，人々の生活が共通のリズムを持たなくなった今，夏の長い休暇（*vakantie*）が最後の「聖域」なのではないかと私は考えていた。だが，この長期休暇も次第に性格を変えつつある（パウゼ7参照）。

上で紹介したエドガーは，休暇で家族キャンプに出かけたときも，仕事上のやりとりを中断することはないといっていた。滞在先のキャンプ地の選定にあたっては，無線LANが機能していることが必須条件なのだそうだ。以前は私も，休暇に出ているとわかっているオランダ人の友人にはあえて連絡をしないように気をつけていたが，最近は，そうとは知らずにメールを送った場合でも，休暇先からiPhone経由で即座に返事が返ってくる。休暇までに予定していた仕事が終わらず，結局旅行先にパソコンを持っていく羽目になったなど，日本ではあたりまえでも，オランダではきわめて珍しいと思える話も耳にするようになった。

ある調査によれば，ほぼ3人に1人が休暇中も仕事をすると答えている。ただし，1日平均30分，メールをチェックする程度のようである。この調査を実施した研究者は，毎朝30分程度メールをチェックして，必要な場合に返信をするくらいなら，大きなストレスにはつながらない，むしろ適度に返信するくらいのほうが，精神的安定につながり，休暇の効果が上がるという結論を出しているのだが，それが全国紙に大きな記事として取り上げられているあたりからも，休暇の過ごし方の変化が伺える（*de Volkskrant*紙，2011/7/20）。

勤務時間や勤務場所をめぐる条件の緩和は，情報通信技術の急速な進化とあいまって，人々のワークスタイルに変容をもたらした。こうした働き方の変容は，休み方にも影響を及ぼしているのである。

インターネット環境や情報端末を駆使した新たな労働形態の広がりは，むろんオランダだけの現象ではない。生産性の向上や環境負荷の削減といったメリットが強調される一方で，どこにいても上司や同僚から連絡可能（reachable）な状態に置かれることにより，仕事と私生活の境目がぼやけてしまうという問題点が指摘される状況もまた，オ

ランダに限ったことではない。だが、この現象をめぐってオランダに特徴的な部分があるとすれば、それは「新しい働き方」というコンセプトの枠内でも、働き手が「いつ、どこで、どのように働くか」を決められるという選択の自由が重視されている点だろう。つまり、「新しい働き方」の主体はあくまでも労働者自身であり、自律性こそがカギであるという主張がメディアでも展開されている点に、1980年代以降続いてきた働き方の変革との連続性が表れている（*de Volkskrant* 紙、2009/7/7; *NRC Handelsblad* 紙、2010/12/28）。

オーダーメイドの時間割？

上述の「新しい働き方」という概念は政府の公式文書でも使われており、在宅勤務をふくむテレワーク推進にあたって、労働環境条件法（Arbowet）の改正も行われた［SZW 2011］。これと並行する形でオランダ政府が新たに取り組んできたのが、「時間政策（*tijdsbeleid*）」である。平日に仕事や家事、週末は休息といったメリハリが失われつつある生活の変化を受け、個人の日常において、さまざまな局面からの要請がせめぎ合う状態を「時間のボトルネック（*tijdsknelpunten*）」と呼び、時間的葛藤が招くストレスの低減に向けた方策を提示しようとしている。

上述の労働時間および店舗の営業時間に関する規制緩和も、この時間政策の一環ととらえられている［Breedveld *et al.* 2006: 34-35］。2011年に出された社会経済審議会（SER）の答申には、さらに踏み込んだ提言が盛り込まれた。家事、ケア、ボランティア活動などを有償労働と両立しやすくするためには、これまで以上に職場のあり方を変え、さらに店舗の営業形態や公共サービスの時間帯、学校の授業時間割などといった広義の「社会的サービス」を柔軟化することにより、個人のライフステージや多様なニーズに応じた選択の幅をさらに広げること、いわば時間のオーダーメイドが必要だというのである［SER

2011: 13]。

　オランダにおける従来のワーク・ライフ・バランス関連政策では，勤務時間の柔軟化のみが問題にされる傾向が強かったが，この答申では，これまで融通がきかないことで知られていた学校の時間割や休暇スケジュールをふくめ，社会的な条件をもより柔軟に調整する方向が打ち出されている点が新しい。このような提言の背景には，第7章でもふれたとおり，比較的短時間のパートタイム勤務を続ける女性が依然として多いために，女性の労働量（labour volume）が伸びないことへの積年の懸念がある。平日に働く人々にとって不便な時間帯にしか公共サービスが利用できない事態が，夫婦の片方が短い時間しか働かないという戦略を生んでいるとすれば，その前提となる状況を根本から変えることで，男女の（とりわけ女性の）就労時間の拡大を図りたいというのが政府の思惑であろう。

　種々のサービスの提供時間が通常の勤務時間帯以外の時間をカバーするとなれば，当然のことながら，それを提供する側，つまり働き手の勤務時間も不規則なものとならざるをえない。もともと1990年代に女性のパートタイム就労が拡大した背景要因のひとつは，サービス業における営業時間の延長や生産方式の転換などに伴い，従来の定時をはみ出した働き方が必要となったことにある。その状況をさらに進め，情報通信技術も活用することによって，従来の労働形態にとらわれない「時間も場所もより柔軟な」働き方を，雇う側と雇われる側双方の合意のもとに進めるというのが SER の提言の骨子であり，上述の「新しい働き方」と連動している点である［SER 2011: 17］。

　しかし，これまでの労働時間拡大策が芳しい成果を挙げていないのと同様，この時間政策も効を奏するかどうかは不明である。

　「新しい働き方」というコンセプトによって示されているような，固定的な勤務時間や勤務場所から自由になるという発想自体は，これまでの経緯から見ても，まちがいなく広範な支持を得るだろう。私のインタビュー対象者のなかでも，総労働時間を減らさずに，在宅勤務

を活用することで,必要なときに家で子どもの相手ができるような体制を新たに整える人は出てきた。だが,それはフルタイムであったり,フルタイムに準じるような比較的長時間のパートタイム就労をしている人たちである。テレワークの導入はたしかに全体として進んでいるものの,産業や職種によって偏りがあり,また誰にでも向く働き方とはいえないことも指摘されるようになった。

　現代に生きるオランダ人,とりわけ子育て中の男女が「時間のボトルネック」を感じていることはまちがいないが,彼らはその隘路を,勤務時間の変更と自分自身のための自由時間の削減によって乗り切ろうとしてきた。学校の授業時間の範囲内でなら働きたいという希望を持った女性たちがいる一方で,学校の授業時間を延長してほしいと考えている親はほとんどいない [Cloïn *et al.* 2010: 74]。拡大学校のように,正規の授業時間外の課外活動や学童保育の充実を謳う施設を歓迎する人々はいても,連日そこに通わせることについては,「子どもが疲れるから」という理由で躊躇するだろう。

　すでに述べたとおり,子育て中の男女のうち,仕事と育児の兼ね合いに困難を感じている人は実は少ないのである(15)。むしろ,彼らが仕事で犠牲になっていると考えているのは,自由時間(趣味やスポーツ,自分のための時間),次いで友人とのつきあいと家事である [Cloïn & Schols 2011: 124]。そもそも育児になるべく支障をきたさないような労働形態を選択している人が多いため,結果としてそれ以外のことに費やす時間が後回しになるからだ。だとすれば,仕事と私生活の境界の曖昧化や,生活総体のなかに占める仕事の比重の高まりを招きかねない在宅勤務の普及は,現状以上に長く働く人を増やす方向に向かうとは思えない。

　仕事は人生そのものではなく,それぞれが生活のなかで大切にしているほかの何かと組み合わせるべき要素のひとつであること——それが,オランダ社会に生きる多くの人々にとって,望ましいワーク・ライフ・バランスを追求するための出発点である。

Pauze パウゼ 7

バケーション vakantie

　春休みや夏休みといった休暇期間をどう過ごすか，どこに出かけるかという話題は，社会生活のなかで重要な比重を占める。年明けの新聞には早くも旅行会社のツアー広告が並んでおり，友人たちの多くも，すでに春休みや夏休みの計画を立て始めていた。

　休暇がいかに重要かを示すエピソードとして印象に残っているのは，とある省庁の要職にある友人が，さらに上のポストに大抜擢されたと教えてくれたときのことである。そのニュースに続けて真っ先に彼がいったのは次のようなことだった。今後は，自分の直属の上司となる女性（日本でいえば政務次官クラス）と交代で夏休みを取ることになるが，小学生の子どもがいる彼女と，子どもたちがもう大きくなっている自分とは，休暇の時期をずらしてもまったく問題がないのでよかった——。そして，異動直前にいつもどおり4週間の休暇に入った彼は，今度の仕事は大変かなあ，ちょっと楽しみだけど，などといいながら，屋根裏部屋の大掃除にとりかかっていた。

　雇用者に与えられる年次有給休暇は，週あたりの労働日数の4倍と定められている。週5日のフルタイム勤務であれば，少なくとも年間20日の有給が保障される。個別の労働協約によって日数の上積みがあるため，有給休暇の平均日数は25日程度という。従来は未消化分の有給を持ち越し，何年かに一度長い休暇を取ることも可能だったが，2012年からは持ち越し期間が6ヵ月までと短縮された。

　25日間の年次休暇を使い切るつもりなら，週末を入れて年に5週間休むことができる。学齢期の子を持つ親の場合は，頻繁にある学校の休暇に合わせて分散した取り方をする場合もあるが，多くの人は夏にまとめて2，3週間の休みを取り，家族で旅行（バケーション）に出かける。

　1960年代からの推移を見ると，

バケーションに行く人の数が増えたばかりでなく、国内で過ごす人と海外に出かける人の比率が逆転するようになった。行き先でもっとも多いのはドイツ、フランス、スペインなど近隣のヨーロッパ諸国である。休暇にまつわる1人あたりの支出額も増加している。もともと人気が高いのは、車で移動し、キャンプ場にベースを置きつつ、自然の中をサイクリングしたり、観光名所を訪ねたりするタイプの旅行だが、キャンプ場の設備も年々豪華になり、テントではなくコテージに寝泊まりしたり、子ども用のプールが併設されていたりする。さらに最近の人気サイトの条件は、無線LANが完備されていることだそうだ。多くの人がスマートフォンやiPadを携え、職場とメールのやりとりができる旅行先を選ぶようになった今では、バケーションと日常の連続性が高まりつつあるのかもしれない。

それでもなお、夏の休暇は特別である。7月、8月のピークシーズンともなると、政府の要人さえもいっせいに休暇を取って政局が動かなくなるし、新聞やテレビも、バケーションの話題でほぼ一色となるからだ。

その話を友人にすると、たしかに夏の長い休暇は今も大事にされている、それは、お互い休暇で十分充電することが日頃の仕事にもいい影響を与えるという理解があるからだという。休暇から帰ってきたとたん、2000通のメールに目を通すことになるけれど、それでも休暇に行く価値はある、と彼女はいいきっていた。

夏休みに自家用車でノルウェーに旅行した4人家族の荷物（2012年）

9

生きることと働くこと
「組み合わせ」の技法

晴れた日にはマイボートで運河に繰り出すのもオランダ人の楽しみの一つ (2011年)。誕生日や卒業のお祝いなどで，大型ボートを貸し切ることもある。

グローバルな労働の連鎖

　私が数年に一度のペースで開講している講義「仕事の文化人類学」では，働くことをめぐるさまざまな社会の状況を知ってもらうために，ドキュメンタリー番組を見せ，その内容をもとにグループ・ディスカッションをすることにしている。そこで取り上げた番組のひとつに，NHKが「同時3点ドキュメント」シリーズとして2006年に放映した，NHKスペシャル枠の「米中1万キロ・売れ筋商品を急送せよ！」がある。内容を要約すると次のようになる。

　「ジャスト・イン・タイム方式」を採用しているアメリカの大手百貨店チェーンJCペニーが，クリスマス商戦に向けて売れ筋のブーツを売り場に並べるため，中国の製靴工場に緊急発注をかける。工場で働く農村出身の女子工員たちは厳しい監督下で残業続きの作業をこなし，何とか納期に間に合わせる。工場からトラックで陸路香港へ，そこから太平洋を渡る輸送を手がけるのは日本の海運会社。番組は，台風の発生やフライトのキャンセルなど予期せぬトラブルに見舞われながら，ある製品が1万キロ離れた消費者のもとに届けられるまでの綱渡りの状況を描きつつ，世界の異なる場所で異なる条件のもとに働く人々の姿を活写している。

　これを見た学生たちの感想に多いのは，中国の靴工場で，村に残る弟の学費を賄うために過酷な労働に耐える20歳の女性と，アメリカの百貨店の靴売り場で，誕生パーティに履くためのブーツを品定めする13歳の女の子の対照的な境遇への注目である。その女の子は，何気なく店頭で手に取ったブーツがどんな人の手で作られたか，そしてどのようなドラマをくぐり抜けてそこに置かれたかを知る由もない。一方，家族の生活を支えるために工場で働く女の子たちが，自分の作ったブーツを履く日はおそらく来ないだろう。

　消費者としての私たちの欲望が（ときには自分もふくめた）人々の働

き方を大きく左右する現象は,同じ国のなかでもすでに起きている。24時間営業のコンビニが,真夜中にそこで働く従業員を必要とすることは自明だが,朝いちばんで店頭に並ぶ弁当やサンドイッチを手にする私たちが,明け方4時に出荷する弁当工場で働く人々に思いを馳せることはあるだろうか。そこには,桐野夏生が小説『OUT』で描いたように,子どもを寝かしつけてからパート勤務に就く母親たち,あるいは外国から来た技能実習生たちがいる。夜中にインターネットで注文した書籍や通販商品が数時間後に自宅に届くのも,どこかの巨大物流基地で,時間帯にかかわらず商品の仕分け・配送作業に従事する働き手がいるからである。

グローバルな商品の生産・流通・消費は,私たち一人ひとりの目には見えにくくとも,グローバルな労働の連鎖を生む。この事実への注目は,本書の主題であるワーク・ライフ・バランスを考えるうえでも,無視できない視点である。イギリスの研究者ギャンブルズらは,各国のワーク・ライフ・バランスをめぐる政策と実践を比較検討した著書『ワーク・ライフ・バランスの神話』の冒頭で,「前線からのグローバルなストーリー」と題し,南アフリカ,オランダ,アメリカ,インド,イギリス,日本,ノルウェーという7ヵ国のカップルを取り巻く状況が,異なると同時に重なり合ってもいることを描いてみせた [Gambles *et al.* 2006: xiv-xxii]。情報通信技術の進展によるコミュニケーションの加速化は,時差のある地域間で,相互の勤務時間帯に合わせた働き方を余儀なくさせる。

「ワーク」と生活のなかのそれ以外の要素という意味での「ライフ」の葛藤は,実にさまざまな形で人々の日常に影を落としており,もはや特定の個人や家庭,企業の問題として片付けることはできない。今日の社会においては,グローバルな展開が個人の生活を左右するように,個人の生活における重要事項は同時にグローバルな課題でもあるからだ。たとえば,グローバル企業で働くアメリカの女性が,老親の介護をしつつ男性と変わらない長時間労働をこなすとき,彼女が育児

や家事を任せる住み込みの移民女性は,故郷に残した自分自身の子どもをほかの人の手に託す生活を送っているのである [Gambles *et al.* 2006: 3; cf. Parreñas 2008: 47]。

　数多くの論客が指摘するように,グローバリゼーションのさらなる進展を背景とした「新しい資本主義」下において,24 時間経済,IT 革命,知識社会の到来,雇用の柔軟化,規制緩和といったキーワードは世界を席巻し,労働環境の大きな変化をもたらした。多くの人々にとって職場での仕事は過密化し,同時に安定を欠くものとなっている [セネット 2008; バウマン 2007; ベック 1998]。雇用労働が人々の生活に占める比重は,時間のうえでも主観的な重要性においてもますます肥大化し,それ以外の要素——家族のケア,夫婦関係・友人関係などの維持,趣味,地域コミュニティへの貢献など——に割くエネルギーは相対的に縮小せざるをえない [ポーコック 2010; ホックシールド 1990; 2012]。

　また,長時間働いていても生計維持に十分な収入を得られないワーキング・プアが増大し,そもそも安定した就業さえも獲得がむずかしい現実が広まるなかで,日本でも,そして発展途上国をふくむほかの多くの国においても,ワーク・ライフ・バランスの追求など「贅沢な」「取るに足りない」個人の問題にすぎないという見方が出てきても,不思議はないだろう。だが,企業や役所で安定した職に就く労働者が仕事一辺倒の生活しか送れない状況は,そうした働き方ができない人々,とくに女性たちの就労を妨げる要因になる。たとえば,有期契約のパートタイム就労をする妻が,より安定した職を求めようとしても,家庭内責任に対する夫の貢献がまったく期待できない状態では,現状と異なる働き方を選択する余地がない。逆に,企業でフルタイムの勤務に就く女性や男性たちが「ライフ」に一定のエネルギーを振り向けたくても,同じ職場に「ワーク」しかしない男性が存在し,それが標準的な労働者とみなされているうちは,職場の空気を変えることがむずかしいと感じるだろう。

「組み合わせ」がもたらす満足感

　「仕事の未来」を批判的に論じるウィリアムスは，アンドレ・ゴルツやウルリヒ・ベックらの主張を援用しつつ，フォーマルな労働市場に参入できる人々と，有償労働にありつけず，インフォーマルな領域で無償のケアに従事するしかない人々の分断を避けるためには，「社会の全人口に対して経済的多元主義を勧めること，つまり，どの世帯もどの個人も，いずれもがフォーマルな仕事（＝有償労働）とインフォーマルな仕事（＝無償労働）の両方に携わるよう働きかけること」［Williams 2007: 231］が重要だと述べる。この発想は，まさにオランダで進めようとしてきた「コンビネーション・シナリオ」のビジョンと一致する。

　第3章でも述べたように，オランダ政府の審議会が描いたシナリオそれ自体は，そのまま現実となっているわけではない。とくに，男女がまったく同等に有償労働に従事し，家庭内での無償のケア労働も担うという状況はいまだ実現しておらず，男性のほうがより長時間働き，女性のほうがより多く家事・育児を分担するというジェンダー・ギャップも根強く存在する。

　しかし，個人のライフスタイルを考えるうえで，コンビネーション，つまり「組み合わせ」こそが男女を問わず重要であるという意識が非常に広い範囲で共有され，各種の政策もその意識に沿ったものとなっていることがオランダ社会の特徴である。オランダの事例をわざわざ紐解くことの最大の意味も，そこにある。オランダの人々にとって，望ましい組み合わせのあり方をめぐる選択が可能であるという事実は，生活全般にまつわる満足感にもつながっているように見える。

　ユニセフのイノチェンティ研究所が，さまざまな指標を用いて先進工業国の子どもたちの「幸福度」を測った調査によれば，オランダの子どもの「幸福度」は，対象21ヵ国中1位であった［UNICEF 2007］。

小学校の低学年クラスの教室風景（2011年）

このことは日本でも広く報道され,「世界一子どもが幸せな国」としてオランダの教育制度に注目が集まりもした。その後, 2013年4月に発表された調査結果でも, オランダはダントツ1位の座を守っている [UNICEF Office of Research 2013]。

だが, 実をいうとオランダは, 子どもだけではなく, 大人たちの満足度も高い国なのである。

12歳以上を対象に幸福感を尋ねた世論調査では, 2009年時点で89％が「とても幸せである」または「幸せである」と答えており, この数値は過去10年間ほぼ変わっていない [Statistics Netherlands 2011: 138]。EU加盟国間の比較によると, オランダ人の満足度は2010年時点でデンマーク, ノルウェーに次いで高かった。満足度に性別や世代による違いは見られない [Bijl *et al.* 2012: 50]。

さらに, スウェーデンやフィンランド, ドイツをふくむヨーロッパ

8ヵ国の企業で働く従業員を対象とした調査で、ワーク・ライフ・バランスに関する満足度がもっとも高かったのはオランダである。「自分の時間を仕事と個人生活に振り分けられているか」「仕事上のニーズと同時に個人生活や家族生活のニーズを充足できているか」「仕事をきちんとこなしつつ、同時に家庭関連の義務も十分に果たすことができているか」という3項目のいずれについても、満足しているというオランダ人の回答は他国を大きく上回った。とりわけ時間配分についての、オランダ女性の満足度の高さが目立つ [Szücs *et al.* 2011: 105-106]。

ケアの営みは価値ある仕事

このようなワーク・ライフ・バランスと生活への満足度もしくは幸福感の関係を考えるにあたって、オランダの事例が示唆的だと思えるのは、家事と育児、広くいえばプライベートな領域でのケアの営みを「価値ある仕事」とみなす考え方が、女性だけでなく、社会全体に広まっていることの重要性である。

既婚女性のパートタイム就労が一般化するまでの間、とりわけ第二次世界大戦後の1950年代から1960年代前半にかけての時代に、圧倒的多数の既婚女性が専業主婦となっていたことは何度か述べた。もともとオランダは、オランダ史上の黄金時代といわれる17世紀頃から主婦の存在が際立っていたとされる社会である。17世紀に大量に制作され、他国にも流通したオランダ絵画の代表的画家は、使用人とともに家事を切り盛りし、子育てにかかわる主婦の姿を数多く描いたことで知られる [Franits 1993; Sutton 1980; トドロフ 2002]。さらに、当時の外国人訪問者による紀行文には、勤勉で過剰なまでにきれい好きで倹約家でもあるオランダ人主婦（*Hollandse huisvrouw*）に関する記述がしばしば登場した [Kloek 2009; Schama 1987]。既婚女性は法的には夫の庇護下に置かれていたが、日常生活では家長の妻として家政を任

され，家内での役割遂行において夫と対等に並ぶ存在であったとされる [Kloek 2009]。

17世紀のオランダ風俗画を分析したツヴェタン・トドロフは，当時の主婦が相対的に高い地位を与えられていたと考えられる理由にふれ，「あらゆる仕事が社会にとって同じ価値を持っているわけではないのだが，同じ尊厳を備えていることはありうる。それこそが，当時のオランダ社会の秘密であるように思える」[トドロフ 2002: 40-41] と述べている。つまり，公的空間と対比された家内空間に一定の価値が付与されたことにより，その空間において主婦の果たす職務にも，トドロフのいう「尊厳」が備わったと考えられる。

むろん，当時の主婦は「家の女主人 (*vrouw des huizes*)」として使用人に家事労働をまかせ，家政全般を管理・監督する役割を担っており，特定の階層に限られた存在だった。他方，庶民女性たちは主婦になることなど不可能で，夫ともども厳しい賃労働に従事し，家計を支えるほかなかった [van Deursen 1991]。戸外就労せず家庭で家事に専念する主婦が，階層にかかわらず既婚女性の大半を占めるようになるのは，20世紀に入ってからのことである [中谷 2012b: 65]。⟨3⟩

その後，男性稼ぎ手モデルが社会を席巻した1950年代，60年代を経て，1970年代～80年代には家庭内の電化が進み，家事時間の短縮が可能になったことや，経済危機に対応する賃金抑制策のもとで世帯収入の補填の必要が出てきたことなどから，既婚女性の就労意欲が増大し，再就職する女性や，結婚・出産後も就業を継続する女性が急増した。1990年代以降は，パートタイムの正規化・均等処遇化や労働時間のさらなる柔軟化とともに，保育行政もようやく進展した。そして多くの女性にとって，パートタイム就労と家事・育児の両立はごくあたりまえの選択となった。

1990年代以降には，オランダに限らず多くの国の税制や社会保障政策において，男性稼ぎ手モデルを前提としてきた制度設計の見直しが進んだ [大沢 2006; 竹中 2011]。そのような政策転換を生んだ重要な

要因のひとつは，女性の労働力拡大を必要とする市場の要請であった。だが単純に女性を労働市場に引き出すだけでなく，有償労働と無償労働の偏った配分を是正するべきだという主張が展開されたのはなぜか。それは，家事労働の行きすぎた外部化・商品化を危惧し，「社会的に必要な労働としての家事労働の社会的認知」を進めるための方法として，「家事労働を確保できる生活時間の要求」という新たな政策課題が認識された結果である［竹中 2011: 71-73］。オランダのコンビネーション・シナリオは，まさにそのような素地から出てきた。

「野心を持つ母親向け」と謳った雑誌『ロフ』創刊号の記事（*Lof*誌，2007年10月号）。見出しに「どちらの世界でもちゃんとやりたい」とある。

今日のオランダでは，家事に費やす時間の減少に見られるように，無償の主婦労働のなかで重要な位置を占めていた家事実務は「誰がやってもかまわない」労働となり，それに特化する主婦の存在が軽視される傾向がある。現実には，今なお，女性が男性よりも多くの家事を担い続けているが，パートタイム就労と家庭責任を両立させている場合，日本のように「兼業主婦」や「パート主婦」と呼ばれることはない。社会的関心が注がれるのは，もっぱら母親として「働く母親（*werkende moeders*）」か「家にいる母親（*thuisblijfmoeders*）」かの違いである［Nakatani 2014］。そして働く母親たちは，家事の一部を外注するか，あるいは水準を下げるかする方策を取り，子育てもまた，公的保育や夫，両親，近所の人たちなどと分担しつつ，正規パートタイムでの就労を実現しているのである。ただし，専業主婦や家にいる母親が

周縁的な存在になっているとはいっても、後で述べるように、それは家事や育児というケア活動それ自体が軽視されていることを意味しない。

では、日本はどうだろうか。日本、オランダとイギリスの生活時間を比較した品田知美によれば、「日本は、男女ともに家事にあまり時間を割かない社会」[品田 2007: 121]である。例外的に、子どもを持つ女性は、職の有無にかかわらず長時間を家事に費やしているが、15歳以上の男女を見ると、日本人全体の家事時間は、イギリスやオランダに比べてかなり少ない。子どものあるなしで家事時間に大きな違いがあること、有職者は男女ともに長時間働いていることが日本の特徴である。「正規の仕事につくということが自分の再生産に必要な家事時間の確保さえできなくなることを意味する」日本では、働いていて子どもを持たない男女は、家での生活時間を犠牲にしつつ、仕事中心の生活を送っていることになる[品田 2007: 105]⟨4⟩。

「男性は無償労働の外にある者、女性は無償労働の優劣を競う者という既成の秩序」[竹信 2013: 218]が歴然とある中で、その秩序を揺るがすことなく、「女性の活用」を政府や産業界が謳い上げるとすれば、それは竹信三恵子が主張するように、さらなる「貧困と生きづらさ」を生み出すだけに終わってしまうだろう。

オランダの場合、公的空間での就労と、家内空間での家事や育児への従事は、まったく別種の営みである。前者は有償労働、後者は無償労働のカテゴリーに入れられるという違いだけではない。経済報酬に結びつかず、長らく主婦が担ってきたケア活動は有償労働に劣るものとはみなされず、むしろ有償労働とは別の価値を有するものとして、人々の生活に重要な位置を占めている。したがって、仕事をしているからといって、家事やケアをおろそかにすることは望ましくない。

社会全体が一定のリズムのもとに動き、男女の役割が明確に規定され、個人が特定の集団（宗教、地域共同体、家族など）に埋め込まれていた時代は、むろんオランダにおいても過去のものである。世俗化、

個人化，柔軟化といったポスト産業社会特有の状況は，ほかの多くの社会と同じようにここでも進行し，選択の自由の増大は，個人の自己責任の強調と表裏一体をなす形で，人々の生活に大きな影響を及ぼしてきた。そしてこれまで何度も言及したように，政府は，手を変え品を変え，女性の就業時間拡大を働きかけている。これは，EU戦略のなかにも位置づけられているように，経済競争力を維持しつつ，「持続可能で，能動的で活力あふれる福祉国家」を実現するための必須条件だからだ［Kremer 2007: 15］。

　しかし，「たとえ保育所がタダになっても，子どもを預けっぱなしにしたりはしないし，今より長く働いたりする気もない」と主張するオランダ人女性たちが，頑なまでに「獲得した権利」としてのパートタイム就労にこだわるのは，労働者として働くことも，母親として子どもに接することも，あるいはほかの家族や友人たちとの時間を過ごすことも，どれも皆，自分が生きていくうえでの重要な要素だという明確な意識があるためである。そしてそのような意識は，女性たちを取り巻く周囲の人々，つまり子どもにとっての父親や祖父母にも共有され，さまざまな人がケアに参入する状況につながっている。だからこそ政府の側も，無償労働の分配をどうするかという問題を抜きにして，女性の就労促進策だけを進めるわけにはいかない。

　働くことと生きること，すなわち「ワーク」と「ライフ」は拮抗し合い，天秤にかけるようなものではなく，生きることそのものが，働くこと，ケアすることをふくめた多様な営みから成り立っている。その多様な営みの組み合わせのあり方は，一人ひとりが選択でき，その選択は，ライフステージや家族の状況，周囲の人々のかかわりによって常に修正可能であること——それがオランダ流ワーク・ライフ・バランスの発想である。

注

第 1 章

〈1〉 これらの調査は，文部科学省科学研究費補助金，基盤研究(B) No. 17320139「「仕事」の多様性と変容に関する人類学的研究——ジェンダー視点による国際比較」，基盤研究(C) No. 22520823「ワークライフバランスをめぐる政策と実践の人類学的研究——オランダの事例から」，および国際アジア研究所（International Institute for Asian Studies）アフィリエート・フェローとしての受け入れにより可能となった。

〈2〉 偶然だが，インド出身の人類学者パルリワラは，私と同じライデンを調査地とし，年齢や性別，階層や職業も異なる都市住民を対象とするフィールドワークを行っていた。その経験を振り返った彼女の論考の内容は，私自身の調査経験と重なる部分が大きい [Palriwala 2005]。

〈3〉 人口統計によれば，「外来市民」（*allochtonen*）というカテゴリーに入れられる人々は，オランダ全人口の 21％ を占めるが，それはオランダ国籍の有無にかかわらず「本人もしくは本人のどちらか一方の親が国外で生まれた者」という定義に基づく数字である。このカテゴリーには企業の駐在員などとして滞在する非オランダ人とその家族もふくまれており，さらに西洋系（9％）と非西洋系（12％）という下位カテゴリーももうけられている。だが，なぜか日本人が特例として前者に入るのに対し，たとえば韓国人は後者であるなど，恣意性は否めない。ちなみにオランダの旧植民地であるインドネシアに出自を持つ人々については社会統合の度合いが高いといわれており，統計上も区別されることが少ない。私のインタビュー対象者のなかにもインドネシアからの移住者を親に持つ人が複数ふくまれているが，多数派である原住オランダ人（*autochtonen*）との違いは，本書のテーマにかかわる部分ではとくに見られなかった。

　オランダにおける移民・難民などのマイノリティに対する政策や統合

問題については，水島［2012］にくわしい。
〈4〉 時間外手当は産業別の団体労働協約で定められているが，一般には最初の2時間が基本時間給の125％，2時間以降および土曜日は150％，日曜祝日は200％となる［ジェトロ 2009: 10］。
〈5〉 毎年異なるテーマを設定し，同一の設問を用いて国際比較を行うプロジェクト ISSP（International Social Survey Programme）の1997年調査の結果に基づいている。

第2章
〈1〉 最近はカタカナでそのまま表記されることが増えてきた。内閣府が「ワーク・ライフ・バランス」と表記するのに対し，専門書や一般書のなかには「ワークライフバランス」と一語で表しているものもある。「ワーク」と「ライフ」の間のバランスを取るという趣旨からすれば，間に点を入れた表記のほうが適切であるといえるため，本書ではその表記を採用する。
〈2〉 「「ワーク・ライフ・バランス」推進の基本的方向報告」男女共同参画会議，仕事と生活の調和（ワーク・ライフ・バランス）に関する専門調査会，2007年7月。
〈3〉 2010年6月には仕事と生活の調和推進官民トップ会議による「仕事と生活の調和（ワーク・ライフ・バランス）の新合意」に基づき，「憲章」および「行動指針」の一部改定が行われたが，大筋は変わっていない。
〈4〉 reconciliation という言葉は，本来相容れにくい性格を備えたもの同士の間の調整や調停といった意味合いを持つ。
〈5〉 男女平等政策との関連では，2010～2015年の政策プログラムに掲げた5つの柱のなかに，「平等な経済的自立（equal economic independence）」と「同一価値労働，同一賃金（equal pay for equal work and work of equal value）」が盛り込まれているが，ここでも育児休暇や介護休暇，保育設備の充実の必要性が言及されている［European Commission 2011: 14］。
〈6〉 「指令（Directives）」はEUの共同体立法のひとつであり，採択されれば，加盟国は一定の期限内に，EU指令と矛盾しない形で国内法や国内規定を整備する義務が生じる。

〈7〉 Commission of the European Communities, 1990, *Community Charter of the Fundamental Social Rights of Workers*, Luxembourg: Office for Official Publications of the European Communities.

〈8〉 Council Directive 96/34/EC of 3. 6. 96. on the Framework Agreement on Parental Leave Concluded by UNICE, CEEP and the ETUC, OJ L 145/19. 06. 1996.

〈9〉 英語原文は次のとおりである。"To reconcile family and professional life, everyone shall have the right to protection from dismissal for a reason connected with maternity and the right to paid maternity leave and to parental leave following the birth or adoption of a child." Charter of Fundamental Rights of the European Union, OJ C 364/1/18. 12. 2000.

〈10〉 Council of the European Communities, 1993 "Council Directive 93/104/EC of 23. 11. 93 Concerning Certain Aspects of the Organization of Working Time" OJ L 307/13. 12. 1993.

〈11〉 ただし,適用除外の段階的廃止などを盛り込んださらなる改正案をめぐっては,加盟国間の攻防が続いている。

〈12〉 欧州生活労働条件改善財団 (European Foundation for the Improvement of Living and Working Conditions) が5年ごとに実施しているEU加盟国対象の「欧州労働条件調査 (EWCS)」では,迅速に業務をこなさなければならない,あるいは少なくとも仕事時間の4分の1はきつい締め切りのもとに働かなければならないといった項目により労働強化の程度を測っているが,1991年からの20年間に労働強化を訴える労働者の比率は増え,2010年には6割を超えている。仕事のうえで厳密さを求められると回答した労働者も,2000年の69％から2010年の74％へと増加した [Eurofound 2010]。

〈13〉 正式名称は「UNICE,CEEPおよびETUCによって締結されたパートタイム労働に関する枠組み協約に関する指令」(Council Directive of 15 December 1997 Concerning the Framework Agreement on Part-time Work Concluded by UNICE, CEEP and the ETUC, OJ L 14/20. 1. 1998)。

〈14〉 ファン・ホーレンとベッカーは,オランダの戦後政治を振り返りつつ,異なる組み合わせの連立内閣の変遷とともに,保守主義,社会民主主義,自由主義の要素が交代で強まったと論じている [van Hooren & Becker 2012]。

〈15〉 ヨーロッパ諸国の場合，かつて労働力不足の解決策として国外からの移民労働者受け入れを積極的に行ったことがその後のさまざまな社会問題につながったとの認識があるため，同じ轍を踏まないという意図も背景には働いているように見える。

〈16〉 「ワーク・ファミリー・ファシリテーション（work-family facilitation）」は，「ひとつの役割から得られる資源（情動，スキル，自負心，経済的報酬など）がもうひとつの役割遂行を容易にするような状態」を指すとされる。「ワーク・ファミリー・エンリッチメント（work-family enrichment）」は，「ひとつの役割を通しての経験がほかの役割においても生活の質を高めること」と定義されている。仕事と家庭生活の間のポジティヴな関係性を示す概念には，ほかにも「肯定的溢出（positive spillover）」（ある役割から得たポジティヴな気分やスキル，価値などが別の役割を果たすさいに乗り移ること）などがある［Poelmans *et al.* 2008: 142］。

第3章

〈1〉 2000年3月にリスボンで，欧州理事会が採択したEUの包括的経済社会政策を指す。このリスボン戦略の後継として2010年3月に採択された「ヨーロッパ2020」では，2020年までに20〜64歳人口の就業率を75％にすることが雇用戦略として掲げられた。オランダは，2010年時点ですでにこの目標を達成している。

〈2〉 オランダで事実婚を選択するカップルは1990年代から2000年代にかけて減ってきているが，2010年の時点でも子どもを持つ世帯の52.7％は未婚のままである［Bucx 2011, 巻末資料 p.2］。このため，本書で既婚あるいは夫婦という表現を用いるときには，事実婚のカップルをふくむものとする。

〈3〉 2010年の調査によると，EU27ヵ国のなかではパートナー双方のフルタイム就労パターンが主流であり，その割合がほかの就労パターンに比べて少なかったのは，オランダだけであった［Eurofound 2012: 25］。

〈4〉 契約がフルタイムであっても，育児休暇制度を利用して実質労働時間を減らすことが可能であるため，じっさいに週35時間以上の労働をこなしている母親の数は非常に少ない。

〈5〉 http://www.cbs.nl/en-GB/menu/themas/arbeid-sociale-zekerheid/

cijfers/extra/werkende-moeders.htm（最終アクセス日：2014/11/12）
〈6〉　2002年時点でのEU15ヵ国の比較によれば，パートタイム就労の理由を「フルタイムの仕事を見つけることができなかったから」と答えた人の割合は，オランダ人女性で1.9％，オランダ人男性で3.4％である（EU15ヵ国の平均は，女性が12.8％，男性が19.0％）。「非自発的パート」の比率がもっとも高かったのはギリシャで，女性でも42.8％に上った［権丈 2006: 114］。
〈7〉　ただし，均等処遇原則がすべての職種に等しく適用されるとは限らないという指摘もある。とくに週あたり労働時間が12時間未満のパートタイムの場合は，時間あたり賃金などについて，フルタイム労働者との格差が大きくなる傾向がある［Burri 2000］。
〈8〉　従業員10人以下の企業は対象から除外されているが，相応の手立てを講じなければならないことになっている。雇用者は，労働時間の変更を希望する日の4ヵ月前に申し出をする必要がある。
〈9〉　さらに前田信彦［2000: 83-85］の指摘によれば，1.5稼ぎタイプの世帯と夫婦フルタイム就労のダブルインカム世帯とで，年間可処分所得に大きな違いはない。つまり，フルタイムよりパートタイムで働くインセンティヴが経済的にも存在することになる。
〈10〉　オランダ国内の統計では，労働力人口を週12時間以上の労働に従事している者と12時間以上の労働に就く意志がある失業者の合計と定義しているため，国際比較で用いられる数値とは異なる。
〈11〉　インタビュー対象者のひとりである1939年生まれの女性は，プロテスタントの家庭に生まれながら，カトリックの男性と出会い，周囲の猛反対を押し切って結婚した。1960年代初めにそれをすることがいかに大変なことであったかを語ってくれた（ハネケ，2011/4/27）。
〈12〉　柱状社会はオランダだけでなく，ヨーロッパのほかの国にも見られた現象であり，女性の役割に関する考え方も，ベルギーやドイツでは同様の内容が強調されていた。しかし，現実に大半の家庭で専業主婦の妻を扶養することができるほどの経済水準を達成していたのはオランダだけだったといわれる［Kremer 2007: 90］。
〈13〉　1960年にはカトリック信徒の約90％が定期的に教会のミサに通っていたが，70年代にはそれが半数以下となり，21世紀初頭には4分の1に満たなくなっている［Andeweg & Irwin 2005: 37］。

〈14〉 社会経済審議会 (Sociaal Economische Raad: SER) は，政府と議会から特定の政策立案に結びつくような国の大方針についての諮問を受け，答申を行う機関である。第二次世界大戦後，労働者側と経営者側が手を携えて戦後復興に注力することを目的とし，1950年に設立された。構成員は，労働界および経済界の代表と有識者が同数ずつの合計33名である。SERの答申内容は，新聞各紙を通じて国民にも周知される。

〈15〉 この当時は，手厚い社会福祉制度のもとで失業者や早期退職者が急増し，福祉給付額の膨張が国家財政を圧迫するという問題も生じていた [水島 2006: 170]。

〈16〉 過剰在庫を抱えなくてもすむように，少量を発注し，売れた分だけ商品を補充するやり方を指す。もともとはトヨタが部品調達に用いた方法だが，その後多くの小売業に採用された [Williams 2007: 136-137]。

〈17〉 パートタイムとフルタイムの均等処遇を定めた法制化に先立ち，団体労働協約のなかでパートタイム勤務者に対する公正な処遇を盛り込んだものの割合は，1996年までに70％となっていた [Visser 2001: 27]。

〈18〉 オランダでは，週あたりの所定労働時間は，基本的に産業別あるいは企業別の労働協約によって決定される。1980年代以降の労働時間短縮は2期にわたって実施され，セクターによる違いはあるものの，多くの雇用者にとっては1982年〜1985年に40時間から38時間へ，1994年〜1997年に36時間への時短が実現した [Tijdens 2003: 70]。

〈19〉 育児休暇は法律上は無給であるが，個別の労働協約により一部給与保障がある。2009年時点で，育児休暇取得者のうち給与が全額保障された人は9％，一部保障は45％であった。給与の75％が保障される公務員の場合，男性が48％，女性が53％と男女の取得率の差は少なくなっている [de Vries & van der Mooren 2011]。男性雇用者全体の取得率も，2003年の15％から2011年の27％へと大きく上昇した。ちなみに育児休暇は，夫婦が同時に取得することも，複数の子につき連続して取得することもできる。

〈20〉 年次有給休暇は最低20日と定められており，それ以上の休暇は個別の労働協約で上乗せされる。従来は5年以内の繰越しが認められていたが，2012年1月の法改正で，法定年次休暇の20日については，前年度からの繰越し分は，6ヵ月以内に消化しないと消失することになった。

第4章

〈1〉 オランダでは2007年まで社会問題雇用省（Ministerie van Sociale Zaken en Werkgelegenheid）が女性の就労率拡大，育児支援策などの男女平等政策を主管していたが，2008年からは教育文化科学省に推進組織が移管された。しかし，移管後も2つの省は連携関係にある。

〈2〉 一方，18歳未満の子を持つ母親のうち，就労していない人の割合は1996年には46％だったが，2005年には30％に減少している［Keuzenkamp & Faulk 2006: 159］。

〈3〉 ナニーは育児や教育の知識を持つ専門のベビーシッターとして斡旋機関などから派遣される。オランダ国内にも斡旋機関は増えているが，この事例3のケースでは，イギリス人のナニーをわざわざ招いたということだった。

〈4〉 オーペア（*au-pair*）とは，滞在先の家庭に宿泊場所や食事を提供してもらい，代わりに家事や育児の手伝いをしながら現地の語学学校に通うという，欧米では広く普及している制度の利用者を指す。オランダの場合，家族と一緒に住み，300〜340ユーロの小遣いを受け取るほか，オランダ語もしくは英語の学校に通わせてもらうという条件のもとに，週あたり30時間未満，子どもの世話もしくは簡単な家事手伝いをすることになっている。ナニーのような保育専従者とは，依頼できるケアの内容が異なるが，費用がナニーよりは安くつくため，子どもの病気や変則的な勤務時間などにも対応できる柔軟なケア手段として一定の人気があり，育児雑誌などでも特集が組まれることがある（*VIVA-Mama*誌，2010年9/10月号）。

〈5〉 この調査では，既存の量的調査の分析に加えて，スノーボール・サンプリングによる質的調査を実施したが，13人の個別インタビュー対象者を探すのに苦労したと担当の研究者は語っていた。

第5章

〈1〉 たとえば社会問題雇用省が1999年に出した政策文書のタイトルは，「仕事とケアの新しいバランスへの道（Op weg naar een nieuw evenwicht tussen werk en zorg）」となっている。

〈2〉 日本でいう保育ママに相当し，個人が自宅で複数の子どもを預かる制

度を指す。
〈3〉 保育所自体はすべて民営であり、その意味では、日本のように公立保育所と私立保育所の区別はない。ただし、保育所の監督責任は自治体にある。本書では、国の保育手当支給の対象となるフォーマルな保育（*formele kinderopvang*）を便宜上、公的保育と呼び、それ以外のタイプの保育形態と区別する。
〈4〉 1965年の時点では、オランダ人の84％が小学生の母親の就労を望ましくないと考えていた。その数字は1970年には44％、1997年には18％と急速に減少する［Yerkes & Visser 2005: 15］。
〈5〉 このときの担当大臣は、1960年代に「男・女・社会（MVM）」という女性運動団体を創設したメンバーのひとりで、のちにフェミニズム雑誌『オプザイ』の編集長にもなったヘディ・ダンコナである［Bussemaker 1998a: 87］。この政策転換の結果、0～4歳児向けの全日制保育所とホスト・ペアレント数の合計は、1990年の2万6000から2003年には18万5000へと飛躍的に増加した［Portegijs *et al.* 2006a: 17］。
〈6〉 2002年に家族で半年間滞在したときも、地元の小学校に通い始めた息子を学童保育に入れたいと考えたが、どの曜日も空きがなく、長期休暇に入ってからようやく週2日分を確保することができた。補助金による減額なしの保育料は1日あたり20ユーロ、当時のレート換算で2300円程度だった。
〈7〉 雇用主側は、負担した保育料の3割分を税金と社会保障負担から控除することができた。
〈8〉 12歳以下の子どもがいる世帯全体のなかで、公的保育の利用者の割合は2011年時点で22％である（オランダ中央統計局オンラインデータ）。
〈9〉 ところが利用者が増加した結果、政府の補助金支出も10年間で4倍に膨らんだため、大幅な予算カットに取り組む第2次ルッテ政権は、2012年に再び制度を見直した。所得が相対的に高い層を中心に保育料負担が増えたほか、親の実働時間数に応じて補助金対象となる保育時間数にも制限がもうけられることになった。祖父母などをホスト・ペアレントとして登録するシステムにも、一定の制限をもうけるなど厳格な運用が義務づけられた。この結果、親の負担額の増加が利用者の減少に結

びついたという報告が出ている［Portegijs *et al.* 2014］。
⟨10⟩　移民コミュニティの集団間の差異はここでも浮き彫りになっている。モロッコ系・トルコ系移民家庭では利用率が低いのに対し，アンティル系はほかのオランダ人家庭とほぼ同じ程度，スリナム系は非移民のオランダ人よりも頻繁に公的保育を利用している［E-Quality 2008: 2］。
⟨11⟩　2009 年の調査では，通常の時間割を採用している学校で，子どもにまったく「居残り」をさせていない親は 43％に上っていた［Cloïn *et al.* 2010: 75］。
⟨12⟩　「紅茶ポットに逆戻り？（Terug naar de theepot ?）」（*VB Magazine* 誌，1997 年 5 月号），「お母さんは家で，紅茶ポットのそばにいるべきです（Moeder moet thuis zijn, bij de theepot）」（*Brabants Dagblad* 紙，2004/8/26），「女性は紅茶ポットから離れないと（Vrouwen moeten weg bij de theepot）」（*Algemeen Nederlands* 紙，2011/2/17）など。
⟨13⟩　オランダのメディアなどにおいて，母性文化はカルヴァン主義の思想に由来すると説明されることが多い。たしかにカルヴァン主義のもとでは，夫が稼ぎ手として家族を扶養し，妻が主婦として家事や子どもの養育に責任を持つという明確な役割分担が結婚生活の基盤とされた［Franits 1993；ラフマン 2012］。しかし第 3 章で述べたように，20 世紀半ばの柱状化した社会構造のもとでは，既婚女性が家庭内で家事・育児に専念すべきだという考え方は，プロテスタント以外の信条を基盤とするグループにおいても広く支持されていた。
⟨14⟩　ある 39 歳の女性は，大手人材派遣会社で責任のある職に就きながら週 3 日のパートタイム勤務を試みたが，子どもが保育所になじめなかったうえ，それ以上少ない勤務時間は認められなかったため，退職した。その後インターネットによる「9 時から 3 時までの人材バンク」を自宅で起業し，子どもの送り迎えを自分でしたい母親たちのために，午後 3 時には終わる仕事の紹介を手がけている。多くの母親が週 2 日の保育を限度と考えている以上，保育所の拡充よりも学校の時間割に合わせた職の提供のほうが女性の就労拡大には効果的だと彼女は主張する（*Trouw* 紙，2006/7/8）。
⟨15⟩　政府の目標値は，当初 2011 年までに 1200 校となっていたが，2009 年にすでに達成されたため，1500 校に上方修正した［Taskforce DeeltijdPlus 2010］。が，拡大学校の新設はこれも上回るスピードとい

うことになる。ひとつの拡大学校の敷地内に複数の小学校が併設されているケースも少なくないことを考えると，全国にある7000校の小学校のうち，約2000校は拡大学校の範疇に入るとされる［Oberon 2012: 11］。

〈16〉 この事業にかかわっている基礎自治体レベルの議員で，キリスト教民主アピール党（CDA）に所属する女性の話では，拡大学校のなかに併設される3つの小学校は，宗教的背景の違いがあるばかりでなく，移民世帯の子どもが占める比率も大きく異なる。つまり，この事業の成功の可否は，民族マイノリティの社会的統合という政治課題とも結びついていることになる（インタビュー，2011/7/6）。

〈17〉 SCPによる調査でも，学校ばかりでなく，放課後の習い事への子どもの送り迎えに必要な時間を捻出するのに親たちが苦労している事実が明らかになっている。その意味で，拡大学校は魅力的な選択肢を提供しつつあるといえる［van der Klis 2011］。

第6章

〈1〉 オランダで1975年に始まった生活時間調査は，全国の2000人を対象に，10月第2週の7日間，あらかじめ定められた活動項目について15分刻みの日誌をつけてもらうという方式で，5年ごとに実施されてきた。この方式での最終実施は2005年である。2011年からは，国際比較を可能にするため，ヨーロッパ統計局の主導による新たな測定方式を採用した調査が行われている［Cloïn 2012: 13-14］。

〈2〉 さらに内訳を見ると，料理と後片付けに女性が割く時間は1980年の14時間から2005年の9時間へと5時間分も少なくなっている。家の掃除に充てる時間は2.4時間の減少である。これに対し，男性の料理・後片付け時間は1.1時間，掃除時間は0.8時間増えた［Bucx 2011: 114-115］。

〈3〉 ヨーロッパ各国の生活時間を比較した2006年の調査によれば，18歳未満の子を持つオランダ人男性の育児時間は1日あたり49分で，北欧諸国をふくむ15ヵ国の中でもっとも長い。ところがオランダ人男性（20〜74歳）が家事に費やす時間のほうは1日あたり1時間47分と，イタリア，スペイン，ラトビアに次いで短く，15ヵ国平均の2時間4分をかなり下回る。それでも日本の既婚男性の1日あたりの平均家事時間

（「平成18年社会生活基本調査」によれば30分）よりははるかに長い。
〈4〉 16〜26歳の若い世代を対象としたアンケート調査では，家事・育児の分担について，男女ともに親世代よりも平等志向が強いという結果も出ている［Merens *et al.* 2012: 45-47］。
〈5〉 とはいえ，あまり家事をしないといわれている夫たちでさえ，夕食に招かれたときなどに観察していると，手際よく食卓を整えたり，後片付けにさっと立ったりと，日本の多くの家庭よりずっと家事分担が進んでいるように見えた。また，周辺のヨーロッパ諸国に比べると，夫の家事遂行時間がさほど多くないにもかかわらず，夫婦間の家事分担の現状に対する女性の満足度がかなり高いという統計結果もある［Portegijs *et al.* 2006b: 153］。
〈6〉 アメリカの共働き家庭の家事分担に関するインタビュー調査をしたホックシールドは，こうした役割遂行を「家庭生活の管理」と呼び，その8割を女性が担っていると述べた［ホックシールド 1990: 405］。
〈7〉 民族的マイノリティの男性のパートタイム就労率も高い（2009年時点で21％）が，そこにはフルタイムの職が見つかりにくいという事情が働いている［van Beek *et al.* 2010: 10］。
〈8〉 小さい子どもを持つ女性の90％は，33時間未満しか働いていない［Portegijs *et al.* 2006a］。
〈9〉 休暇についても個人の実情に応じた取りやすさが重視される現代にあって，建設関連労働者が夏季の一斉休業（*bouwvak*と呼ばれる）を強いられる状態は，批判の的ともなりつつある。労働組合連合体の広報担当者は，建設業界の就業規則も「近代化すべき」だと述べている（*metro nieuws*紙，2011/7/21）。
〈10〉 他方，別の30代女性は，CMで1950年代さながらの光景が映し出されたことにより，それほど子育てに関与していない男性でも「自分はあれよりはずっとましだ」と考えて安心してしまい，かえって逆効果だったのではないかとコメントしていた。
〈11〉 これは，日本の職場で育児休業を取得した数少ない男性たちにも共通していた発想である［中谷 1999］。

第7章

〈1〉 オランダでは，18歳以上の学生に一定額の奨学金が国から支給され

る。以前は完全に無償だったが，現在は，就学年数 10 年以内に卒業できなかった場合のみ，貸付の扱いとなって返済義務が生じる（専門学校を除く）。

〈2〉 *NRC Handelsblad* 紙，2006/3/23，*Deventer Dagblad* 紙，2006/3/23。

〈3〉 *NRC Handelsblad* 紙，2006/3/22，2006/3/23，2006/4/1，*Het Financieele Dagblad* 紙，2006/3/23，*de Volkskrant* 紙，2006/3/23，*Het Parool* 紙，2006/3/23，2006/3/24，2006/3/25，*Trouw* 紙，2006/3/24，2006/4/1，2006/4/8 など。

〈4〉 "Vrouwen tennissen liever dan carrière te maken"（*Trouw* 紙，2008/3/7），"Moeder, verloochen je gevoelens niet"（*Trouw* 紙，2008/3/12）のやりとりが一例である。

〈5〉 すでにふれたように，そこには，かつての轍を踏みたくないという政治的意志も見え隠れしている。つまり，かつて労働力の確保が必要とされた 1950 年代から 60 年代にかけては，女性の就労ではなく，移民労働の導入を進めたわけだが［Bussemaker 1998a: 75］，その結果として多くの移民人口を抱えることになり，今日の社会問題を生んだとの認識があるためである。

〈6〉 たとえば，政策の進捗状況を評価・報告するために，2000 年から 2 年に 1 回刊行されている白書は，「解放モニター（*Emancipatiemonitor*）」と名付けられている。

〈7〉 この中間評価に先立つ 2002 年に成立したバルケネンデ内閣は，多文化尊重の立場から積極的統合政策へと，移民人口（第 1 世代だけでなく，オランダ生まれの第 2 世代，第 3 世代をふくむ）に対する政策を転換した。その一環として，ターゲットグループと位置づけられたのが移民女性（*allochtone vrouwen*）である［Roggeband & Verloo 2007］。このため，中間評価においては，「脆弱な地位にある女性たちの社会参加」を促すという，当初の長期計画にはなかった新たな項目が付け加えられている［TK 2005/2006］。

〈8〉 経済的自立を果たしている状態とは，法定最低賃金（2014 年は時給 9.02 ユーロ，週 38 時間のフルタイム勤務者で月給 1485.65 ユーロ）の 70％を獲得していることを指す［TK 2007/2008: 22］。「解放モニター 2012 年版」［Merens *et al.* 2012］によれば，経済的自立を達成している女性の割合は 2010 年時点で 52％（男性は 74％）であり，2004 年の 42

%からは増加したが，ここ数年は変わっていない。長期計画における 2010 年までの目標値は 60 ％であった。女性の時間あたりの平均賃金は 2009 年時点で男性平均の 80 ％である。

〈9〉 この法案の作成には，上級管理職の女性比率を高めるためのロビー運動団体 Women at the top の創設者でもあるヘレーン・メースもかかわった。なお，2012 年秋に発足した第 2 次ルッテ内閣も，政府高官（次官・局長級）の女性比率を現在の 26 ％から 2017 年までに 30 ％にすることを公約に盛り込むなど，女性の昇進問題には本腰を入れていた。

〈10〉 ここでいう上級管理職とは，執行役員とその 2 段階下までの管理職を指す。ちなみに日本企業の平均は，係長相当職以上（役員をふくむ）の女性割合が 2013 年時点で 9.0 ％である（厚生労働省「平成 25 年度雇用均等基本調査」）。オランダでは，教育分野などでの男女平等が進んでいるのに対し，意思決定分野への女性の参加が立ち遅れているとの認識が強いが，世界経済フォーラムによるジェンダー・ギャップ指数の国別ランキング（2013 年）では，オランダは 13 位，国連開発計画のジェンダー不平等指数（2012 年）では 1 位につけている。日本はそれぞれ 105 位，21 位であった。

〈11〉 表 4-1 にあるインタビュー対象者のうち，パートタイム勤務者の初回インタビュー時の週あたり平均就労時間は 30.7 時間である。

〈12〉 オランダの 5 都市に住む 12 歳未満の子どもの母親約 4000 人を対象とした調査（1285 票回収，平均回収率 33 ％）の回答者のなかから，低学歴女性 31 名に対して行ったインタビュー調査。

〈13〉 2008 年に行われた SCP の調査でも，専業主婦時代を経て，パートタイム勤務を始めた女性たちは，働かずに家にいることを「鈍くなる」「ひからびそう」と形容していた。大きくなった子どもから，「いつになったら何かするの？家にいるお母さんはもうほかにいないよ」といわれたという人もいる。それでも，フルタイムで働く意志のある人は誰ひとりとしていなかった [Portegijs *et al.* 2008: 91]。

〈14〉 私自身のインタビュー対象者と，ここで紹介した調査の対象である低学歴女性との間に見られる大きな違いは，後者の場合，子育ての優先度が高いこと，そして夫が勤務時間を調整する傾向がより少ないことである。夫がフルタイムの定型的な勤務に就いており，子どもが病気になっても休みを取れない（あるいは取ろうとしない）状況のもとでは，妻た

ちの選択肢はおのずと限られる。
〈15〉 このロジックは,あくまでも生活の基盤を支えられるだけの収入が夫にあることを前提としている。夫やパートナーを持たないシングルマザーや独身女性の場合は,パートタイムであっても比較的長い就労時間を選択する傾向にある。
〈16〉 これは,国の手厚い補助のもとで質の高い保育が提供されている北欧諸国において,夫婦がともにフルタイム勤務をしている状況がスカンジナビア・モデルとして頻繁に紹介されていたことに対する反応である。とりわけスウェーデンの事例は,マスメディアでよく引き合いに出されていた。
〈17〉 具体的には,収入がない(もしくは少ない)人の基礎税額控除を配偶者に移転できる措置(事実上の配偶者控除にあたり,「キッチン作業台補助金」と呼ばれていた)の段階的廃止や,「片親もしくは夫婦のうち所得の低い配偶者で,勤労所得が4814ユーロ(2013年の場合)を超えており,さらに家庭で12歳以下の児童を扶養している」という要件を満たす人の税額控除(所得税および社会保険料に適用される)の引き上げなどを指す。これらの措置は2009年からすでに実施されている。

第8章

〈1〉 教会の礼拝に月1回以上出席する人の割合は,1980年に38%,2009年には18%となっていた [CBS 2010: 196]。
〈2〉 もともとオランダの主婦は月曜日を洗濯日とし,いっせいに洗濯をしていた。行為者率の平日だけの分布を見ると,2000年時点でもやはり月曜日に洗濯をしている家庭が多いことに変わりはない。ただし,洗濯に費やす時間は,日曜日(21分),月曜日(24分),土曜日(21分)が同程度になっており,この点は1975年(それぞれ3分,34分,10分)に比べると,大きな変化である [van den Broek & Breedveld 2004: 42]。
〈3〉 睡眠,食事,身づくろいに費やす時間は,週あたり75〜76時間を推移している。男女差はほとんどない [Breedveld *et al.* 2006: 30-31]。
〈4〉 ただし,これらの変化はいっせいに生じたものではなく,地域によって,あるいは個々の家庭の状況によって変化の過程は異なる。第6章で紹介した事例9のハネケの出身地は,1960年代初頭の時点ではまだキリスト教会の影響が強い地域で,毎週日曜日に教会の礼拝に出席するこ

とが当然だったばかりでなく,同じキリスト教でもプロテスタントとカトリックの縁組は考えられなかった。プロテスタントだった彼女は,ダンス教室で知り合ったカトリック男性と,周囲からの猛反対を押し切って 1963 年に結婚した(第 3 章注〈11〉参照)。その後夫の転勤で海外に出るまでは,プロテスタントとカトリックの礼拝に交互に出席していたが,1970 年代半ばに戻ってきて数年してからは,牧師との相性などの問題から教会に行かなくなったという。

〈5〉 その後も,日曜営業をめぐっては攻防が続いている。2000 年代から大都市や観光地に限って毎週の日曜営業が許可されたが,なし崩し的に日曜営業が多くの都市に拡大してきたことを受けて,いったん法の適用が厳格化された一方で,基礎自治体の判断に全面的に委ねる案も出されている。だが,この章の冒頭で述べたように,ライデンのような都市では,スーパーやデパート,小売店の多くも日曜に店を開けることがあたりまえのような状況になってきた。

〈6〉 2000 年の調査では,18 時が夕食のピークタイムで,その前後 15 分以内に夕食を取っている人は,全体の 46％に上る。1975 年の 59％よりは減少していることが明らかだが,それでも半数近くがほぼ同じ時間に夕食を取っている状態は注目に値する [van den Broek & Breedveld 2004: 44]。

〈7〉 その一方で,勤務時間帯がそれほど柔軟化していないことは,人々が家にいる時間の分析からも読み取れる。15 分刻みの時間帯ごとに,家にいる人の割合について,週末をふくむ 1 週間の平均値を出した表によれば,朝,8 時から 9 時の間に家を出る人の割合は,1975 年も 2000 年もほとんど同じである。夕方 6 時すぎに家にいる人の割合は,1975 年の 78％から,2000 年の 73％へと減少したが,それでも 7 割を超えている。20 時以降となると,1975 年と 2000 年の違いは見られなくなる [van den Broek & Breedveld 2004: 59]。

〈8〉 純然たる家事に費やす時間数は減少傾向にある。17 歳以下の子どもと同居する世帯でも,全体として家事時間は 1980 年の 19.1 時間から 2005 年の 16.8 時間へと減少している。ただし,家事時間を減らしているのは女性だけで,男性はむしろ増えている。それでも男性の増加分を女性の減少分が上回っているため,全体としては家事時間が少なくなっているのである [Bucx 2011: 113]。

⟨9⟩　夫婦の家事分担に関する調査（2000年）によると，「料理」「買い物」「洗濯」「掃除」のうち，「洗濯」以外の項目では，夫婦がともにフルタイム勤務の世帯の場合，「男性が主にする」「男女が同程度にする／外注する」と回答した人の合計がほぼ半分を占めていた［Duyvendak & Stavenuiter 2004: 59］。

⟨10⟩　VPRO "Tussen kroost en carrière"，2011年6月9日放映。司会役は，ヘレーン・メースもコラムを連載していた月刊誌『オプザイ』の編集長であった。

⟨11⟩　企業（従業員10人以上）の58％がテレワークを導入している。500人以上の大企業に限れば，導入率は96％である（2012年）。全労働者のなかのテレワーカー比率は，2003年の7％から2012年には22％と急増した［CBS 2013: 104-105］。

⟨12⟩　同じ記事によれば，オランダのトップ50に入る大企業のうち，企業内保育所を福利厚生の一環としてもうけている企業は2010年と2011年の間に激減し，21％から11％となった。この激減のひとつの理由は，柔軟な勤務形態の普及にあると見られている。

⟨13⟩　権丈［2012］は，オランダの大手企業4社におけるテレワークの制度化に関し，ヒアリング結果を紹介している。

⟨14⟩　『ロフ』は経済紙『フィナンシエール・ダッハブラッド』と共同で，「新しい働き方」のプロモーション用別冊を2010年11月に出しているが，そこでもトップ企業の女性管理職へのインタビューを掲載している（*Lof* special edition, Supplement *Financieel Dagblad*, 2010年11月）。

⟨15⟩　20〜65歳の働く男女を対象にした調査（2009年）によれば，「仕事と育児の両立がうまく行っていない」と答えた回答者は，全体で7％（女性が3％，男性が10％）であった［Cloïn *et al.* 2010: 131］。

第9章

⟨1⟩　「幸福度」は英語ではwell-beingとなっている。イノチェンティ研究所は，(1)物質的条件，(2)健康と安全，(3)教育，(4)家族や友人との関係，(5)行動とリスク，(6)主観的評価という6つの指標を用いて総合的な評価を出した。ちなみに日本は，すべての指標についてのデータが得られなかったという理由から総合評価のランキングには入っていない。だが，指標のひとつ，「自分を孤独と感じる子ども」の割合は，対象24ヵ国中

オランダが 24 位（孤独と感じる子どもがもっとも少ない）だったのに対し，日本は 1 位であった［リヒテルズ 2008］。
〈2〉 欧州委員会が EU 加盟国を対象として定期的に行う世論調査（ユーロバロメーター）において，「生活に対する満足度」への回答を 10 点評価で求めた平均値の比較である。このような主観的な生活満足度や幸福感に加え，オランダの SCP は，住宅環境，健康，余暇，社会参加，消費財の所有率などといった複数の指標を組み合わせることにより，国民の生活水準を総合的に示す指標を開発し，これを「生活状況指標（*leefsituatie-index*）」と呼んでいる。相対的には高所得者のほうが低所得者より，高学歴者のほうが低学歴者より，あるいは土着のオランダ人のほうが非西洋系の移民（民族的マイノリティ）よりも恵まれた生活状況にある。ただし 1997 年から 2010 年の間，いずれの階層でも生活状況指標の値は上昇しており，階層間の格差は年を追って縮小している［SCP 2011: 311-312］。
〈3〉 都市と農村の違い，あるいは階層により変化のスピードは異なったが，19 世紀から 20 世紀初頭にかけて専業主婦の比率はどの階層でも増え続け，1910～22 年には，低級管理職や低級専門職，熟練労働者，土地持ち農民などを夫とする女性の 8, 9 割が結婚後，無職となっていた［van Poppel *et al.* 2009］。この間に広まった専業主婦規範に従う形で，じっさいには夫の収入だけでは家計が支えられない階層の女性も戸外就労を放棄したため，工場よりも劣悪な条件で内職に従事したり［van Poppel *et al.* 2009］，近隣世帯の洗濯やアイロンかけを請け負うなどして家内で働いた［Morée & Schwegman 1981: 11］。
〈4〉 この点について品田は，日本における家事は労働の一形態とみなされてきたために，有償の仕事との「入れ替え可能性」が高いと説明する［品田 2007: 113］。仕事が忙しい人は，家事をしなくても当然とされるのである。

あとがき

　私とオランダとのつきあいの始まりは，1980年代末にさかのぼる。当時イギリスの大学院で人類学を学んでいた私は，インドネシアの女性労働をテーマとする修士論文に必要な文献を探すため，旧宗主国であるオランダの図書館に足を運び始めた。その後，インドネシアのバリ島での長期フィールドワークの前後にもオランダに何度か滞在し，文献調査を続けた。つまり，オランダ訪問のきっかけはインドネシア研究にあった。

　オランダ社会そのものへの学問的興味が芽生えたのは，バリ島でのそれまでの調査成果をまとめるために，家族とともに半年を過ごした2002年のことだった。具体的な契機は，滞在の当初に複数のオランダ人女性との間に繰り返されたやりとりにある。

　オランダに行った時点で4歳をすぎていた息子は，現地のやり方に従って，地元の公立小学校に通うことになった。何かのついでに，日本ではその息子が月曜から土曜まで保育所に行っていたという話をすると，相手は必ず，こちらがびっくりするほどの勢いで「月曜から土曜まで？　それって週6日ってこと？　信じられない！」と反応した。オランダの保育所は子どもによって通う日数が違うということを知った時点で，同世代の親しい女性にその人の2歳になる娘が週何日通っているのか尋ねてみると，「週3日よ」という答え。こちらが「週3日だけ？」と思わずいったのに対し，その人から即座に返ってきたのは，次のような言葉だった。「3日だけ，って反応は面白いわね。こっちの人なら3日でも多すぎるって思うところなのに——」。

　第5章で詳述したように，子どもを保育所に通わせる日数が問題に

なる背景には，公的保育をめぐるオランダ特有の歴史的・社会的状況がある。何人もの女性と話しているうちに見えてきたのは，制度上の問題点以上に，公的保育に子どもを全面的に委ねることに強い抵抗を感じる人が非常に多いという事実が保育所利用のあり方を左右している状況だった。一方，私たちには，子どもが生後7ヵ月のときから6年間通ったあゆみ保育園という保育所に全幅の信頼を置いた経験があった。そこで過ごした時間の記憶やつちかった人間関係は，子ども自身にとっても親にとってもかけがえのないものであり続けている。その経験に照らせば，「保育所に毎日子どもを通わせるのはひどい親」だとする価値観には違和感を覚えざるをえなかった。

だが同時に，20年近いつきあいの友人たちもふくめ，学歴や職種などが似ていて，さらに社会や政治にまつわるさまざまな話題について語り合うときは同じような意見を持ち，共感しあうことも少なくなかったオランダ人女性たちが，やりがいのある仕事に就きながらも「母親であること」をきっぱりと優先する生活をしているように見えたとき，その姿勢を生み出し，支える要因となるものに興味を覚えた。

その頃までの私の生活は常に何かに追われているような状況で，週末も出張で家を空けることが多かった。同業者の夫も同じようなペースで働いていたが，どちらか一方は家で子どもの世話をする必要があったため，出張先から戻る夫と出張に出かける私とが新幹線のホームで落ち合い，子どもを受け渡ししたこともある。まさに「人生のラッシュアワー」を生きていた私たちにとって，仕事抜きで家族3人が一緒に過ごす平日の夕方や週末は，オランダでの半年間で初めて味わうものだったといっても過言ではない。オランダの人々があたりまえのように実践している生活とあまりに無縁だったことに気づいたとき，それがあたりまえとされる社会の成り立ちをもっと知りたいと思うようになったのである。

インタビュー調査にあたっては，夫の塚原東吾が留学時代に築いた広く深い交友関係こそが，重要な出発点であった。今は私自身の大切

な友人ともなったその人々との長年のかかわりを通じて、オランダ社会の一端を垣間見させてもらうことができた。とりわけ心強かったのは、彼女ら・彼ら自身がこのトピックに興味を持ち、自分自身の経験ばかりでなく、その都度起きていることについて生き生きと語り、議論してくれたことである。Alice, Anneke, Anneloes, Bart, Brigitte, Caroline, Edward, Els, Ivo, Ingeborg, Dick, Mies, Nicole, Rachelle, Saskia を始め、本当に数多くの方に有形無形の援助をいただいた。そしてもちろん、インタビューのために貴重な時間を割いて下さった方々にも深く感謝したい。Mijn hartelijke dank！

　思えば、これまで身を置いた場所のいずれもが、私の「ワーク」にとっても「ライフ」にとっても大きな意味を持っていた。上智大学では人生で大切なことのすべてを学び、最初の就職先である京葉教育文化センターでは、好きなことを仕事にする充実感と厳しさを教えられ、留学先のオックスフォード大学では論理的に考え、議論することの喜びを知り、長期フィールドワークのために滞在したバリ島では、濃密な人間関係のなかにどっぷりと身を浸すという得がたい経験をした。帰国後、助手として採用していただいた京都文教大学では、人類学者集団の豪快さ、楽しさにふれることができ、そして現在の勤務先である岡山大学では、信頼できる同僚たちとともに働き、「おかしいことはおかしい」といえることの大切さをかみしめる毎日である。長じてのち出会った方々とのさまざまな場面での対話が、今なお私にとっての「働くことと生きること」の大切な糧となっていることをありがたく思っている。

　なお、本書の内容は、科学研究費補助金による研究課題「「仕事」の多様性と変容に関する人類学的研究——ジェンダー視点による国際比較」（2005 年度〜2008 年度、基盤研究 (B)、No. 17320139）および「ワークライフバランスをめぐる政策と実践の人類学的研究——オランダの事例から」（2010 年度〜2013 年度、基盤研究 (C)、No. 22520823）の研

究成果の一部である。国際日本文化研究センター共同研究「アジアにおける家族とジェンダーの変容」(2007年度～2008年度，代表者：落合恵美子)，国立民族学博物館共同研究「ジェンダー視点による〈仕事〉の文化人類学的研究」(2008年度～2011年度，代表者：中谷文美)の関連研究会でも報告をし，有益なコメントをいただいた。

オランダの国際アジア研究所（IIAS）には二度にわたってアフィリエート・フェロー（affiliated fellow）としての受け入れをお願いし，発表の機会も与えていただいた。ライデン大学，オランダ王立図書館を始め，オランダ各地の図書館や資料室では，スタッフの方々に大変お世話になった。

本書をまとめるにあたっては，前著に続いて伴走をお願いした世界思想社の，的確できめ細かなフィードバックに今回も大いに助けられた。同年代の編集者と構想段階から重ねてきた数多くのやりとりが本書のバックボーンを作っている。図表の作成や原稿の整理などは，軸屋恵理子さんに手伝っていただいた。

最後になるが，いつなんどき「スイッチ」が入るかわからない私の調査をいつも面白がってくれ，協力を惜しまない夫と息子，そして長きにわたって私たちのワーク・ライフ・バランスの実現のために後方支援を続けてくれた両親と夫の母に──ありがとう。

中 谷 文 美

引用・参照文献一覧

オランダ人著者による文献については，オランダ国内の慣例に従い，本文中で出典を示すときは姓の一部である de, van などの前置詞をつけるが，この一覧では，前置詞を除いた姓の最初の文字順で並べている。

荒金雅子・小﨑恭弘・西村智編 2007『ワークライフバランス入門――日本を元気にする処方箋』ミネルヴァ書房。
アンドレ，レイ 1993［1981］『主婦　忘れられた労働者』矢木公子・黒木雅子訳，勁草書房。
大沢真知子 & スーザン・ハウスマン編 2003『働き方の未来――非典型労働の日米欧比較』日本労働研究機構。
大沢真知子 2006『ワークライフバランス社会へ――個人が主役の働き方』岩波書店。
キウーラ，ジョアン 2003［2000］『仕事の裏切り――なぜ，私たちは働くのか』中嶋愛訳，翔泳社。
久場嬉子 2007「ワーク・シェアリングとは何か」足立眞理子他編『フェミニスト・ポリティクスの新展開――労働・ケア・グローバリゼーション』pp. 92-106, 明石書店。
権丈英子 2006「EU 諸国におけるパートタイム労働」和気洋子・伊藤規子編『EU の公共政策』pp. 107-130, 慶應義塾大学出版会。
権丈英子 2012「オランダにおけるワーク・ライフ・バランス――労働時間と就業場所の選択の自由」武石恵美子編『国際比較の視点から日本のワーク・ライフ・バランスを考える』pp. 253-294, ミネルヴァ書房。
佐藤博樹 2008「ワーク・ライフ・バランスと企業による WLB 支援」山口一男・樋口美雄編『論争　日本のワーク・ライフ・バランス』pp. 106〜123, 日本経済新聞出版社。
ジェトロ 2009「欧州各国の雇用制度一覧」『ユーロトレンド』2009 年 8 月号。
品田知美 2007『家事と家族の日常生活――主婦はなぜ暇にならなかったのか』学文社。
柴山恵美子・中曾根佐織編 2004『EU の男女均等政策』日本評論社。
セネット，リチャード 2008［2006］『不安な経済／漂流する個人――新しい資本主義の労働・消費文化』森田典正訳，大月書店。
武石恵美子編 2012『国際比較の視点から日本のワーク・ライフ・バランスを考える』ミネルヴァ書房。

竹中恵美子 2011『社会政策とジェンダー』竹中恵美子著作集V，明石書店。
竹信三恵子 2002『ワークシェアリングの実像──雇用の分配か，分断か』岩波書店。
竹信三恵子 2013『家事労働ハラスメント──生きづらさの根にあるもの』岩波書店。
トドロフ，ツヴェタン 2002［1993］『日常礼讃──フェルメールの時代のオランダ風俗画』塚本昌則訳，白水社。
長坂寿久 2007『オランダを知るための60章』明石書店。
中谷文美 1999「〈子育てする男〉としての父親？──90年代日本の父親像と性別役割分業」西川祐子・荻野美穂編『共同研究・男性論』pp. 46-73，人文書院。
中谷文美 2003『「女の仕事」のエスノグラフィ──バリ島の布・儀礼・ジェンダー』世界思想社。
中谷文美 2012a「都市の家族，村の家族──バリ人の儀礼的つながりの行方」鏡味治也編『民族大国インドネシア──文化継承とアイデンティティ』pp. 79-116，木犀社。
中谷文美 2012b「主婦の仕事・母の仕事──オランダ社会における家事の文化とその変容」落合恵美子・赤枝香奈子編『アジア女性と親密性の労働』pp. 55-80，京都大学学術出版会。
日本生産性本部 2013『日本の生産性の動向 2013年版』。
　(http://www.jpc-net.jp/annual_trend/annual_trend2013_full.pdf)
根本孝 2002『ワークシェアリング──「オランダ・ウェイ」に学ぶ日本型雇用革命』ビジネス社。
バウマン，ジグムント 2007［2004］『廃棄された生──モダニティとその追放者』中島道男訳，昭和堂。
萩原久美子 2010「「両立支援」政策におけるジェンダー」木本喜美子・大森真紀・室住眞麻子編『社会政策のなかのジェンダー』pp. 75-101，明石書店。
濱口桂一郎 2006「EU労働法政策における労働時間と生活時間──日本へのインプリケーション」社会政策学会編『働きすぎ──労働・生活時間の社会政策』pp. 33-47，法律文化社。
樋口美雄 2008「ワーク・ライフ・バランス促進のための政府の役割」山口一男・樋口美雄編『論争 日本のワーク・ライフ・バランス』pp. 35-56，日本経済新聞出版社。
フェーガン，コレット＆ケビン・ワード 2003「イギリスとオランダの非典型労働──両国の法規制は統合に向かうのか」大沢真知子＆スーザン・ハウスマン編『働き方の未来──非典型労働の日米欧比較』pp. 55-93，日本労働研究機構。
ベック，ウルリヒ 1998［1986］『危険社会──新しい近代への道』東廉・伊藤美登里訳，法政大学出版局。

ポーコック，バーバラ 2010［2006］『親の仕事と子どものホンネ——お金をとるか，時間をとるか』中里英樹・市井礼奈訳，岩波書店。
ホックシールド，アーリー・ラッセル 1990［1989］『セカンド・シフト——アメリカ 共働き革命のいま』田中和子訳，朝日新聞社。
ホックシールド，アーリー・ラッセル 2012［1997］『タイム・バインド——働く母親のワークライフバランス』坂口緑他訳，明石書店。
前田信彦 2000『仕事と家庭生活の調和——日本・オランダ・アメリカの国際比較』日本労働研究機構。
水島治郎 2001『戦後オランダの政治構造——ネオ・コーポラティズムと所得政策』東京大学出版会。
水島治郎 2006「オランダにおける新たな雇用・福祉国家モデル」『思想』2006年3月号，pp. 167-184。
水島治郎 2010「雇用多様化と格差是正——オランダにおけるパートタイム労働の「正規化」と女性就労」安孫子誠男・水島治郎編『労働』pp. 251-270，勁草書房。
水島治郎 2012『反転する福祉国家——オランダモデルの光と影』岩波書店。
御船美智子 2008「ジェンダーセンシティブなワーク・ライフ・バランス論をめざして」山口一男・樋口美雄編『論争 日本のワーク・ライフ・バランス』pp. 82-105，日本経済新聞出版社。
ラフマン，ジョン 2012「家庭は至福の場か——17世紀オランダ風俗画における家族と家庭のイメージ」中村俊春編『絵画と私的世界の表象』pp. 89-118，京都大学学術出版会。
リヒテルズ直子 2008『残業ゼロ授業料ゼロで豊かな国オランダ——日本と何が違うのか』光文社。
リヒテルズ直子 2011『祖国よ，安心と幸せの国となれ』ほんの木。
山口一男・樋口美雄編 2008『論争 日本のワーク・ライフ・バランス』日本経済新聞出版社。
山口一男 2009『ワークライフバランス 実証と政策提言』日本経済新聞出版社。
脇坂明 2002『日本型ワークシェアリング』PHP研究所。

Andeweg, Rudy B. and Galen A. Irwin 2005 *Governance and politics of the Netherlands, 2nd edition*, Basingstoke: Palgrave Macmillan.
Anxo, Dominique 2004 "Working time patterns among industrialized countries: A household perspective," in Jon C. Messenger ed., *Working time and workers' preferences in industrialized countries: Finding the balance*, Geneva: ILO, pp. 60-107.
Beek, Annemieke van, Wilma Henderikse, Babette Pouwels and Joop Schippers 2010 *Werkende vaders: Strategieën voor vaders die werk en zorg willen combineren*, Den

Haag: Jeugd en Gezin.

Bel, Saskia de 2010 *Samen uit, samen thuis: Een recept om werk en zorg eerlijk te verdelen*, Utrecht: Kosmos.

Berg, Inge 2000 *OR en het combineren van werk en zorg*, Alphen aan den Rijn: Samsom.

Berg, Natasha van den, Marga de Weerd, and Corette Wissink 2011 *Het gebruik van en de behoefte aan kinderopvang in de Gemeente Amersfoort*, Amsterdam: Regioplan Beleidsonderzoek.

Bijl, Rob, Jeroen Boelhouwer, Evert Pommer and Peggy Schyns eds, 2010 *The social state of the Netherlands 2009*, The Hague: SCP.

Bijl, Rob, Jeroen Boelhouwer, Mariëlle Cloïn and Evert Pommer eds, 2012 *The social state of the Netherlands 2011*, The Hague: SCP.

Bont, Marian and Lya Limberger 2004 *Fulltime moederen: De andere carrière*, Utrecht: Lifetime.

Bosch, Nicole, Anja Deelen and Rob Euwals 2008 "Is part-time employment here to stay ?: Evidence from the Dutch Labour Force Survey 1992–2005," Centraal Planbureau Discussion Paper no.100, The Hague: CPB.

Bossche, S. N. J. van den and P. G. W. Smulders 2004 *De nationale enquête arbeidsomstandigheden 2003*, Hoofddorp: TNO Arbeid.

Brancheorganisatie Kinderopvang 2012 *Factsheet: kinderopvang 2012*.

Breedveld, Koen, Andries van den Broek, Jos de Haan, Lucas Harmsm, Frank Huysmans and Erik van Ingen 2006 *De tijd als spiegel: Hoe Nederlanders hun tijd besteden*, Den Haag: SCP.

Broek, Andries van den, Wim Knulst and Koen Breedveld 1999 *Naar andere tijden ?: Tijdsbesteding en tijdsordening in Nederland, 1975–1995*, Den Haag: SCP.

Broek, Andries van den and Koen Breedveld eds 2004 *Trends in time: The use and organization of time in the Netherlands, 1975–2000*, The Hague: SCP.

Bruin, Ellen de 2007 *Dutch women don't get depressed*, Amsterdam: Contact.

Bruyn-Hundt, Marga 1996 "Scenarios for a redistribution of unpaid work in the Netherlands," *Feminist Economics* 2 (3): 129–133.

Bucx, Freek ed. 2011 *Gezinsrapport 2011: Een portret van het gezinsleven in Nederland*, Den Haag: SCP.

Burri, Susanne Denise 2000 Tijd delen: Deeltijd, gelijkheid en gender in Europees- en nationaalrechtelijk perspectief, Proefschrift, Utrecht University.

Bussemaker, Jet 1998a "Rationales of care in contemporary welfare states: The case of childcare in the Netherlands," *Social Politics*, Spring 5 (1): 70–96.

Bussemaker, Jet 1998b "Gender and the separation of spheres in twentieth century Dutch society," in Jet Bussemaker and Rian Voet eds, *Gender, participation and citizenship in the Netherlands*, Aldershot: Ashgate, pp. 25–37.

Carlson, Dawn S., K. M. Kacmar, J. H. Wayne and J. G. Grzywacz 2006 "Measuring the positive side of the work-family interface: Development and validation of a work-family enrichment scale," *Journal of Vocational Behavior* 68(1): 131-164.

Carlson, Dawn S. and Joseph G. Grzywacz 2008 "Reflections and future directions on measurement in work-family research," in Karen Korabik *et al.* eds, *Handbook of work-family integration: Research, theory, and best practices*, London: Academic Press, pp. 57-73.

CBS (Centraal Bureau voor de Statistiek) 2010 *Statistics Netherlands 2010*, The Hague: CBS.

CBS 2012 *Tijd- en plaatsonafhankelijk werken in 2010: op weg naar Het Nieuwe Werken?*, Den Haag: CBS.

CBS 2013 *ICT, kennis en economie*, Den Haag: CBS.

Clark, Sue C. 2000 "Work/family border theory: A new theory of work/family balance," *Human Relations* 53(6): 747-770.

Cloïn, Mariëlle, Marjon Schols, Andries van den Broek and m.m.v. Maria Koutamanis 2010 *Tijd op orde ? Een analyse van de tijdsorde vanuit het perspectief van de burger*, Den Haag: SCP.

Cloïn, Mariëlle and Marjon Schols 2011 "De gezinsagenda," in Freek Bucx ed., *Gezinsrapport 2011: Een portret van het gezinsleven in Nederland*, Den Haag: SCP, pp. 101-128.

Cloïn, Mariëlle 2012 *A day with the Dutch: Time use in the Netherlands and fifteen other European countries*, The Hague: SCP.

CPB (Centraal Planbureau) 2008 "Een analyse van de groei van de formele kinderopvang in het recente verleden en in de nabije toekomst," CPB Notitie, 14/4/2008, Den Haag: CPB.

Crompton, Rosemary and Clare Lyonette 2006 "Work-life 'balance' in Europe," *Acta Sociologica* 49(4): 379-393.

Da Roit, Barbara 2010 *Strategies of care: Changing elderly care in Italy and the Netherlands*, Amsterdam: Amsterdam University Press.

Deursen, Arie Th. van 1991 *Plain lives in a Golden Age: Popular culture, religion and society in seventeenth-century Holland*, Cambridge: Cambridge University Press.

Drayer, Elma 2010 *Verwende prinsesjes: Portret van de Nederlandse vrouw*, Amsterdam: De Bezige Bij.

Drobnič, Sonja and Ana M. Guillén eds 2011 *Work-life balance in Europe: The role of job quality*, Basingstoke: Palgrave Macmillan.

Dulk, Laura den, Anneke van Doorne-Huiskes, and Joop Schippers eds 1999 *Work-family arrangements in Europe*, Amsterdam: Thela Thesis.

Duyvendak, Jan W. and Monique M. J. Stavenuiter eds 2004 *Working fathers, caring men: Reconciliation of working life and family life*, Utrecht: Verwey-Jonker Instituut.

Eijl, Corrie van 1994 *Het werkzame verschil: Vrouwen in de slag om arbeid, 1898–1940*, Hilversum: Verloren.

E-Quality 2008 *Factsheet: kinderopvang*, Den Haag: Kenniscentrum voor emancipatie, gezin en diversiteit.

Esping-Andersen, Gøsta 1990 *The Three worlds of welfare capitalism*, Cambridge: Polity Press（『福祉資本主義の三つの世界——比較福祉国家の理論と動態』岡沢憲芙・宮本太郎監訳, ミネルヴァ書房, 2001）.

Esping-Andersen, Gøsta 1999 *Social foundations of postindustrial economies*, Oxford: Oxford University Press（『ポスト工業経済の社会的基礎——市場・福祉国家・家族の政治経済学』渡辺雅男・渡辺景子訳, 桜井書店, 2000）.

ETUC (European Trade Union Confederation) 2011 *Fact sheet: Working time, gender equality, and reconciling work and family life*, Brussels: ETUC.

Eurofound 2010 *Changes over time: First findings from the fifth European Working Conditions Survey*, Dublin: Eurofound.

Eurofound 2012 *Fifth European working conditions survey*, Luxembourg: Publications Office of the European Union.

European Commission 2011 *Strategy for equality between women and men, 2010–2015*, Luxembourg: European Union.

Fine-Davis, Margret *et al.* 2004 *Fathers and mothers: Dilemmas of the work-life balance*, Dordrecht: Kluwer.

Fouarge, Didier and Christine Baaijens 2004 Changes of working hours and job mobility: The effect of Dutch legislation, OSA-Working Paper WP 2004-23, Tilburg: Institute for Labour Studies (OSA), Tilburg University.

Franits, Wayne E. 1993 *Paragons of virtue: Women and domesticity in Seventeenth-Century Dutch art*, Cambridge: Cambridge University Press.

Gambles, Richenda, S. Lewis and Rhona Rapoport 2006 *The myth of work-life balance: The challenge of our time for men, women and societies*, Chichester: John Wiley.

Greenhaus, Jeffrey H. and Gary N. Powell 2006 "When work and family are allies: A theory of work-family enrichment," *Academy of Management Review* 31 (1): 72–92.

Guest, David E. 2002 "Perspectives on the study of work-life balance," *Social Science Information* 41 (2): 255–279.

Halman, Loek 2001 *European values study: A third wave*, Tilburg: WORC, Tilburg University.

Hochschild, Arlie R. 1995 "The culture of politics: Traditional, postmodern, cold-modern, and warm-modern ideals of care," *Social Politics* 2 (3): 331–346.

Hoof, J. J. van, P. E. M. Bruin, M. J. R Schoemaker, and A. Vroom 2002 *Werk(en) moet wel leuk zijn: Arbeidswensen van Nederlanders*, Den Haag: Koninklijke van Gorcum.

Hooren, Franca van and Uwe Becker 2012 "One welfare state, two care regimes: Understanding developments in child and elderly care policies in the Netherlands," *Social Policy & Administration* 46 (1): 83–107.

Horst, Hilje van der 2008 Materiality of belonging: The domestic interiors of Turkish migrants and their descendants in the Netherlands, Proefschrift, Universiteit van Amsterdam.

Jacobs, Antoine and Marlene Schmidt 2001 "The right to part-time work: The Netherlands and Germany compared," *International Journal of Comparative Labour Law and Industrial Relations* 17 (3): 371–384.

Jurgens, Fleur 2007 *Leve de burgertrut: Prikkelende beschouwing over de moderne gezinsmoraal*, Amsterdam: Meulenhoff.

Keuzenkamp, Saskia and Erna Hooghiemstra eds 2000 *De kunst van het combineren: Taakverdeling onder partners*, Den Haag: SCP.

Keuzenkamp, Saskia and Laila Faulk 2006 "Voltijds werkende moeders," in Sociaal en Cultureel Planbureau, *Investeren in vermogen: Sociaal en cultureel rapport 2006*, Den Haag: SCP, pp. 153–181.

Keuzenkamp, Saskia, Carlien Hillebrink, Wil Portegeijs and Babette Pouwels 2009 *Deeltijd (g)een probleem: Mogelijkheden om de arbeidsduur van vrouwen met een kleine deeltijdbaan te vergroten*, Den Haag: SCP.

Klis, Marjolijn van der 2011 "De logistiek van het dagelijkse gezinsleven," in Freek Bucx ed., *Gezinsrapport 2011*, Den Haag: SCP, pp. 129–151.

Kloek, Els 2009 *Vrouw des huizes: Een cultuurgeschiedenis van de Hollandse huisvrouw*, Amsterdam: Balans.

Knijn, Trudie and Frits van Wel 2001 *Een wankel evenwicht: Arbeid en zorg in gezinnen met jonge kinderen*, Amsterdam: SWP.

Knulst, Wim and Paul van Beek 1990 *Tijd komt met de jaren*. Rijswijk: SCP.

Korabik, Karen, Donna S. Lero and Denise L. Whitehead eds 2008 *Handbook of work-family integration: Research, theory, and best practices*, London: Academic Press.

Kremer, Monique 2007 *How welfare states care: Culture, gender, and parenting in Europe*, Amsterdam: Amsterdam University Press.

Lilja, Reija and Ulla Hämäläinen 2001 *Working time preferences at different phases of life*, Dublin: Eurofound.

Linthorst, Marijke 2003 *Werk: Themakatern*, Wormerveer: Essener.

Maassen van den Brink, Henriëtte and Wim Groot 1997 "Parental time allocation and day care," in Kea Tijdens, Anneke van Doorne-Huiskes and Tineke Willemsen eds, *Time allocation and gender: The relationship between paid labour and household work*, Tilburg: Tilburg University Press, pp. 79-96.

McCann, Deirdre 2004 "Regulating working time needs and preferences," in Jon C. Messenger ed., *Working time and workers' preferences in industrialized countries: Finding the balance*, Geneva: ILO, pp. 10-28.

Mees, Heleen 2007 *Weg met het deeltijdfeminisme!: Over vrouwen, ambitie en carrière*, Amsterdam: Nieuw Amsterdam.

Merens, Ans, Marion van den Brakel, Marijke Hargers, and Brigitte Hermans 2010 *Emancipatiemonitor 2010*, Den Haag: SCP.

Merens, Ans 2012 *Monitor talent naar de top 2011*, Den Haag: SCP.

Merens, Ans, Marijke Hartgers and Marion van den Brakel 2012 *Emancipatiemonitor 2012*, Den Haag: SCP.

Mol, Martine 2008 "Levensfasen van kinderen en het arbeidspatroon van ouders," *Sociaal-economische Trends*, 1e kwartaal 2008, pp. 11-16, Den Haag: CBS.

Morée, Marjolein 1992 *'Mijn kinderen hebben er niets van gemerkt': Buitenshuis werkende moeders tussen 1950 en nu*, Utrecht: Van Arkel.

Morée, Marjolein and Marjan Schwegman 1981 *Vrouwenarbeid in Nederland, 1870-1940*, Rijswijk: Elmar.

Nakatani, Ayami 2003 "Ritual as 'work': The invisibility of women's socio-economic and religious roles in a changing Balinese society," in Thomas Reuter ed., *Inequality, crisis and social change in Indonesia: The muted worlds of Bali*, London: RoutledgeCurzon, pp. 118-142.

Nakatani, Ayami 2010 "From housewives to 'combining women': Part-time work, motherhood, and emancipation in the Netherlands,"『日蘭学会会誌』第 34 巻 1 号, pp. 1-22.

Nakatani, Ayami 2014 "Housewives' work/mothers' work: The changing position of housework in Dutch society," Ochiai Emiko and Aoyama Kaoru eds, *Asian women and intimate work*, Leiden: Brill, pp. 37-61.

Oberon 2012 *Brede scholen in Nederland: Jaarbericht 2011*, Utrecht: Oberon.

OECD 2007 *Babies and bosses: Reconciling work and family life, A synthesis of findings for OECD countries*, Paris: OECD.

Outshoorn, Joyce 1998 "Furthering the 'cause': Femocrat strategies in national government," in Jet Bussemaker and Rian Voet eds, *Gender, participation and citizenship in the Netherlands*, Aldershot: Ashgate, pp. 108-121.

Palriwala, Rajni 2005 "Fieldwork in a post-colonial anthropology: Experience and the comparative," *Social Anthropology* 13 (2): 151-170.

Parreñas, Rhacel Salazar 2008 *The force of domesticity: Filipina migrants and globalization*, New York: New York University Press.

Plantenga, Janneke 1996 "For women only? The rise of part-time work in the

Netherlands," *Social Politics* 3 (1): 57-71.
Plantenga, Janneke 1998 "Double lives: Labour market participation, citizenship and gender," in Jet Bussemaker and Rian Voet eds, *Gender, participation and citizenship in the Netherlands*, Aldershot: Ashgate, pp. 51-64.
Plantenga, Janneke, M. Jongsma and E. Brands 2004 *Informele versus formele kinderopvang*, Utrecht: Maatschappelijk Ondernemers Groep.
Plantenga, Janneke 2006 "Arbeidsmarktparticipatie en de kosten en baten van kinderopvang," *Economisch Statistische Berichten* 91 (4492) : 402-404.
Poelmans, Steven, Olena Stepanova and Aline Masuda 2008 "Positive spillover between personal and professional life: Definitions, antecedents, consequences, and strategies," in Karen Korabik *et al.* eds, *Handbook of work-family integration: Research, theory, and best practices*, London: Academic Press, pp. 141-156.
Poppel, Frans W. A. van, Hendrik P. van Dalen and Evelien Walhout 2009 "Diffusion of a social norm: Tracing the emergence of the housewife in the Netherlands, 1812-1922," *Economic History Review* 62 (1): 99-127.
Portegijs, Wil, Mariëlle Cloïn, Ingrid Ooms, and Evelien Eggink 2006a *Hoe het werkt met kinderen: Moeders over kinderopvang en werk*, Den Haag: SCP.
Portegijs, Wil, Brigitte Hermans and Vinodh Lalta 2006b *Emancipatiemonitor 2006*, Den Haag: SCP.
Portegijs, Wil, Mariëlle Cloïn, Saskia Keuzenkamp, Ans Merens, and Eefje Steenvoorden 2008 *Verdeelde tijd: Waarom vrouwen in deeltijd werken*, Den Haag: SCP.
Portegijs, Wil and Saskia Keuzenkamp 2008 *Nederland deeltijdland: Vrouwen en deeltijdwerk*, Den Haag: SCP.
Portegijs, Wil, Mariëlle Cloïn, and Ans Merens 2014 *Krimp in de Kinderopvang*, Den Haag: SCP.
Powell, Martin and Armando Barrientos 2011 "An audit of the welfare modelling business," *Social Policy & Administration* 45 (1): 69-84.
Randstad Nederland 2005 Het geluk van werkend Nederland 2005: Een onderzoek naar de tevredenheid en werkbeleving van de Nederlandse werknemer.
Riele, Saskia te 2006 "Kinderopvang vaak door familie en vrienden," CBS Webmagazine, 28 August, 2006, Den Haag: CBS.
Roggeband, Conny and Mieke Verloo 2007 "Dutch women are liberated, migrant women are a problem: The evolution of policy frames on gender and migration in the Netherlands (1995-2005)," *Social Policy & Administration* 41 (3): 271-288.
Sarels van Rijn, P. J. ed. 1957 *Ik kan huishouden*, Leiden: Stijthof.
Schama, Simon 1987 *The embarrassment of riches: An interpretation of Dutch culture in the Golden Age*, New York: HarperCollins.

Schuyt, Kees and Ed Taverne 2004 *1950: Prosperity and welfare, Dutch culture in a European perspective*, volume 4, Basingstoke: Palgrave Macmillan.

SCP (Sociaal en Cultureel Planbureau) 2001 *The Netherlands in a European perspective: Social and cultural report 2000*, The Hague: SCP.

SCP 2011 *De sociale staat van Nederland 2011,* Den Haag: SCP.

SER (Sociaal Economische Raad) 1996 Advies Toekomstscenario's onbetaalde arbeid.

SER 2011 Tijden van de samenleving, Advies 11/06.

Shetter, William Z. 1971 *The pillars of society: Six centuries of civilization in the Netherlands*, The Hague: Martinus Nijhoff.

Siermann, Clemens 2009 "Nederland is Europees kampioen deeltijdwerken," CBS Webmagazine, 22 July 2009, Den Haag: CBS.

Statistics Netherlands 2011 *Statistical Yearbook 2011*, The Hague: CBS.

Stellinga, Marike 2009 *De mythe van het glazen plafond*, Amsterdam: Balans.

Stigt, Jacqui van, Anneke van Doorne-Huiskes and Joop Schippers 1999 "European regulation and initiatives on work-family policies," in Laura den Dulk *et al.* eds, *Work-family arrangements in Europe*, Amsterdam: Thela Thesis, pp. 151–166.

Stratigaki, Maria 2004 "The cooptation of gender concepts in EU policies: The case of 'reconciliation of work and family'," *Social Politics* 11 (1): 30–56.

Sutton, Peter C. 1980 *Pieter de Hooch*, Complete edition, Oxford: Phaidon.

Szücs, Stefan, Sonja Drobnič, Laura den Dulk and Roland Verwiebe 2011 "Quality of life and satisfaction with the work-life balance," in Margareta Bäck-Wiklund, Tanja van der Lippe, Laura den Dulk, and Anneke van Doorne-Huiskes eds, *Quality of life and work in Europe: Theory, practice and policy*, Basingstoke: Palgrave Macmillan, pp. 95–117.

SZW (Ministerie van Sociale Zaken en Werkgelegenheid) 2000 *Meer werken of juist minder: Combineren werk en privé*, Den Haag: SZW.

SZW 2011 Kamer brief, Het Nieuwe Werken, 12 December 2011.

Taskforce DeeltijdPlus 2010 *De discussie voorbij: Eindrapport Taskforce DeeltijdPlus*, Den Haag: SZW.

Tijdens, Kea 1997 "Are part-time and full-time jobs really so different?," in Kea Tijdens, Anneke van Doorne-Huiskes, and Tineke Willemsen eds, *Time allocation and gender: The relationship between paid labour and household work*, Tilburg: Tilburg University Press, pp. 171–187.

Tijdens, Kea 2003 "Employees' and employers' preferences for working time reduction and working time differentiation: A study of the 36-hour working week in the Dutch banking sector," *Acta Sociologica* 46 (1): 69–82.

TK (Tweede Kamer) 2005/2006 Meerjarenbeleidsplan emancipatie 2006–2010.

Emancipatie: Vanzelfsprekend, maar het gaat niet vanzelf!

TK 2007/2008 Meer kansen voor vrouwen. Emancipatiebeleid 2008-2011.

UNICEF 2007 "Child poverty in perspective: An overview of child well-being in rich countries," *Innocenti Report Card 7*, Florence: UNICEF Innocenti Research Centre (『先進国における子どもの幸せ――生活と福祉の総合的評価』国立教育政策研究所訳, 2010).

UNICEF Office of Research 2013 "Child well-being in rich countries: A comparative overview," *Innocenti Report Card 11*, Florence: UNICEF Office of Research.

Visser, Jelle 2000 The first part-time economy in the world: Does it work?, Working Paper 00-01, Amsterdam: Amsterdam Institute for Advanced Labour Studies, University of Amsterdam.

Visser, Jelle 2001 Negotiated flexibility in working time and labour market transitions: The Case of the Netherlands, Working Paper 01-03, Amsterdam: Amsterdam Institute for Advanced Labour Studies, University of Amsterdam.

Vries, Jannes de, and Francis van der Mooren 2011 "Inkomen en de combinatie van arbeid en zorg," *Sociaal-economische trends,* 1^e kwartaal 2011, pp. 45-55, Den Haag: CBS.

Wilke, Magrith 1998 "Kennis en kunde: handboeken voor huisvrouwen," in Ruth Oldenziel and Carolien Bouw eds, *Schoon genoeg: Huisvrouwen en huishoudtechnologie in Nederland 1898-1998*, Nijmegen: SUN, pp. 59-90.

Williams, Colin C. 2007 *Rethinking the future of work: Directions and visions*, Basingstoke: Palgrave Macmillan.

Wilzen-Bruins, E. J. 1962 *Wat doet de huisvrouw met haar tijd ?: Een bewerking van een rapport over een onderzoek naar de tijdsbesteding van enkele groepen Nederlandse huisvrouwen*, Groningen: J. B. Wolters.

Wouters, Roos 2011 *Carrièrebitches en papadagen: Hoogste tijd voor het nieuwe werken*, Amsterdam: Nieuw Amsterdam.

Yerkes, Mara and Jelle Visser 2005 Women's preferences or delineated policies?: The development of part-time work in the Netherlands, Germany and the United Kingdom, Working Paper 05-36, Amsterdam: Amsterdam Institute for Advanced Labour Studies, University of Amsterdam.

調査報告書

「少子化と男女共同参画に関する社会環境の国際比較報告書」少子化と男女共同参画に関する専門調査会, 内閣府男女共同参画局, 2005 年。

「少子化と男女共同参画に関する意識調査」少子化と男女共同参画に関する専門調査会, 2006 年。

「平成 21 年版男女共同参画白書」内閣府, 2009 年。

索　引

頻出する語については，重要なページだけ示した。項目そのものが表れていない場合でも，関連の深いページは掲載している。

あ 行

アイスランド　38
「新しい働き方」→働き方
アムステルダム　8, 61
アメリカ　47, 198, 199, 219
イギリス　28, 33, 47, 82, 199, 206, 215
育児／子育て　1-4, 6-8, 13-15, 18, 22-27, 33, 44, 47, 50, 54, 55, 58, 59, 65, 66, 71, 75, 76, 78, 80, 81, 83, 84, 86-88, 90-92, 95, 96, 99, 101, 115, 120, 121, 125, 126, 131-133, 135-140, 142-144, 147, 148, 152, 154, 159-165, 168, 169, 171, 173, 177, 178, 182-184, 188, 194, 199, 201, 203-206, 215, 217, 219, 221, 224
　―休暇／休業　23, 24, 26, 27, 29, 55, 70, 72-76, 78-81, 86, 108, 136, 137, 147, 158, 165, 169, 210, 212, 214, 219
　―時間　133, 183, 218
移民　13, 42, 98, 106, 200, 209, 212, 217, 218, 220, 225　→民族マイノリティ
インタビュー調査　7, 8, 66, 137, 159, 164, 168, 219, 221
エスピン-アンデルセン, G.　30
欧州連合→EU
オーストリア　38
オフィス　123, 124, 159, 187-189
オランダ風俗画　204

か 行

介護　6, 7, 14, 23, 24, 27, 29, 44, 168, 199, 210
階層　8, 13, 30, 49, 204, 209, 225
拡大学校　116-119, 158, 194, 217, 218
学童保育　4, 70, 71, 73, 74, 79, 87, 102-105, 108, 111, 112, 117-119, 140, 147, 186, 194, 216
学歴　12, 13, 40, 42, 49, 65, 66, 75, 89, 90, 121, 152, 153, 155, 159, 160, 164, 168, 169, 183, 186, 221, 225
家事　1, 2, 15, 18, 22, 24, 25, 27, 33, 50, 54, 55, 65, 71, 90-92, 96, 100, 128-130, 132, 133, 135, 137, 140, 142-144, 146-148, 158, 159, 161, 168, 169, 177, 178, 182, 184, 192, 194, 200, 201, 203-206, 215, 217-219, 223, 225
　―時間　49, 133, 204, 206, 218, 223
　―分担／関与　26, 134, 148, 185, 219, 224
過剰就業　18, 28, 180
葛藤　31, 32, 115, 131, 192, 199
家庭内責任　29, 56, 200
カトリック　48, 49, 119, 127, 213, 223
カフェ　57, 81, 149, 150
ガラスの天井　154
カルヴァン主義　217
過労死　24
管理職　65, 146, 154, 158, 159, 187, 221,

243

224, 225
　　―に占める女性比率　154, 158, 221
起業　59, 100, 124, 147, 166, 187, 188, 217
既婚女性／有配偶女性　2, 4, 7, 24, 26, 27, 31, 42, 46, 47, 49, 50, 56, 102, 114, 157, 180, 203, 204, 217
　　―の就労(率)　3, 46, 49, 50, 103, 110, 127, 142, 148, 154, 178, 182, 204
規制緩和　156, 176, 180, 181, 192, 200
義務教育　73, 111
キャリア　6, 31, 75, 80, 84, 85, 100, 114, 136, 139, 145, 147, 152, 155, 163, 169, 172, 186, 188
休暇　11, 27, 29, 33, 57, 58, 74, 75, 82, 86, 87, 112, 113, 127, 137, 142, 145, 147, 149, 165, 166, 172, 190, 191, 193, 195, 196, 210, 214, 216, 219
　　―制度　26, 55, 59, 165, 212
　　有給―　23, 28, 43, 57, 58, 87, 195, 214
教育文化科学省(OCW)　157, 215
教会　48, 49, 90, 91, 176, 177, 180, 213, 222, 223
キリスト教保守派　153
キリスト教民主主義(者)　30, 103
均等処遇／均等待遇　26, 27, 43, 51, 52, 56, 154, 204, 213, 214
勤務／労働時間　2, 6, 14, 18, 19, 22, 23, 28, 29, 33, 34, 38, 40, 42-44, 52-59, 65, 66, 70, 72, 76-78, 81, 82, 86-88, 90, 97, 98, 113, 118, 123, 136, 140, 145-147, 157, 172, 179-182, 187, 188, 191-194, 199, 212-215, 217, 221
　　―の柔軟化／弾力化　29, 53, 55, 136, 146, 147, 156, 172, 178, 190, 193, 204, 223
　　―の短縮　19, 22, 44, 51, 55-59, 71, 72, 79, 87, 136, 145, 147, 149, 165, 190, 214

　　―の分散化　58, 136
組み合わせ　3, 4, 6, 40, 54, 77, 80, 84, 88, 91, 92, 95, 97-102, 107, 111, 121, 128, 152, 158, 164, 165, 169-171, 182, 185, 187, 190, 194, 197, 201, 207, 211
ケア　1, 2, 4, 6, 33, 52-54, 73, 75, 78, 79, 86, 88, 91, 92, 98, 101-103, 107, 111, 115, 119-121, 144-147, 156-158, 165, 168, 170, 171, 178, 182, 187, 192, 200, 201, 203, 206, 207, 215
　　―・スケジュール　100, 111, 113, 121, 132, 135, 171
　　―労働　6, 52-55, 185, 201
経済的自立　23, 52, 156, 157, 210, 220
厚生(労働)省　79, 143
紅茶ポット　114, 115, 126, 217
高齢化　22, 26
個人化　4, 51, 56, 58, 59, 180, 207
子育て→育児
雇用　8, 14, 17-19, 23, 25-32, 38, 39, 43-45, 51, 56, 98, 102, 103, 105, 106, 135, 138, 167, 195, 200, 212-214, 216
　　―の柔軟化／弾力化　27, 39, 200
コンビネーション・シナリオ　52-55, 71, 99, 120, 156, 168, 201, 205

さ　行

罪悪感　70, 85, 115
再就職　47, 49, 97, 126, 129, 130, 161, 162, 204
在宅勤務　4, 27, 79, 80, 84, 123, 147, 161, 187, 192-194
残業　17, 19, 24, 28, 59, 78, 136, 142, 198
「3歳児神話」　15
ジェンダー　43, 122, 126, 168, 221
　　―・ギャップ　26, 201, 221
時間外手当　43, 210
時間外労働→残業
時間政策　172, 192, 193

仕事観　　11, 162, 166
仕事と生活の調和　　22, 23, 210
時短→勤務時間の短縮
失業　　19, 32, 43, 86, 89, 213, 214
　　―率　　38, 51
社会経済審議会(SER)　　49, 52, 54, 120, 178, 192, 193, 214
社会(経済)政策　　7, 8, 15, 27, 29, 49, 50, 65, 156, 171, 178, 212
社会文化計画局(SCP)　　84, 91, 164, 165, 167, 169, 172, 178, 218, 221, 225
社会保障(制度)　　26, 31, 51, 53, 98, 102, 103, 155, 204, 216
社会問題雇用省(SZW)　　79, 98, 157, 192, 215
宗教　　2, 48, 49, 167, 206, 218
就業率　　6, 19, 23, 38, 42, 46, 212
自由時間　　34, 98, 149, 164, 178, 194
柔軟な働き方→働き方
就労拡大　　148, 159
　　女性の―　　4, 27, 99, 119, 157, 180, 182, 217
就労／就業時間　　4, 19, 28, 39, 40, 42, 43, 79, 88, 98, 119, 134, 135, 153, 154, 157-159, 161, 162, 170-172, 183, 193, 207, 221, 222　→労働時間
就労動機／働く理由　　159, 160, 162
授業時間割　　58, 87, 113, 116, 118, 148, 172, 192, 193, 217
出産　　3, 15, 18, 25, 27, 42, 43, 49, 50, 66, 70, 76, 92, 96, 132, 134, 163, 204
出生率　　26
出世／昇進　　74, 75, 80, 84, 85, 139, 145, 146, 153, 154, 157, 159, 168, 221
趣味　　18, 23, 44, 88, 91, 92, 101, 128-130, 141, 164, 166, 171, 194, 200
少子化対策　　6, 22, 25, 143
少子高齢化　　22, 26
情報(通信)技術　　4, 28, 31, 188, 190, 191, 193, 199

女性解放　　52, 102, 157
女性役員／管理職の比率　　148, 154, 158
シングルマザー　　64, 86, 88, 90, 102, 153, 185, 222
スイス　　38
スウェーデン　　38, 74, 170, 202, 222
数値目標　　23, 157, 158
ストレス　　6, 62, 83, 184, 185, 191, 192
スノーボール・サンプリング　　12, 215
生活時間　　86, 176, 178-180, 205, 206, 218
　　―調査　　52, 133, 178, 218
生活スタイル→ライフスタイル
生産性　　6, 19, 24, 191
税制　　158, 171, 172, 204
性別分業／性別役割　　30, 49, 99, 102, 131, 132, 144, 156, 168, 180, 184, 206
　　―モデル　　3, 120, 152, 169
世界女性会議　　156
世俗化　　4, 49, 180, 206
世代　　4, 8, 13, 31, 64, 90, 91, 122, 126, 131, 132, 140, 142-144, 152, 154, 163, 164, 170, 174, 176, 202, 219, 220
専業主婦　　3, 4, 7, 15, 46, 47, 50, 89-91, 102, 114, 116, 121, 131, 132, 142, 152, 155, 159-161, 169, 170, 177, 181, 183, 203, 205, 213, 221, 225
　　―規範　　4, 225
選択の自由　　153-155, 168, 170, 172, 192, 207

た　行

待機児童　　104, 142
短時間勤務　　24, 51
短時間正社員　　44
誕生パーティ　　13, 173, 174, 198
男女共同参画　　18, 19, 22, 23, 25, 156, 210
男女の役割→性別役割

男女平等　26, 52, 56, 156, 221
　―政策　3, 52, 79, 98, 120, 148, 154, 155-157, 210, 215
男性稼ぎ手モデル　46, 47, 50, 133, 204
団体労働協約(CAO)　52, 57, 59, 111, 195, 210, 214
中央計画局(CPB)　105, 163
中央統計局(CBS)　11, 42, 61, 216, 222, 224
柱状化　48, 49, 180, 217
長時間労働　2, 6, 17, 18, 28, 33, 154, 199
賃金格差　26, 30, 154, 157
賃金抑制策　49, 51, 204
通勤　61, 62, 70, 85, 127
　―時間　61, 62, 70, 71, 76, 87, 188
定型的な働き方→働き方
テレワーク　6, 27, 172, 192, 194, 224
転職　19, 43, 62, 66, 69-71, 73-76, 78, 85-87, 96, 97, 100, 141, 142, 144, 147, 164, 165, 168
店舗営業時間　51, 156, 176, 180, 181, 192
デンマーク　38, 202
ドイツ　47, 196, 202, 213
同一(価値)労働同一賃金　157, 210
共働き　40, 50, 80, 101, 103, 111-113, 158, 172, 182, 183, 186, 219

な　行

24時間経済　180, 181, 199, 200
年金(改革)　7, 26, 30, 43, 149
ノルウェー　28, 38, 199, 202

は　行

ハーグ　8, 58
派遣労働　44, 45, 51
働き方／ワークスタイル
　―の改革／見直し　6, 22-24, 76
　「新しい―」　123, 171, 172, 187-189, 192, 193, 224
　時間と場所に縛られない―　123, 147, 172, 187, 188
　柔軟な―　6, 29, 83, 100, 111, 121, 146, 172, 188, 193
　男性の―　135, 169
　定型的な―　137, 181
パートタイム勤務／就労　3, 4, 6, 8, 15, 27, 29, 38-40, 42-45, 50-52, 55, 56, 66, 71, 76, 77, 79-81, 83, 89, 90, 94, 96, 100, 101, 119-121, 134, 136-138, 146-148, 152, 154, 155, 159-165, 168-171, 185, 190, 193, 194, 200, 203-205, 207, 213, 214, 217, 219, 221
母親の就労　11, 50, 84, 90, 111, 115, 116, 126, 205, 216
パパの日　55, 61, 80, 172
バランス／均衡　3, 4, 7, 23, 32, 33, 64, 85, 92, 99, 100, 110, 132, 135, 163, 184-186, 210, 215
非正規労働　6, 45
非典型／非定型労働　39, 51, 137, 144
フィールドワーク　10, 209
フィンランド　202
フェミニズム　128, 152, 155, 156, 169, 216
フォーマルな保育→保育
福祉国家　30, 207
福祉レジーム論　30, 31, 120
扶養控除　30
フルタイム勤務／就労　4, 29, 40, 42, 43, 70, 76, 78, 80, 81, 83, 84, 86-90, 107, 108, 121, 137, 139, 142, 146, 147, 153, 162-165, 169, 185, 186, 188, 195, 212, 213, 220, 222, 224
プロテスタント　48, 119, 176, 213, 217, 223
文化　34, 45, 54, 91, 120, 146, 220
保育
　―政策　26, 101, 178

―手当　　101, 102, 105, 106, 216
公的／フォーマルな―　　4, 30, 53, 54,
　97, 102, 104-107, 110, 119-121, 156,
　160, 170, 171, 205, 216, 217
保育所　　1, 4, 6, 11, 35, 50, 53, 61, 62, 64,
　66, 70-75, 78, 79, 82, 84, 87, 96, 97, 100-
　112, 118-120, 135, 136, 138, 140, 142,
　147, 155, 156, 160, 161, 170, 171, 187,
　207, 216, 217, 224
　―の利用日数　　4, 87, 112, 119, 121
保育法　　105, 106, 157
母性主義／文化　　115, 116, 121, 217
ホックシールド, A. R.　　120, 200, 219
ボランティア　　89-92, 113, 116, 128-
　130, 153, 192

ま　行

満足感　　19, 28, 29, 32, 33, 141, 185, 186,
　201-203, 219, 225
民族(的)マイノリティ　　13, 42, 157,
　218, 219, 225
無償労働　　24, 25, 27, 52-54, 99, 120,
　168, 172, 182, 201, 205-207
　―の再分配　　27, 52-54, 168, 205
メディア　　6, 11, 14, 48, 54, 65, 116, 152,
　170, 180, 187, 192, 217, 222

や　行

野心　　83-85, 152, 153
有期契約／雇用　　39, 43, 200
有償労働　　1, 24, 25, 27, 28, 52-54, 65,
　91, 99, 120, 166, 168, 178, 182, 185, 187,
　192, 201, 205, 206
ユトレヒト　　69, 70, 124
ヨーロッパ　　3, 8, 12, 15, 22, 25, 30, 38,
　91, 102, 157, 167, 196, 202, 212, 213, 218,
　219

ら　行

ライデン　　8, 12, 57, 59, 61, 93, 105, 109,
　116, 118, 124, 176, 209, 223
ライフイベント　　43, 66, 76
ライフスタイル　　4, 7, 44, 49, 55, 66,
　111, 132, 145, 172, 180, 201
ライフステージ　　6, 14, 23, 25, 43, 75,
　92, 154, 163, 192, 207
リスボン戦略　　38, 157, 212
理想の母親像　　114, 148
両立　　2, 7, 14, 18, 22, 26, 27, 32, 33, 50,
　55, 59, 66, 80, 81, 84, 90, 98, 99, 111, 128,
　131, 132, 139, 144, 147, 148, 155, 158,
　163, 165, 182, 185, 187, 190, 192, 204,
　205
　―支援　　22, 25, 98, 146
　―支援政策　　98
　仕事と家庭(生活)の―　　7, 12, 22, 25,
　　62, 91, 98, 131, 182, 186
　仕事とケア／子育ての―　　58, 65, 73,
　　75, 78, 86, 88, 101, 120, 145-147
ルクセンブルク　　38
労働環境条件法　　123, 192
労働組合　　14, 48, 51, 52, 56, 219
労働時間→勤務時間
　―管理　　28
　―規制　　6, 17, 28, 180
労働時間差別禁止法　　52
労働時間調整法　　44, 52, 98, 136, 145,
　146, 157
労働政策　　3, 7, 11
労働とケア法　　145, 157

わ　行

ワークシェアリング　　6, 14, 54, 56
ワークスタイル→働き方
ワークヒストリー　　3, 59, 63, 92, 96
ワーク・ファミリー・エンリッチメント
　32, 184-186, 212
ワーク・ライフ・バランス　　3, 6, 7, 11,
　14, 15, 18, 22-25, 27-29, 31-34, 58, 60,
　83, 92, 98, 99, 131, 135, 148, 172, 178,

193, 194, 199, 200, 203, 207, 210
ワッセナー合意　　6, 51, 56

A-Z

EU　　3, 6, 8, 22, 25, 27-31, 38, 40, 44, 157, 202, 207, 210-213, 225
　―雇用戦略　　27, 32
　―指令　　33, 210
　―政策　　27, 30, 31, 155
NPO　　69-71, 89, 91, 162, 163
OECD　　19, 26, 38, 136

著者紹介

中谷文美（なかたに　あやみ）

1963年，山口県生まれ。
上智大学外国語学部卒業後，㈶京葉教育文化センター勤務を経て，オックスフォード大学大学院博士課程修了（D. Phil. 取得）。
現在，岡山大学大学院社会文化科学研究科教授。
専門は，文化人類学，ジェンダー論。
主な著書・論文として，『「女の仕事」のエスノグラフィ——バリ島の布・儀礼・ジェンダー』（世界思想社，2003年，第32回澁澤賞受賞），『ジェンダー人類学を読む』（共編著）（世界思想社，2007年），「主婦の仕事・母の仕事——オランダ社会における家事の文化とその変容」落合恵美子・赤枝香奈子編『アジア女性と親密性の労働』（京都大学学術出版会，2012年），「都市の家族，村の家族——バリ人の儀礼的つながりの行方」鏡味治也編『民族大国インドネシア』（木犀社，2012年）などがある。
アジア地域における伝統染織の生産・流通・消費に関する共同研究を主宰する傍ら，オランダの高齢者ケアの調査も進行中。

オランダ流ワーク・ライフ・バランス
——「人生のラッシュアワー」を生き抜く人々の技法

2015年1月30日　第1刷発行　　　定価はカバーに表示しています

著　者　中　谷　文　美

発行者　髙　島　照　子

世界思想社

京都市左京区岩倉南桑原町56　〒606-0031
電話 075(721)6506
振替 01000-6-2908
http://sekaishisosha.jp/

© 2015 A. NAKATANI　Printed in Japan　　（印刷・製本 太洋社）
落丁・乱丁本はお取替えいたします。

JCOPY ＜(社)出版者著作権管理機構　委託出版物＞
本書の無断複写は著作権法上での例外を除き禁じられています。複写される場合は，そのつど事前に，(社)出版者著作権管理機構（電話 03-3513-6969, FAX 03-3513-6979, e-mail: info@jcopy.or.jp）の許諾を得てください。

ISBN978-4-7907-1646-4

世界思想社 刊行案内

女性ホームレスとして生きる　貧困と排除の社会学
丸山里美

女性ホームレスの知られざる生活世界に分け入り，女性が社会的に排除される過程を浮き彫りにする。路上にとどまる人びとの声に耳を傾け，自立を迫る制度の前提にある主体とは何か，意志とは何かを問い直す。第 33 回山川菊栄賞，第 5 回日本都市社会学会若手奨励賞，第 24 回橋本峰雄賞受賞。
本体価格 2,800 円

「女の仕事」のエスノグラフィ　バリ島の布・儀礼・ジェンダー
中谷文美

著者が住みこんだバリ島の農村で，女たちはせっせと布を織り，儀礼に精を出す。結婚はしたい，でもしきたりに縛られたくはない。近代と伝統の狭間を生きるバリ人女性の喜びと悩み，働く誇りと苦労を鮮やかに描くエスノグラフィ。第 32 回澁澤賞受賞。
本体価格 2,300 円

働くこととジェンダー
倉地克直・沢山美果子 編

人々はどのように働き，生きてきたのか。そして豊かなあしたを築く働き方とは——古代から現代まで，長い歴史のなかの様々な営みに学びながら，社会の諸関係に介在するジェンダーの視点に立って，「働くこと」の現在と未来を考える講義録。
本体価格 2,200 円

ジェンダー人類学を読む　地域別・テーマ別基本文献レヴュー
宇田川妙子・中谷文美 編

ゆたかな議論のためのプラットフォーム——グローバル化と研究の細分化の中で，いまや大きな転換期を迎えつつあるジェンダー人類学。その膨大な蓄積を整理し，問題点と可能性を探る。本書は，今後のすべての議論の出発点である。
本体価格 3,000 円

価格は税別，2014 年 11 月現在